BLV Gartenbücher

Brookes	Der eigene Garten richtig geplant und gestaltet
de Haas	Naturgemäßer Obstbaumschnitt
Fleig-Harbauer	Der japanische Garten – Wege zu moderner Gestaltung
Herwig	350 Gartenpflanzen in Farbe
Herwig/Stehling	Der Weg zum schönen Garten
Kreuter	Der Bio-Garten
Lesniewicz	Bonsai
Lesniewicz/Grames/ Eckardt	Die Welt des Bonsai
Michaeli-Achmühle	Gartenpraxis A–Z
Mierswa	Kleingewächshäuser – Folien und Frühbeete
Scheerer	Rosen in unserem Garten
Schubert	Im Garten zu Hause
Stangl	Gesundes Obst + Gemüse aus dem eigenen Garten
Stangl	Mein Hobby der Garten
Toms/Dahl	Krankheiten und Schädlinge an Obst und Gemüse

BLV Gartenberater

Cevat	Was fehlt denn meiner Zimmerpflanze?
Franke	Gartenanlage Schritt für Schritt
Funke	Der Obstgehölzschnitt
Gugenhan	Bunte Gärten auf Balkon und Terrasse
Herkner	Rund um den Wassergarten
Jacobi/Mierswa	Gärtnern unter Glas und Folie
Kreuter	Kräuter und Gewürze aus dem eigenen Garten
Lelley	Pilze aus dem eigenen Garten
Liebster	Heilkraft aus dem Garten
Lohmann	Öko-Gärten als Lebensraum
Oldale	Garten- und Zimmerpflanzen richtig vermehren
Rysy	Orchideen
Schmitt/Jacobi	Der Garten im Jahreslauf
Stangl	Stauden im Garten
Widmayr	Alte Bauerngärten neu entdeckt

BLV Garten- und Blumenpraxis

301 Gartenblumen
302 Gartenarbeit richtig gemacht
303 Kakteen und andere Sukkulenten
304 Bonsai
305 Ziergehölze
306 Obstbaumschnitt
307 Obstanbau im eigenen Garten
308 1×1 der Hydrokultur
309 Blattpflanzen für jede Wohnung
310 Gartengestaltung
311 Gemüseanbau im eigenen Garten
312 Gestalten mit Blüten und Blumen
313 Steingärten
314 Der gesunde Gartenboden
315 Biologischer Pflanzenschutz
316 Balkon- und Terrassengärten
317 Rosen
318 1×1 des Bio-Gärtnerns
319 Der Garten in den Jahreszeiten
320 Der naturgemäße Kräutergarten
321 Der Heidegarten
322 Gärtnern mit Kindern
323 Orchideen für zu Hause
324 Wassergärten
325 Rasen, Wiese, Bodendecker
326 Beerenobst für jeden Garten
327 Gärtnern im Kleingewächshaus
328 Naturnahe Gärten
329 Blumenbeete und Rabatten richtig gestalten
330 Mischkulturen für Flach- und Hügelbeete
331 Kletterpflanzen

BLV GARTENBERATER

Jan Lelley **Pilze aus dem eigenen Garten**

Anbau · Ernte · Verwendung

Neuausgabe

BLV Verlagsgesellschaft
München Wien Zürich

CIP-Kurztitelaufnahme der Deutschen Bibliothek

Lelley, Jan:
Pilze aus dem eigenen Garten: Anbau, Ernte, Verwendung / Jan Lelley. – 3., völlig neubearb. Aufl. (Neuausg.). – München; Wien; Zürich: BLV Verlagsgesellschaft, 1985.
  (BLV Gartenberater)
  ISBN 3-405-13142-1

Bildnachweis

Alle Fotos vom Autor, außer:
Bender 19
CMA 118
Hawlik 2, 6
Heister 10, 26, 35
Richter 116, 119
Rohrbach 47 u
Schmidt 68 rM
Vedder 84
Visscher 77

Grafiken: Hellmut Hoffmann
Pläne Seite 120 bis 122: Mathias Rost
nach Vorlagen von Werner Schmidt

Titelfoto: Jan Lelley

3., völlig neubearbeitete Auflage (Neuausgabe)

Alle Rechte der Vervielfältigung und Verbreitung einschließlich Film, Funk und Fernsehen sowie der Fotokopie und des auszugsweisen Nachdrucks vorbehalten

© 1978 BLV Verlagsgesellschaft mbH, München, 1985

Gesamtherstellung: Passavia, Passau

Printed in Germany · ISBN 3-405-13142-1

Inhalt

7 **Vorwort**

8 **Einführung**
Das »Männlein im Walde« 8
Die Bedeutung der Pilze für den Menschen 10
Aberglaube und Wahrheit 14
Warum eigentlich Pilzanbau im Garten? 17

22 **Ein wenig Pilzkunde**

27 **Pilzkulturen auf einen Blick**

30 **Pilzkulturen an Holzunterlagen**
Artenwahl und Steckbrief 30
Austernpilze 31
Shii-take 33
Das Stockschwämmchen 34
Der Samtfußrübling 36
Sonstige holzbewohnende Pilze 37
Kulturanleitung im Telegrammstil 39
Weitere Einzelheiten zur Frage der Unterlagen 43
Wissenswertes über die Brut 45
Noch einige Tips zur Kulturanlage, Kulturpflege und Ernte 46
Kultivierung auf Stubben 52
Anbau holzbewohnender Pilze in Übersicht 54

55 **Pilzkulturen an Strohsubstrat**
Austernpilze 55
Austernpilzanbau auf Strohsubstrat in Übersicht 61
Der Kulturträuschling 61
Der Träuschlingsanbau 72

73 **Kultur kompostbewohnender Pilze**
Der Champignon 73
Brauner Egerling 75
Der Schopftintling 75
Der Violette Ritterling 77

Kulturanleitung im Telegrammstil 78
Einzelheiten zur Frage des Substrates 82
Was man noch über Beimpfung und Anwachsphase wissen sollte 84
Die besondere Rolle der Abdeckerde 86
Noch einige Tips zu Kulturpflege und Ernte 88
Kultivierung mit Fertigsubstrat 90
Anbau kompostbewohnender Pilze in Übersicht 92

93 **Pilze im Fachhandel**

98 **Krankheiten und Schädlinge**
Wie schützt man vor Krankheiten und Schädlingen? 98

102 **Die Brut**
Brut und Brutherstellung 102
Räumliche und technische Voraussetzungen 103
Herstellung von Agarnährböden 105
Gewinnung von Reinkulturen 106
Brutherstellung 108

110 **Pilzverwertung im Haushalt**
Einige Tips zur Zubereitung 110
Trocknung 113
Konservierung 114
Tiefgefrieren 115

117 **Kochrezepte**

120 **Gartenbeispiele**

124 **Anbaukalender Januar bis Dezember**

136 **Nachwort**

137 **Bezugsquellen**

138 **Literatur**

139 **Register**

Vorwort

Die erste Auflage dieses Buches erschien vor sieben Jahren. Es ist eine verhältnismäßig kurze Zeit, die jedoch durch stürmische Entwicklungen auf dem Gebiet des Pilzanbaues gekennzeichnet war. Insbesondere als Freizeitbeschäftigung und Nebenerwerb hat diese Sparte viele neue Freunde gewonnen. Die Zahl derer, die sich mit Pilzkulturen beschäftigen, läßt sich heute nicht einmal annähernd überblicken. Mit zunehmender Popularität des Pilzanbaues als Hobby nahm auch der Bedarf an Informationen weiter zu. Dies führte nunmehr zur Herausgabe der dritten Auflage.

Da jedoch in den letzten Jahren auch die Kulturmethoden fortentwickelt wurden, mußte das Buch notwendigerweise in weiten Passagen völlig neu geschrieben werden. Die Konzeption wurde umgestellt und die Materie – so glaube ich – besser dem Informationsbedarf der Hobby- und Nebenerwerbskultivateure angepaßt.

Es gilt sowohl für den eiligen Leser, der sich vorerst nur Anregungen holen möchte, als auch für diejenigen, die tiefer in die Materie einsteigen wollen. Für Schnellinformationen dienen die Abschnitte: »Pilzkulturen auf einen Blick«, die Übersichtstabellen jeweils am Ende der Kulturbeschreibung sowie der »Anbaukalender«. Die Steckbriefe und Kulturanleitungen im Telegrammstil führen bereits in die Details. Diese Hinweise sollten schon ausreichen, um eine Kultur holzbewohnender oder kompostbewohnender Pilze anzulegen. Die übrigen Abschnitte sind als Ergänzung und Abrundung der Materie anzusehen und als Erklärung sachlicher Zusammenhänge, mit denen der Gartenliebhaber während der Pilzkultivierung konfrontiert werden könnte.

Fachkundige Mykologen bitte ich für die vereinfachte Handhabung der Fachausdrücke erneut um Nachsicht. Es hat sich gezeigt, daß die meisten Leser Laien sind, und mir kam es hauptsächlich darauf an, mich für sie verständlich auszudrücken.

Die sinnvolle Gestaltung der Freizeit ist ein Problem, womit heute zunehmend mehr Menschen nicht fertigwerden. Daher gewinnt der Pilzanbau als Hobby und Nebenerwerb sogar eine sozialpolitische Komponente, da er Erfolgserlebnisse vermittelt und zur Selbstbestätigung führt. Entlockt man doch ein Stück Geheimnis der Natur, indem diese merkwürdigen Gewächse im Garten angesiedelt und zum Wachsen gebracht werden. Zum guten Gelingen dieses Vorhabens sollte das vorliegende Buch die notwendigen Informationen liefern.

Jan Lelley

Einführung

Das »Männlein im Walde«

»Mit unbewegter Miene hockte Orial vor seiner Pfahlhütte und betrachtete den Horizont. Sein Gesicht war eingefallen und seine breiten Backenknochen traten noch stärker als gewohnt hervor. Seine dunklen Augen wanderten hin und her, doch vergeblich suchten sie nach einer Wolke am klaren, blauen Herbsthimmel, aus dem sich endlich ein erlösender Regen auf die umliegende, ausgedörrte Landschaft ergießen könnte. Nicht das kleinste Wölkchen trübte den Himmel, die Sonne schien in voller Wucht erbarmungslos wie schon seit vielen Wochen und saugte die letzten Tropfen aus der dahinsterbenden Natur. Auch die Nächte brachten kaum Linderung. Selbst der Tau, der in anderen Jahren nach heißen Sommertagen für die nächtliche Erfrischung sorgte, blieb seit langem aus.

Orial mußte an seine Frau Resta und an seine Kinder denken, die nach Sonnenaufgang aufgebrochen waren, um in den umliegenden Wäldern nach etwas Eßbarem zu suchen. Sie kehrten kurz vor der Mittagssonne mit leeren Händen zurück. Wailer, der Jüngste, konnte vor Schwäche kaum mehr gehen. Resta trug ihn auf dem Rücken, obwohl ihr, die doch sonst daran gewöhnt war, Lasten zu tragen, dies sichtlich schwerfiel.

Auch den übrigen Mitgliedern der Sippe erging es nicht besser. Alle litten unter der katastrophalen Trockenheit, die seit dem Frühjahr in Transdanubien die Flüsse und Moraste austrocknen, Wald und Wiesen verdorren und das Wild verenden ließ. Seit Generationen war eine solche Katastrophe nicht mehr über die Sippe hereingebrochen. Aus den Erzählungen des Stammesältesten wußten sie, daß in früheren Jahren, als sie noch in den Höhlen der ›Großen Berge‹ gehaust hatten, immer genügend Nahrung vorhanden gewesen war. Es hatte Vorräte an gedörrtem Fleisch, saftigen Wurzeln und Beeren gegeben, womit sich die Sippe über die eisigen Wintermonate hinweggeholfen hatte.

Nun aber half selbst die Kunst Asrans nichts mehr, obwohl Asran ein großer Zauberer war und die Sprache der Götter verstand. Asran entfachte jeden Abend ein Feuer und tanzte seinen geheimnisvollen Tanz darum herum, bis er vor Erschöpfung zur Erde sank. Zuletzt griff das Feuer auf Asrans Pfahlhütte über, verschlang sie und hätte beinahe die ganze Siedlung vernichtet, wenn nicht der Wind plötzlich gedreht hätte.

Es war ein Abend wie seit vielen Wochen. Die Sonne sandte ihre heißen Strahlen mit fast unverminderter Heftigkeit, bis selbst der letzte Zipfel des großen roten Tellers unter dem Horizont versunken war. Doch Orial fiel auf, daß der Teller größer war als sonst. Ja, er war sogar wesentlich größer. Er ahnte, daß es ein Zeichen von Veränderung war. Voll Sorge trat er in die Pfahlhütte, wo Resta auf ihn wartete.

In der Nacht warf ein furchtbarer Donner Orial von seinem Lager. Kaum war der Donner verhallt, kam ein so heftiges Getöse auf, daß Orial befürchtete, die Erde ließe allen bösen Geistern gleichzeitig freien Lauf. Ein Wind fegte über die Landschaft und rüttelte so heftig an der Pfahlhütte, daß Orial mit dem Rücken und seinen ausgestreckten Armen Wand und Pfeiler festhalten mußte, damit sie nicht zusammenbrachen. Als der Windstoß vorbei war, ertönte ein heftiges, doch gleichmäßiges Poltern auf dem Dach der Hütte und es dauerte eine Zeitlang, bis Orial erkannte – es regnete.

Er rannte hinaus in die Nacht und spürte, wie der Himmel seine Schleusen öffnete und den lebenspendenden Regen in dichten, großen Tropfen über die Erde ergoß. Bald hörte der heftige Schauer auf und ging in einen gleichmäßigen Dauerregen über, der die ganze Nacht lang und den darauffolgenden Tag anhielt. Als Orial im Morgengrauen des zweiten Tages vor seine Hütte trat, waren Regen und Wolken wieder verschwunden. Die Sonne begann zu scheinen, doch die Kraft ihrer Strahlen war nicht mehr die alte. Orial ergriff seine Steinaxt und nahm Richtung auf den naheliegenden Wald.

Mit langen Schritten erreichte er in wenigen Minuten die ersten Bäume am Waldrand und blieb dort erstaunt stehen. Aus der ausgedörrten Grasnarbe zwischen den Bäumen ragten diese merkwürdigen Gestalten heraus, die er schon früher des öfteren auf seinen Jagdzügen

Einführung

beobachtet hatte, die ihm jedoch durch ihre sonderbare Gestalt und Farbe Angst eingeflößt hatten. Manche sahen wie kleine Männer, wie Zwerge mit Hut aus. Sie erschienen völlig überraschend und verschwanden ebenso schnell. Orial beobachtete die merkwürdigen Gestalten vor seinen Füßen, dachte an seinen leeren Magen und so begann langsam der Hunger das Angstgefühl zu überwinden, bis sich Orial kurzentschlossen bückte und eine der Gestalten aus der Erde riß. Er nahm sie in die Hand, roch daran, biß hinein und fand Geruch und Geschmack angenehm. Da fielen ihm Resta und die hungrigen Kinder ein. Er bückte sich abermals und pflückte und legte eine große Menge dieser merkwürdigen Gewächse auf seine ausgebreitete Fellweste. Dann eilte er mit der Beute in die Hütte und breitete sie neben dem Feuer auf der Erde aus. Manche fielen in die Glut, verbrannten und verbreiteten dabei einen angenehmen, appetitanregenden Geruch. Resta und die Kinder fielen über die Nahrung her, um ihren quälenden Hunger zu stillen. Sie aßen diese ›Waldmännchen‹ roh, halb angebrannt und gebraten und sie merkten, wie sich das Gefühl der Sattheit in ihren Leibern verbreitete.«

So oder ähnlich hat es sich abgespielt, als unsere Vorfahren vor gut 30 000 Jahren erstmals mit Pilzen Bekanntschaft machten. Sie fielen den Menschen mit ihrer merkwürdigen Gestalt und oft prächtigen Farbe schon in grauer Urzeit auf. Doch man begegnete den Pilzen lange teils mit Mißtrauen, teils mit Ehrfurcht. Man konnte sich nicht erklären, woher sie kamen und wohin sie gingen. Lange Zeit waren Pilze eben die »Männlein im Walde«, die mit ihrem dicken Leib und rundem Hut still im Walde standen und dann ebenso unmerklich verschwanden, wie sie gekommen waren.

Bereits in der Blütezeit der hellenistischen und römischen Kultur wurde das Geheimnis der Pilze gelüftet. Aus Aufzeichnungen griechischer und römischer Schriftsteller sowie Naturforscher wissen wir, daß Pilze seinerzeit bekannt und begehrt waren. Man nützte sie zur Verfeinerung von Speisen und zugleich auch für die Durchführung dunkler Machenschaften.

So berichtet Plinius, daß Agrippina, die Frau des Kaisers Claudius und Mutter Neros, ihren Mann im Jahre 54 n. Chr. mit Pilzen vergiftete, um ihrem Sohn zum Thron zu verhelfen. Auch der Tod des Gardepräfekten Serenus, ein Freund des Philosophen Seneca, ist aktenkundig. Er starb, zusammen mit mehreren Offizieren der kaiserlichen Leibwache an einer Pilzvergiftung. Andere Vergiftungsfälle sind aus dem Altertum ebenfalls bekannt. Doch das berühmteste Opfer dieser Gewächse dürfte wohl der große Religionsstifter Siddhârta Gotama Buddha gewesen sein, der – wie berichtet wird – in Indien um 480 v. Chr. an einer Pilzvergiftung starb.

In zahlreichen Hymnen, Gedichten und wissenschaftlichen Abhandlungen wurden die Pilze – wie Trüffel, Champignon, Kaiserling und andere mehr – verewigt bzw. abgehandelt. Man wußte über ihre Zubereitung und ihren Anbau Bescheid. Selbst ihre Lebensweise war nicht vollkommen unbekannt.

Mit Anbruch des dunklen Mittelalters ist das Wissen über Pilze – zusammen mit vielen anderweitigen Kenntnissen – weitgehend in Vergessenheit geraten. Naturforscher wie Paracelsus, die Heilige Hildegard von Bingen und Albertus Magnus, der Bischof von Regensburg, brachten die Pilzkunde kaum einen Schritt voran. Ihr Wissen und ihre Lehre wurzelte tief in den Erkenntnissen des Altertums. Trotzdem wurde die Heilwirkung mancher Pilze von ihnen erkannt und von Albertus Magnus die sogar erste medizinische Beschreibung einer Pilzvergiftung angefertigt. Ansonsten ist die Lehre über Pilze im Mittelalter durch Verworrenheit, Undeutlichkeit und Dilettantismus gekennzeichnet. Diese Situation hält noch bis in die Neuzeit an, wovon das Buch des Heilkundedoktors, Stadt- und Landgerichts-Physicus, Franz von Unger, zeugt. Unger, der Professor für Botanik, Zoologie und Landwirtschaft in Graz war und später auch für Anatomie und Physiologie in Wien, behauptete noch in seinem im Jahre 1833 verfaßten Buch über Pilze, die Krankheiten an Pflanzen verursachen, daß diese nicht die Ursache der Krankheit, sondern Folgeprodukte des Krankheitsprozesses, ge-

Einführung

wissermaßen Ausdünste der erkrankten Pflanzen seien!
Eine grundsätzliche Wende auf dem Gebiet der Pilzkunde ist erst in der zweiten Hälfte des 19. Jahrhunderts eingetreten. Elias Fries, der berühmte schwedische Mykologe, schaffte die Grundlage für die systematische Einordnung der Pilze. Durch die Entwicklung neuer Untersuchungsmethoden in der Botanik und unter Zuhilfenahme von anderen Wissenschaftsdisziplinen wie Chemie, Physiologie und Genetik wurden die Pilze allmählich auf ihren rechten Platz gerückt. Sie entpuppten sich als weniger merkwürdige, doch um so nützlichere (nicht selten auch äußerst schädliche) Gewächse, die auch heute schon in zahlreichen Bereichen einen unersetzlichen Faktor in unserem Leben darstellen, auf die jedoch, und da denke ich besonders an die Großpilze, noch eine große Zukunft wartet.

Die Bedeutung der Pilze für die Menschen

Man hielt sie noch vor einem Vierteljahrhundert für niedere Pflanzen. Heute wissen wir, daß Pilze sich von den Pflanzen in wesentlichen Eigenschaften, wie im chemischen Aufbau, in der Zellstruktur, im Stoffwechsel und insbesondere in der Art der Fortpflanzung, derart unterscheiden, daß sie als eine selbständige systematische Einheit angesehen werden müssen.
Die weitaus meisten Pilze sind mikroskopisch klein. Die Zahl der Großpilze – genannt auch Makromyceten – solche Arten also, die mit bloßem Auge gut wahrnehmbar sind, werden in Europa auf nur etwa 5000–6000 geschätzt. Es wäre nicht verwunderlich, wenn jetzt manche Leser die Frage stellten: Was könnten schon diese zarten Gewächse ausrichten, die ihr Leben meistens im Verborgenen, im Dunklen fri-

Der gefährlichste aller Giftpilze ist der Grüne Knollenblätterpilz. Oft wird er mit dem wohlschmeckenden Wiesenchampignon verwechselt.

Einführung

sten, nur gelegentlich für eine kurze Zeit erscheinen und so vergänglich sind?
Nun, man darf die Pilze nicht unterschätzen, ihr Einfluß auf die übrigen Lebewesen und auch auf den Menschen ist unübersehbar vielfältig. Mit etwa 100 000 Arten bilden sie das größte Reich aller Lebewesen. Ihre Anwesenheit in der Luft, im Wasser und im Boden verleiht ihnen eine derart große Bedeutung, daß es nicht übertrieben ist, zu behaupten: Ohne die Pilze hätte das heutige Leben auf Erden gar nicht entstehen können. Um jedoch die Tragweite ihres Daseins zu begreifen, ist ein Streifzug durch verschiedene Lebensbereiche unerläßlich.
Zunächst einmal gelten Pilze – auch als Schwämme bekannt – als Nahrungsmittel. Schon in vorgeschichtlicher Zeit und seitdem wiederholt, zuletzt noch nach dem 2. Weltkrieg, halfen sich Menschen mit Hilfe von Pilzen über magere Zeiten hinweg. Man hat sie oft den Delikatessen zugeordnet. Schon in der Antike galten der Champignon, der Kaiserling und die Trüffel als Leckerbissen. Wie Plinius in seinem Werk »Historia mundi manualis« berichtet, überließen die römischen Herren die Zubereitung von Pilzen nicht den Sklaven, sondern sie nahmen diese Zeremonie mit teurem Bernsteinbesteck auf kostbarem Silbergeschirr selber vor.
Nicht zu unterschätzen ist die Rolle der Pilze in der Lebensmittelverarbeitung. Wer denkt schon beim Verzehr von Käse, Joghurt, Kefir und anderer Milchprodukte daran, daß dort Pilze am Werke sind. Wem ist schon bewußt, daß es ohne Pilze kein Brot gäbe. Die Kunst des Bierbrauens ist seit gut 6000 Jahren v. Chr. bekannt. Zur Zeit der Pharaonen war das Bier schon ein weit verbreitetes, beliebtes Getränk. Auch das Bier ist ein Produkt von Pilzen, und ich glaube, den meisten Lesern nicht näher erläutern zu müssen, in welch angenehmer Weise diese Pilze, nämlich Hefepilze, zur menschlichen Gemütlichkeit und Gesellschaft beitragen. Dasselbe gilt auch für die Weinhefen, wenn sie den Zucker im Most zu Alkohol vergären und uns Menschen ein Getränk bescheren, das als »das älteste, bekannteste, am weitesten verbrei-

Der Riesenbovist, ein Pilz, der im Mittelalter als Heilpilz galt.

tete jener Kummer verscheuchenden Mittel gilt«. Die Nachrichten über den Wein reichen bis zu den fernsten Grenzen der historischen Zeit und verlaufen darüber hinaus in der Dämmerung der Mythen.
Wenn der Arzt eine Spritze setzt oder eine entzündungshemmende Salbe verschreibt, so handelt es sich hierbei oft um Pilzprodukte, um Antibiotika. Es sind mittlerweile mehr als 4000 Antibiotika bekannt, und sie haben seit Beginn ihrer Anwendung vor gut 40 Jahren das Leben von abermillionen Menschen gerettet.
»Pilze helfen heilen«, diese Erkenntnis besaßen die Menschen schon im Mittelalter, und sie sammelten bestimmte Schwämme, um ihre Leiden zu lindern. Aus alten Arzneibüchern sind uns die Namen dieser Pilze und deren Indikationen bekannt. Es waren das Judasohr (gegen Augenleiden), die Stinkmorchel (gegen Gicht), die Anistramete (gegen Lungenschwindsucht),

Einführung

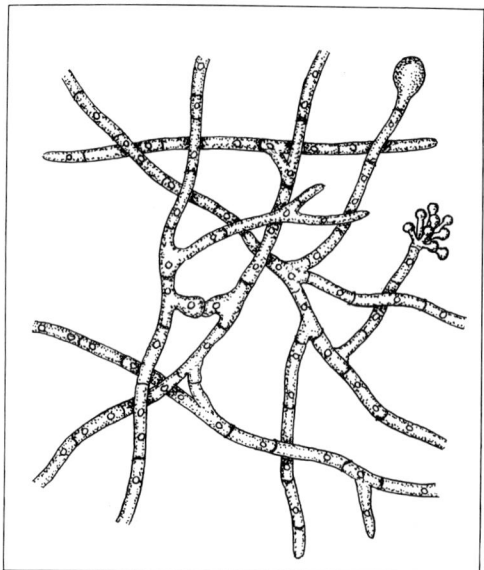

Der Ackerboden ist von einem dichten Netz von Fäden unvollständig bekannter Pilze durchzogen.

der Echte Zünderporling sowie der Riesenbovist (man benutzte sie zur Stillung von Blutungen) und schließlich die Hirschtrüffel (zur Potenzsteigerung). Pilze wurden nicht zuletzt auch für die Regulierung der Magen-Darm-Tätigkeit hinzugezogen. Der Schuppige Schwarzfußporling und der Schwefelporling wirken beispielsweise leicht stopfend, weshalb ihr Verzehr im Jungstadium bei chronischen Durchfällen empfohlen wurde. Der Hallimasch dagegen wirkt vielfach leicht abführend. Auf diesen Effekt weist auch der Name hin, der, wie berichtet, aus Österreich stammt und volkstümlich-drastisch »Hell im Arsch« heißen soll. Eine großartige Leistung, die von bestimmten Pilzen vollbracht wird, ist der Abbau des organischen Materials, die Abfallbeseitigung in der Natur. Wichtig ist dabei besonders ihre Fähigkeit, Cellulose zu spalten. Cellulose macht einen Großteil der pflanzlichen Abfälle aus, die Jahr für Jahr in riesigen Mengen anfallen.
Wenn man den Ackerboden mikroskopisch untersucht, so findet man darin ein dichtes Netz von Fäden, die unvollständig bekannten Pilzen gehören. Diese jedoch sind dazu fähig, neben Kohlenstoffquellen auch Eiweißstoffe abzubauen und Pflanzen sowie tierische Reststoffe bis in einfache organische Verbindungen zu spalten. Damit tragen diese Pilze wesentlich zum Mineralisierungsprozeß bei, welcher ein wichtiges Glied im Kreislauf der Materie auf der Erde darstellt.
Die bisher erwähnten positiven Aspekte pilzlichen Daseins könnte man noch beliebig fortsetzen. Um jedoch ein ausgewogenes Bild zu bekommen, müssen auch Aspekte negativer Art genannt werden.
Seit Urzeiten fügen Pilze unendlich viel Leid den Menschen zu. Es ist nicht schwierig, sich vorzustellen, wie viele Menschen ihr Leben lassen mußten, bis man gelernt hatte, die Speisepilze von den Giftpilzen zu unterscheiden.
Eine große Zahl von Pilzen parasitieren direkt an Menschen. Ich erinnere daran, daß die »Fußpilze« sozusagen als eine Volkskrankheit angesehen werden könnten. Neben solchen Pilzen, die Hautkrankheiten verursachen, gibt es auch andere, die oft zum Tode führende Erkrankungen der inneren Organe, insbesondere die der Lunge, herbeiführen.
Die Kribbelkrankheit, auch Sankt-Antonius-Feuer genannt, die durch den Verzehr des Mutterkornpilzes verursacht wird, raffte in den vergangenen Jahrhunderten abertausende Menschen dahin. Dieser Pilz befällt das Getreide, insbesondere den Roggen, bildet seine Dauerformen, die sogenannten Sklerotien, in den Ähren aus, die man bis zur Entwicklung moderner Mahl- und Siebtechniken nur unvollkommen vom Korn trennen konnte. Das Mutterkorn schrieb sogar ein wichtiges Blatt in der russischen Geschichte. Es raffte im Jahre 1722 über 20 000 Soldaten des Heeres von Peter dem Großen dahin, als er sich gerade anschickte – die günstige politische Situation ausnutzend – die Meeresengen von Bosporus und Dardanellen dem osmanischen Reich zu entreißen. Nach dieser Katastrophe war an den Feldzug nicht mehr zu denken. Es ist eine Ironie des Schicksals, daß russische Armeen später noch sechsmal versucht haben, die Meeresengen einzunehmen, doch ohne Erfolg. Nie mehr waren die

Einführung

Türken so unvorbereitet wie damals im Jahre 1722. Und selten wurde das Schicksal und die wirtschaftliche Entwicklung eines Volkes durch Pilze so beeinflußt wie seinerzeit die des russischen durch das Mutterkorn.

Es darf jedoch nicht unerwähnt bleiben, daß das Mutterkorn in der Volksheilkunde zugleich als Medizin verwendet wurde. Man hatte nämlich beobachtet, daß geringe Mengen des Mutterkorns krampflösende Wirkung haben, u. a. die Geburtswehen lindern und die Geburt erheblich erleichtern. Selbst für die moderne Medizin verlor das Mutterkorn kaum an Bedeutung. Die Versuche, seine wirksamen Substanzen künstlich herzustellen, führten bisher zu bescheidenen Ergebnissen. Arzneimittel aus Mutterkorn verwendet man in der Geburtshilfe, bei der Basedowschen Krankheit, bei Migräne, manchen Nervenerkrankungen und bei Kreislaufstörungen. Der gegenwärtige Jahresbedarf der bundesdeutschen Pharmaindustrie beträgt 40–50 t. Diese Menge wird fast ausschließlich aus Ländern importiert, wo das Mutterkorn von den Roggenfeldern eingesammelt und – welch eine Ironie des Schicksals – der Roggen z. T. künstlich infiziert wird, um das Mutterkorn zu kultivieren.

Die Rolle der Pilze für die Menschheit wäre unvollständig dargestellt, ohne zu erwähnen, daß Pilze weltweit auch heute noch gut 15–20% der Welternte vernichten und einen ebenso großen Anteil der gelagerten Nahrungsmittel zerstören. Auf diese Weise gelang es ihnen sogar, die Lebensgewohnheiten eines ganzen Volkes zu verändern, nämlich die der Engländer, die von Kaffeegenießern zu Teetrinkern wurden: Den Kaffee bezog England aus seiner Kolonie, der grünen Insel Ceylon. Dort gediehen diese Plantagen lange Zeit prächtig, bis im Jahre 1875 ein Pilz, der Kaffeerost, die Pflanzen befiel und sie in wenigen Jahren zerstörte. Die Folge der Kaffeerostepidemie stürzte Ceylon in wirtschaftliches Elend. Als einziger Ausweg zeichnete sich die Anlage von Teeplantagen ab. Die Teepflanzen werden von diesem Erreger nicht befallen. Große Probleme bereitete jedoch der Absatz der Tee-Ernte. Schließlich entschloß sich das Mutterland zu helfen und nahm die gesamte Teeproduktion der Inselkolonie ab. In London entstanden Teestuben, am Hofe und in der High Society galt das Teetrinken als patriotische Tat. Heute wird in England überwiegend Tee getrunken und es wird behauptet, die britischen Köche hätten die Fähigkeit, eine anständige Tasse Kaffee zu kochen, vollständig eingebüßt. Dies ist einem Pilz, dem Kaffeerost, zuzuschreiben.

Ende 1983 ging bei der Deutschen Presseagentur eine aufsehenerregende Meldung ein:
»Die Erforschung der Ursachen für das Waldsterben besitzt z. Z. höchste forschungspolitische Priorität. Bisher wurden vorwiegend Luftschadstoffe, klimatische und waldbauliche Einflüsse als Ursachen dieses Phänomens erkannt. Unberücksichtigt blieben dagegen bisher die mykologischen Aspekte des Waldsterbens. Bisher hat noch niemand die Frage gestellt, wie sich die Pilzgesellschaften unter den veränderten Bedingungen im Wald verhalten und was ihre Funktion und ihre Wirkung in diesem Beziehungsgefüge ist. Es fand überhaupt keine Beachtung, daß gerade die vom Waldsterben besonders betroffenen Bäume (Tanne, Fichte, Kiefer, Lärche, Buche, Eiche) mit verschiedenen Pilzarten in enger Symbiose leben und daß diese Symbiose den Gesundheitszustand der Bäume verbessert, ihre Widerstandskraft stärkt.«

Die Funktion dieser als Mykorrhiza bezeichneten Symbiose ist vielfältig: Sie verursacht schnelleres Höhenwachstum und erhöhte Stoffwechselaktivität, sie erleichtert dem Baum die Nährstoff- und Wasseraufnahme, schützt das Wurzelwerk vor Nährstoffauswaschung, stellt eine Barriere gegen Toxine im Boden sowie gegen Infektionskrankheiten dar, erhöht die Resistenz der Baumwurzeln gegen Schadstoffe wie z. B. Ozon u. a.

Die mykologischen Probleme in geschädigten Waldökosystemen sind in der Tat immer noch weitgehend ungeklärt. Die ganze Tragweite der Funktion und Wirkung der Pilzgesellschaften im Wald kann zur Zeit noch nicht konkret erfaßt werden.

Wie wir nun erfahren haben, spielen die Pilze seit Urzeiten eine wichtige Rolle in einem Be-

Einführung

Hexenringe verunstalten den Rasen und sind nur schwer zu beseitigen.

ziehungsgefüge, in dem wir Menschen zusammen mit allen übrigen Lebewesen stehen. Wie das letzte Beispiel zeigt, trifft dies auch für den Wald zu. Die bescheidenen Pilzköpfe am Boden, die in der Erde verborgenen Pilzfäden sind im Vergleich zu den Baumriesen kaum beachtenswert. Doch ihr Leben hat sich mit dem der Bäume derart verquickt, daß ihr Verschwinden deren Tod bedeuten kann. Es ist kaum zu glauben, doch das Dasein und die Entwicklung der Bäume, ja sogar ganzer Wälder von vielen tausend Quadratkilometern Ausdehnung, das erfolgreiche Aufforsten neuer Gebiete hängt entscheidend von den Pilzen ab, vom ungestörten Zusammenleben mit dem Reich dieser merkwürdigen Gewächse.

Damit sind wir am Ende des Streifzuges angelangt, der es zum Ziel hatte, die überragende Bedeutung der Pilze für die Menschheit zu skizzieren. Die eingangs aufgestellte Wertschätzung, daß es sich hierbei um höchst bedeutungsvolle Gewächse handelt, wurde nun bestätigt. Es ist anzunehmen, daß sie künftig in der Volkswirtschaft eine noch größere Rolle als bisher spielen werden. Forschung und Praxis stehen noch vor einem weiten Feld, zu dem das Tor erst einen Spalt aufgestoßen wurde.

Aberglaube und Wahrheit

Herr Dipl.-Ing. H. bewohnt am Stadtrand von Krefeld einen modernen Bungalow, der von einem großen und gepflegten Garten umgeben ist. Neben Blumenrabatten und Ziersträuchern hat dort Herr H. auch eine ausgedehnte Rasenfläche angelegt. Sorgfältig pflegt er den Garten, wenn ihm seine beruflichen Pflichten dazu Zeit lassen, und freut sich jedes Jahr darüber, daß die Blumen und Sträucher immer üppiger und mächtiger werden, die Grasnarbe zunehmend dichter und fülliger wird.

Einführung

Eines Frühsommers aber, als Herr H. vor dem Gang ins Büro den Garten inspizierte, entdeckte er auf dem Rasen eine Gruppe kleiner Pilze mit braunen Hüten, die völlig harmlos aussahen. Damals ahnte Herr H. noch nicht, welche ungebetenen Gäste auf seinem Rasen Einzug hielten. Erst viel später, als er feststellen mußte, daß diese kleinen braunen Pilze jedes Jahr von neuem und in immer größerer Zahl auftraten und an ihren Standorten das Gras verdorrte, ahnte er die Gefahr. Als Herr H. in meinem Büro erschien und über den Vorfall berichtete, war bereits der ganze Garten von Hexenringen verseucht. Hunderte von Nelkenschwindlingen standen auf dem Rasen herum und dort, wo sie aufgetreten waren, welkte das Gras unaufhaltsam dahin.

Hexenringe bereiten vielen Gartenbesitzern Kummer, da sie völlig unvermittelt auftreten, den Rasen verunstalten und nur äußerst schwierig beseitigt werden können. Die geplagten Gartenliebhaber scheuen deshalb keine Mühe und wenden sich hilfesuchend an die verschiedensten Instanzen.

So klagte Frau Sch. aus Braunschweig vor Jahren ihr Leid über Hexenringe beim damaligen Minister für Ernährung, Landwirtschaft und Forsten des Landes Nordrhein-Westfalen, Dr. Diether Deneke. Herr Rudolf F. bemühte die Redaktion des Landwirtschaftlichen Wochenblattes Westfalen-Lippe und löste dadurch rege Geschäftigkeit bei verschiedenen behördlichen Instanzen aus, bis schließlich die Wissenschaftler des Institutes für Pflanzenschutz, Saatgutuntersuchung und Bienenkunde in Münster zu Rate gezogen wurden.

In der Tat ist der Hexenring eines der schlimmsten Übel, das den Ziergarten heimsuchen kann. Ihm beizukommen, ist äußerst schwierig und in fortgeschrittenem Stadium nur durch großen Arbeitsaufwand überhaupt möglich.

Hexenringe haben die Phantasie der Menschen schon vor Generationen beschäftigt. Im dunklen Mittelalter, als die Landbevölkerung mangels naturwissenschaftlicher Kenntnisse hinter jedem Phänomen die Machenschaften überirdischer Kräfte vermutete, galt der Hexenring als nächtlicher Versammlungsplatz von sogenannten »Schwammgeistern« und Hexen. Eine etwas sachkundiger anmutende Erklärung für Hexenringe gab der Gartenbauinspektor Micheli Anfang des 18. Jahrhunderts, als er meinte, der Kot des auf Grasplätzen angepflockten und herumlaufenden Viehes fördere das Wachstum von Pilzen. Widerlegt wurde diese Behauptung jedoch durch die Beobachtung, daß Hexenringe auch dort, z. B. im Ziergarten, auftreten, wo niemals Weidevieh gehalten wird. Mit Hilfe der modernen Naturwissenschaften wurde schließlich das Rätsel der Hexenringe gelöst. Die Erklärung ist denkbar einfach. Man stellte fest und konnte es in Laboratorien jederzeit leicht nachvollziehen, daß sich das Geflecht eines Pilzes auf geeignetem und im Umkreis gleichmäßigem Nährboden strahlenförmig in jede Richtung mit annähernd gleicher Geschwindigkeit entwickelt. Geht das Geflecht aus einer Pilzspore hervor, so wird es eine annähernd kreisförmige Kolonie bilden. Die Pilzhüte werden dort, wo das Geflecht am jüngsten ist, also am Rande der Kolonie, gebildet.

Nun ist der Boden auf Rasenflächen meist von gleichmäßiger Beschaffenheit. Deshalb bildet dort das Pilzgeflecht, das aus einer Pilzspore hervorgeht, eine kreisförmige, unterirdische Kolonie. In der günstigen Jahreszeit entwickeln sich dann die Hüte auf der Erdoberfläche am Rande des unterirdischen Geflechtes und naturgemäß kreisförmig.

Im Wald, auf Kompostplätzen, am Wegesrand und überall dort, wo Pilze sonst noch wachsen, ist die Gleichmäßigkeit des Bodens in größerem Umkreis nur selten gegeben. Vielmehr ist er, bedingt durch den vielfältigen Pflanzenwuchs, sowie durch die unterschiedliche Dichte und chemische Zusammensetzung kleiner Areale ziemlich uneinheitlich. Das gleichmäßige, kreisförmige Wachstum eines unterirdischen Pilzgeflechtes, das in jeder Richtung unterschiedliche Voraussetzungen vorfindet, ist deshalb folglich nicht möglich.

Für das Absterben der Grasnarbe an den Stellen der Hexenringe werden Substanzen verantwortlich gemacht, die vom Pilzgeflecht ausgeschieden werden. Wie aus mehreren For-

Einführung

schungsberichten hervorgeht, soll es sich um Stoffe handeln, die wie Antibiotika wirken. Nur so ist es erklärbar, daß das verdorrte Gras auch mit der Zeit nicht verwest, da diese Antibiotika die Vermehrung fäulniserregender Bakterien unterbinden. Auch der vergleichsweise stärkere Graswuchs, wie er auf Hexenringen gelegentlich vorkommt, ist auf den Einfluß des Pilzes zurückzuführen. Diese Zusammenhänge sind allerdings noch weniger bekannt.

Viel schwieriger als die Lösung des Rätsels vom Hexenring ist auch heute noch seine Bekämpfung. Welche Möglichkeiten hat überhaupt der geplagte Gartenliebhaber?

Da es sich hierbei um einen Pilz handelt, bietet sich zunächst einmal die Behandlung des Rasens mit Fungiziden an. Zur Zeit können zwei Produkte für diesen Zweck empfohlen werden: Calirus (Fa. BASF) und Saprol (Fa. Cela-Merck). Beide Produkte wirken dann am besten, wenn der Befall nicht zu stark ist bzw. es sich um einen jungen, kleinen Hexenring handelt. Von Calirus verwendet man eine 0,25%ige Brühe (25 g auf 10 l Wasser), während aus Saprol eine 0,06%ige Konzentration (6 g auf 10 l Wasser) ausreicht.

Die Hexenringe werden kräftig besprüht, wobei je Quadratmeter Rasenfläche 5 l Brühe verwendet wird. Wichtig ist, darauf zu achten, daß die Behandlung von der Stelle aus gerechnet, wo die Pilze stehen, noch um etwa 1 m weiter im Umkreis erfolgt. Nur so kann man das Myzel erfassen, welches sich mittlerweile auch außerhalb des Kreises entwickelt hat. Bei starkem Befall muß die gesamte Fläche des Hexenringes und der Rasen darüber hinaus noch im Umkreis von etwa 1 m mit einer Graben- oder Düngergabel durchlöchert werden. Dann wird diese durchlöcherte Fläche mit 20 l Wasser je Quadratmeter kräftig befeuchtet. Erst anschließend erfolgt die Fungizidbehandlung wie oben beschrieben. Bei starken Hexenringen wird vermutlich eine einmalige Maßnahme gar nicht ausreichen. Mehr Erfolg verspricht, sie zweimal im Jahr, im Frühling und im Herbst, durchzuführen.

Schließlich gibt es noch eine radikalere Maßnahme, deren Durchführung jedoch nur mit sehr großem Aufwand möglich ist. Überall, wo der Rasen geschädigt ist, muß die Erde etwa 20 cm tief ausgehoben werden. Dann bereitet man eine 2%ige Formalinlösung (auf 1 l handelsübliches Formaldehyd 16 l Wasser) und begießt damit kräftig die ausgehobenen Stellen. Daraufhin deckt man die Fläche mit einer Plastikfolie ab, damit die Formalindämpfe nicht so rasch entweichen, sondern in den Boden eindringen können.

Die Folie wird erst nach etwa 10 Tagen entfernt, wenn das Formalin, das sich durch einen stechenden Geruch auszeichnet, nicht mehr wahrnehmbar ist. Auch die ausgehobene Erde sollte in der Weise behandelt werden, daß man sie auf einer Betonfläche oder Plastikplane in dünner Schicht ausbreitet, ebenfalls mit Formalinlösung kräftig begießt und für 10 Tage abdeckt. Ist das Formalin aus dem Erdhaufen entwichen, sollte man ihn, um ganz sicher zu gehen, nach Entfernen der Abdeckfolie noch einmal umschaufeln; dann kann die Erde wieder eingefüllt und mit neuem Rasen eingesät werden. Zweifellos ist es ein mühsames Bekämpfungsverfahren, aber nur diese Radikalkur bietet die Gewähr, daß die Hexenringe vom Rasen nachhaltig verschwinden. Auch bei dieser Methode darf man nur auf den Erfolg hoffen, wenn sorgfältig gearbeitet wurde und man auch die kleinste befallene Stelle im Rasen gründlich ausgehoben und in der oben beschriebenen Weise behandelt hat.

Übrigens existiert noch ein Aberglaube, der sich bis in die jüngste Zeit hinüberretten konnte: nämlich, daß Pilze über Nacht wachsen. Auch ich habe schon des öfteren mit Pilzfreunden gesprochen, die felsenfest behaupteten, daß dort, wo sie fündig wurden und z. B. prächtige Wiesenchampignons gesammelt hatten, am Vortage noch keine Spur von Pilzen zu sehen war.

Man kann nicht von der Hand weisen, daß beim Zusammentreffen mehrerer günstiger Umstände manche humusbewohnenden Pilze (doch keine holzbewohnenden) ihre Frucht erstaunlich rasch entwickeln. Kleine Boviste und Tintlinge sowie z. B. die Stinkmorchel gehören zu denen, die am schnellsten wachsen.

Einführung

Während aber nach einem Sommerregen plötzlich verschiedene Großpilze, wie Steinpilze oder auch Wiesenchampignons, in Massen auftreten, hat ihre Entwicklung nicht der Regen vom Vortag ausgelöst, sondern ein Niederschlag 10 bis 15 Tage vorher. Ihr Wachstum hat sich jedoch in der zwischenzeitlichen Trockenperiode verlangsamt, und sie blieben unter dem Laub oder im Gras verborgen. Der erneute Regen, verbunden mit günstiger Temperatur, löste dann eine explosionsartige Fortentwicklung und die rasche Vollendung der Fruchtkörperbildung aus.

Man kann im allgemeinen davon ausgehen, daß die Fruchtkörperbildung der Pilze von Anbeginn bis zur Vollendung selten weniger als eine Woche dauert und die These über ihr urplötzliches Auftreten jeglichen Wahrheitsgehalt entbehrt.

Warum eigentlich Pilzanbau im Garten?

Wenn in Japan der müde Autofahrer vor dem Getränkeautomaten einer Autobahntankstelle steht, um sich eine Erfrischung zu gönnen, kann er neben den auch bei uns üblichen Getränken eine Besonderheit wählen: Ein Getränk aus Pilzen, die Shii-ta-Cola. Ihr Geschmack ist fremdartig, doch sie ist erfrischend und anregend zugleich. In den ländlichen Gegenden der Republik Taiwan wird der willkommene Gast oft mit einem Getränk bewirtet, das aus dem Pilz *Tremella fuciformis* (eine Zitterling-Art) unter Zugabe von Zuckerwasser, Kirschen- und Ananasstücken hergestellt und heiß serviert wird.

Beide Beispiele weisen auf Verwendungsmöglichkeiten der Pilze hin, die in unserem abendländischen Denken höchst merkwürdig anmuten. Wenn man sich aber die Sache ernsthaft überlegt, so gelangt man unweigerlich zu dem Schluß: Warum eigentlich nicht? Warum sollte

Die Fruchtkörperbildung der Pilze von Anbeginn bis zur Vollendung dauert mehrere Tage.

Einführung

In der Vielfalt der Verwendung von Pilzen als menschliche Nahrung sind uns die Japaner weit voraus.

man nicht aus Pilzen auch Getränke herstellen? Unterzieht man den ernährungsphysiologischen Wert der Pilze einer Prüfung, so stellt sich heraus, daß sie sehr wertvolle Gewächse sind und in ihren für die menschliche Ernährung üblicherweise verwendeten Teilen (Hut und Stiel) bemerkenswerte Nährstoffkombinationen enthalten.

Da ist zunächst einmal das Eiweiß. Pilze enthalten durchschnittlich 20–35% Eiweiß, bezogen auf die Trockensubstanz. Man kann sie natürlich nicht, wie es in manchen Werbeschriften mit dem Austernpilz versucht wurde, mit Kalbfleisch vergleichen. Da Pilze 3–4mal weniger Trockensubstanz als Kalbfleisch haben und in der Trockensubstanz nur halb so viel Eiweiß, enthält alles in allem ein Kilogramm Kalbfleisch 6–8mal mehr Eiweiß als ein Kilogramm Pilzfruchtkörper. Aber mit anderen Gemüsearten sind Pilze hinsichtlich ihres Eiweißgehaltes durchaus vergleichbar. Den Knollengemüsearten, wie Kartoffeln und Möhren, sind sie überlegen, dem Blattgemüse, wie Kohl, Spinat u. ä., ebenbürtig. Lediglich Hülsenfrüchte, wie Erbsen und Bohnen, haben mehr Eiweiß in der Trockensubstanz als Pilze.

Die Menge des Eiweißes ist allerdings nicht allein maßgebend. Da sind noch andere wichtige Kriterien wie Zusammensetzung und Verdaulichkeit.

Die Bausteine der Eiweiße sind Aminosäuren. Bedingt durch das Vorhandensein dieser oder jener Aminosäuren und der Art, wie sie sich miteinander verbinden, entstehen die unterschiedlichen Eiweiße. Im menschlichen Körper wird das mit der Nahrung aufgenommene Eiweiß in seine Bausteine zerlegt und nach einer Neuordnung dieser Bausteine schließlich das körpereigene Eiweiß aufgebaut. Der Aufbau dieser Substanz kann jedoch nur dann reibungslos vonstatten gehen, wenn in dem mit der Nahrung aufgenommenen Eiweiß alle dafür erforderlichen Aminosäuren enthalten sind. Der menschliche Körper kann nämlich bestimmte essentielle Aminosäuren nicht selber herstellen.

Deshalb spricht die Ernährungswissenschaft von höherwertigen und minderwertigen Eiweißen. Sind die essentiellen Aminosäuren nicht vorhanden, ist das Eiweiß aus der Sicht der menschlichen Ernährung minderwertig. Hierzu zählen die pflanzlichen Eiweiße. In hochwertigen tierischen Eiweißen sind alle für den Aufbau des menschlichen Eiweißes erforderlichen Bausteine enthalten. Vollständigkeitshalber muß man jedoch hierbei erwähnen, daß es auch möglich ist, durch die Kombination mehrerer pflanzlicher Eiweiße von unterschiedlicher Aminosäurezusammensetzung ein solches Angebot zusammenzustellen, aus dem der menschliche Körper seinen Bedarf decken kann.

Nun nimmt das pilzliche Eiweiß hinsichtlich seiner Zusammensetzung eine Mittelstellung ein. Es ist wertvoller als pflanzliches Eiweiß, dem tierischen Eiweiß ist es jedoch leicht unterlegen.

Ungünstiger ist das pilzliche Eiweiß hinsichtlich der Verdaulichkeit zu beurteilen. Mit anderen Worten: Der Körper scheidet einen Teil davon wieder aus, ohne es zu nutzen. Das Champignon-Eiweiß wird zu etwa 90% verdaut, das vom Pfifferling nur zu 75%. Alles in allem sollte man die Pilze als Eiweißlieferanten nicht überbewerten. Als stichhaltige Bezeichnung in diesem Zusammenhang sind sie das »Fleisch des Waldes«, da sie zweifellos zu den eiweißreichsten Gewächsen zählen, die uns die Wälder bieten.

Ein weiteres wichtiges Kriterium für die Güte eines Nahrungsmittels aus moderner Sicht ist sein Kaloriengehalt. Der Kaloriengehalt wird maßgeblich vom Kohlenhydrat- und Fettgehalt beeinflußt. Nun sind Pilze ausgesprochen arm an Kohlenhydraten. Sie sind diesbezüglich mit Gemüse vergleichbar. Sie enthalten 5–7mal weniger Kohlenhydrate als z. B. Kartoffeln und 10–14mal weniger als Roggen- oder Weizenbrot. An Fett sind Pilze vergleichsweise ebenfalls arm. Sie enthalten 15–30mal weniger Fett als mageres Rindfleisch und sind in dieser Hinsicht z. B. mit Schellfischfleisch gleichzusetzen. Aus diesen Angaben resultiert, daß Pilze auch an Kalorien arm sind. 100 Gramm frische Pilze enthalten nur 30–50 Kalorien. Deshalb paßt die Pilznahrung so gut in die Ernährungskonzeption der bewegungsarmen und eher geistig tätigen Menschen unserer Zeit.

Eiweißreich und kalorienarm – das ist heute gefragt! Doch die Pilze können auch noch mit weiteren ernährungsphysiologischen Vorzügen aufwarten. Da ist z. B. ihr beträchtlicher Vitamingehalt. Außer Vitamin A wurden in Pilzen alle Vitamine nachgewiesen, einschließlich Vitamin D und Vitamin C. Hinsichtlich der Vitaminpalette sind also Pilze den grünen Pflanzen überlegen, da sie auch Vitamine enthalten, die in grünen Pflanzen nicht vorhanden sind.

Schließlich wäre noch der Mineralstoffgehalt der Pilze erwähnenswert. Obwohl er von Art zu Art sehr unterschiedlich ist, kommen zwei für den menschlichen Körper sehr bedeutungsvolle Substanzen, Kalium und Phosphor, überall in erheblichen Mengen vor. Der Champignon z. B. enthält nahezu 0,5 g Kalium in 100 g Frischsubstanz und dazu noch mehr als 100 mg Phosphor. Hinsichtlich des Mineralstoffgehaltes sind Pilze Kartoffeln und Möhren ebenbürtig, Birnen, Gurken und Äpfeln überlegen, dagegen jedoch Spinat und Weißkohl unterlegen. Die Beliebtheit der Pilze beruht im allgemeinen nur in geringem Maße auf den soeben aufgeführten ernährungsphysiologischen Werteigenschaften. Diese sind in weiten Kreisen der Be-

Der Wiesenchampignon gilt als verseucht durch Schwermetalle.

völkerung unzureichend bekannt. Vielmehr schätzt man die Pilze wegen ihres Wohlgeschmacks und feinen Aromas hoch ein.

Der Wohlgeschmack rührt von ätherischen Ölen her, die die Pilze noch zusätzlich enthalten. Pilze sind in der Lage, Duftstoffe zu bilden, und in wissenschaftlichen Untersuchungen wurde sogar festgestellt, daß es viel mehr duftlose Pflanzenblüten als duftlose Pilze gibt. Es wäre nicht abwegig, Pilze für die Herstellung von Parfümdüften zu verwenden, wenn nur der für eine industrielle Verwendung unabdingbare, kontinuierliche Nachschub an geeigneten Pilzfruchtkörpern sichergestellt werden könnte.

Die Chemiker haben zahlreiche Substanzen isoliert, die für den Geschmack der Pilze verantwortlich sind. Die Intensität des Geschmacks ist von Art zu Art sehr unterschiedlich. Manche Pilze können bereits in kleinen Mengen, insbesonders in getrocknetem Zu-

Einführung

stand, sozusagen als Gewürz den ganzen Geschmackscharakter einer Speise angeben. Sie lassen sich in vielerlei Weise zubereiten, wobei ihre appetitanregende und verdauungsfördernde Wirkung einen zusätzlichen Wert neben den bereits besprochenen Qualitäten darstellt. So ist es auch nicht mehr verwunderlich, daß die traditionsreiche fernöstliche Küchenkunst selbst Getränke aus Pilzen ersann und dadurch eine neue, nachahmenswerte Verwendungsmöglichkeit auch für abendländische Feinschmecker eröffnete.

Der ehemalige Direktor der Zentralstelle für Pilzforschung und Pilzverwertung, Dr. Werner Bötticher, hat vor gut 20 Jahren Berechnungen hinsichtlich der in bundesdeutschen Wäldern jährlich heranwachsenden Pilzmengen angestellt. Damals gelangte er zu dem erstaunlichen Ergebnis, daß die heimischen Wälder jährlich insgesamt etwa 700 000 t Waldpilze hergeben. Dabei ist er aufgrund jahrzehntelanger Erfahrungen und Ertragsauswertungen davon ausgegangen, daß auf 1 ha Waldgelände sich jährlich durchschnittlich etwa 100 kg Pilze entwickeln. Inzwischen haben wir einen erheblichen Rückgang der natürlichen Pilzflora zu beklagen. Doch ist es immer noch ein bedeutender Anteil an Nahrung, der in den Wäldern ohne das geringste Zutun des Menschen Jahr für Jahr heranwächst.

Über den Pilzverbrauch werden in der Bundesrepublik Deutschland alljährlich Statistiken erstellt, allerdings nur über die Mengen, die angebaut bzw. zwar gesammelt, doch dann über den Handel oder die Konservenindustrie vermarktet werden. Alle für den Eigenbedarf gepflückten Pilze sind nicht erfaßbar, und es läßt sich nur vermuten, daß diese Mengen bedeutend sind. Der statistisch erfaßbare, jährliche Pro-Kopf-Pilzverbrauch beläuft sich hierzulande auf etwa 2,5 kg und ist damit der höchste in der ganzen Welt. Allerdings, wenn man diesen Pro-Kopf-Pilzverbrauch nach Arten aufgliedert, so stellt sich heraus, daß dabei der Kulturchampignon den weitaus größten Anteil repräsentiert, nämlich rund 2,3 kg. Nur die verbliebenen 200 g entfallen auf Waldpilze, und zwar auf Konserven und auf vermarktete Frischpilze.

Unter Zugrundelegung einer Bevölkerungszahl von 62 Millionen in der Bundesrepublik beträgt der statistisch erfaßbare, jährliche Waldpilzverbrauch nur ganze 12 400 t. In diesem Verbrauch sind auch noch die Waldpilzimporte enthalten, die Jahr für Jahr hauptsächlich aus osteuropäischen Staaten und Entwicklungsländern in die Bundesrepublik fließen.

Wenn man nun von den für Eigenbedarf gepflückten Pilzen absieht, offenbart sich eine große Diskrepanz zwischen dem von Dr. Bötticher vor knapp zwei Jahrzehnten errechneten durchschnittlichen jährlichen Waldpilzangebot und dem Verbrauch. Hierfür gibt es mehrere triftige Gründe.

Zweifellos spielt dabei der schon erwähnte deutliche Rückgang des natürlichen Pilzvorkommens eine wichtige Rolle. Hierfür machen einige Experten die in immer größerer Anzahl auftretenden, dilettantischen Pilzsammler verantwortlich, die wahllos alles mitnehmen, was sie in Wald und Flur vorfinden. Sie schonen auch alte Exemplare nicht, deren Sporen für die Fortpflanzung der Pilze sorgen würden; sie reißen ihre Beute samt Geflecht aus dem Boden und zerstören es. Andere machen sich einen Spaß daraus, mit Pilzen Fußball zu spielen und befördern mit schwungvollen Tritten alles in die Luft, was ihnen vor die Füße kommt. Der Schaden, den solche Mitbürger im Pilzbestand unserer Wälder anrichten, wird sogar höher geschätzt als jener, den die forstwirtschaftlichen Kulturmaßnahmen, die für den modernen Waldbau charakteristisch sind, verursachen.

Es muß leider angenommen werden, daß auch die Pflanzenschutzmaßnahmen im Wald nicht spurlos am Pilzbestand vorübergehen. Obwohl exakte Untersuchungen über den Einfluß forstwirtschaftlicher Pflanzenschutzmaßnahmen auf die Hutpilze rar sind, deuten mehrere Hinweise darauf hin, daß sie nachteilig auf das Pilzwachstum wirken.

Eine weitere Ursache, die für das relativ geringe Waldpilzangebot im Handel verantwortlich ist, ist die Tatsache, daß sich heutzutage wenige mit dem gewerblichen Pilzsammeln abgeben. Nur noch in einigen ländlichen Gegenden, wie z.B. im Bayerischen Wald und Teutoburger Wald,

Einführung

sind manche Leute bereit, Pilze für den Handel zu suchen. Da es sich hierbei um eine saisonbedingte, unregelmäßige Erwerbsquelle handelt, sind die Pilzsammler meistens Frauen oder ältere Menschen. Obschon frische Waldpilze auf städtischen Wochenmärkten einen gesuchten und gut bezahlten Artikel darstellen, ist der finanzielle Anreiz für gewerbliche Pilzsammler dennoch gering. Nahe der Fundorte sind nämlich auch die begehrtesten Arten, wie Pfifferlinge und Steinpilz, vergleichsweise preiswert. Verteuert werden sie durch die nicht alltägliche Verdienstspanne gewitzter Händler, die die Sammelbeute bayerischer Bäuerinnen in nächtlichen Gewalttouren an die Wochenmärkte der Ballungsgebiete heranschaffen.

Eine Verbesserung des Marktangebotes ist nicht in Sicht. Im Gegenteil, seitdem sich einige Toxikologen mit den Inhaltsstoffen der wildwachsenden Pilze befassen, scheint die Hoffnung auf eine leckere Mahlzeit aus selbstgesammelten Pilzen für einen großen Kreis der Naturfreunde gänzlich zu schwinden. Betroffen sind die Bewohner von industriellen Ballungsgebieten.

Aus Untersuchungen geht hervor, daß Pilze in ihrem Fruchtkörper über Gebühr Schwermetalle anreichern, die, wenn sie in bestimmten Mengen in den menschlichen Körper gelangen, Vergiftungserscheinungen hervorrufen können. Schwermetalle wie Blei, Zink, Kupfer, Quecksilber, Cadmium und Arsen sind zwar im Boden vorhanden, doch sie gelangen zusätzlich durch Rauch, Auspuffgase und industrielle Abgase in die Luft und werden mit dem Regen in den Boden eingewaschen.

Die Schwermetalle werden im pilzlichen Eiweiß gebunden, wobei die Fähigkeit zur Schwermetallspeicherung offensichtlich von Art zu Art unterschiedlich ist. Aufgrund der bisherigen Untersuchungsergebnisse erwiesen sich der Wiesenchampignon und der Parasolpilz (Riesen-Schirmpilz) als Vorreiter. Bei beiden Arten wurden unabhängig voneinander in verschiedenen wissenschaftlichen Instituten beträchtlich hohe Schwermetallgehalte nachgewiesen. Die Mediziner am Institut für Toxikologie der Universität Düsseldorf vertreten daher seit Jahren die Meinung, daß das Sammeln und Verzehren von wildwachsenden Pilzen in industriellen Ballungsgebieten bedenklich, das des Wiesenchampignons sogar gesundheitsschädlich ist.

Ein Weg zur Lösung des Dilemmas besteht im Anbau von Pilzen. Denn es ist müßig, darauf zu warten, bis als Folge der zweifellos beachtlichen Anstrengungen auf dem Gebiet des Umweltschutzes unsere Luft und unsere Böden reiner werden.

Es gibt inzwischen verschiedene Methoden und Möglichkeiten, eine größere Anzahl vorzüglicher Speisepilze zu kultivieren. Ganz besonders möchte ich hier solche Gartenfreunde ansprechen, die neben ihrer Liebhaberei das Besondere, das Exotische schätzen. Denn obwohl die Pilze zu den Gemüsen gerechnet werden, haftet ihnen auch ein Hauch des Unbekannten und Delikaten an.

Der Anbau von Pilzen ist keineswegs schwieriger als der von Paprika, Broccoli, Chinakohl oder Fenchel z. B. Dabei sind sie frei von Schadstoffen, da sie auf unverseuchten Nährböden gedeihen. Es ist deshalb überhaupt nicht einzusehen, warum Pilze nicht auf den ihnen gebührenden Platz gerückt werden sollten. Lassen wir sie Einzug in die Klein- und Hobbygärten halten!

Ein wenig Pilzkunde

Bis jetzt wurde mehr oder weniger erfolgreich versucht, über Pilze zu schreiben, ohne dabei Fachausdrücke zu verwenden. Nun wird es in den nachfolgenden Kapiteln nicht mehr möglich sein, auf einige wichtige Begriffe zu verzichten, ohne daß man zu grotesken Formulierungen greifen müßte. Deshalb sollte der Leser an dieser Stelle eine kurze Einführung in die Pilzkunde über sich ergehen lassen, die, und dies sei verbindlich zugesichert, nicht so trocken und langweilig sein wird, wie manche vielleicht befürchten.

Wenn man in Laienkreisen über Pilze spricht, meint man im allgemeinen den Hut mit Stiel, der im Wald oder auf Wiese und Weide steht. Der Hut ist jene Gestalt, die auch schon der Urmensch beobachtet hat und die als das sagenumwobene »Männlein im Walde« in manchen Volksmärchen und -liedern verewigt worden ist. Sein Wachstum wurde mit dem Wirken höherer und niederer Wachstumsgottheiten in Zusammenhang gebracht oder Hexen, Elfen und selbst dem Teufel in die Schuhe geschoben. Ganz so einfach ist es nicht mit diesen Gewächsen, da die Pilze aus drei wichtigen Teilen bestehen, von denen der Hut nur einer ist. Die anderen beiden Teile sind das Geflecht und die Pilzfäden. Geflecht und Fäden sind allerdings in der Natur nur selten zu beobachten, da sie in der Nährgrundlage des Pilzes (Holz, Erde, Kompost u. a.) verborgen sind.

Der oberirdische Teil der Pilze besteht außer dem Hut auch noch aus dem Stiel, und die beiden Teile zusammen werden dann **Fruchtkörper** genannt. Um nicht den Zorn versierter Pilzfreunde über eine derartige Vereinfachung der Materie heraufzubeschwören, sei hier noch erwähnt, daß es auch Pilze gibt, die keinen Hut, andere wieder, die keinen Stiel oder weder Hut noch Stiel besitzen. Manche fristen sogar ihr ganzes Leben unterirdisch. Leider gehört gerade zu ihnen auch die Königin der Pilze, der Traum aller Gourmets, die Trüffel.

Wir aber wollen zu den »klassischen Pilzen« zurückkehren, die wir später kultivieren möchten und deren oberirdischer Teil aus Hut sowie Stiel besteht, welche zusammen den Fruchtkörper bilden.

Welche Funktion hat der Pilzfruchtkörper? An der Unterseite des Hutes befinden sich dünne Lamellen oder Röhren (ähnlich den Bienenwaben), die Träger der Sporen, der Fortpflanzungsorgane der Pilze sind. Die Sporen, die man mit den Samen der Pflanzen vergleichen kann, sind so klein, daß sie nur unter dem Mikroskop bei 200–400facher Vergrößerung deutlich gesichtet werden können. Entsprechend ihrer Ausmaße sind die Sporen auch sehr leicht und können von der geringsten Luftbewegung weit davongetragen werden. Verschiedene Pilzarten haben verschiedenfarbige Sporen, bei manchen Pilzen ändern die Sporen ihre Farbe, während sie heranreifen. Sie werden dunkler und sind bei Arten wie z. B. Champignon oder Kulturträuschling lila bis schwarz. Die Sporen lösen sich nach der Reife von den Lamellen oder Röhren und gelangen unter Umständen auf einen zusagenden Nährboden, wo sie, falls es warm und feucht ist, auskeimen und schließlich neue Pilze hervorbringen. Allerdings ist die Wahrscheinlichkeit für den glatten Ablauf der Verbreitung der Pilze in der Natur gering. Mal ist der Nährboden, wohin die Sporen gelangen, ungünstig, mal ist das Wetter kalt oder trocken, so daß die meisten von ihnen, kurz nachdem sie niedergehen, absterben. Um also die Fortpflanzung sicherzustellen, bilden die Pilze in unvorstellbar großen Mengen Sporen. Der in diesem Zusammenhang vergleichsweise bescheidene Wiesenchampignon produziert beispielsweise in seinem Fruchtkörper durchschnittlich 40 Millionen Sporen. Würde unsere klassische Getreidepflanze, der Weizen, so fruchtbar sein, würde sich der Kornertrag je Ähre auf nahezu 3 Zentner belaufen. Kaum vorstellbar! Es müßten Ähren wachsen von etwa 3,5 Kilometer Länge!

Die Rolle des Stieles ist in erster Linie im Zusammenhang mit der Fortpflanzung der Pilze zu sehen. Der Stiel hält den Hut hoch und ermöglicht dadurch, daß der Wind unter den Hut wehen und die herabfallenden Sporen davontragen kann. Daher rührt auch, daß die Pilzfruchtkörper zuerst in die Höhe schießen und die Hüte sich erst anschließend öffnen, um die Sporen freizugeben. Junge Fruchtkörper

Ein wenig Pilzkunde

sind niedriger, ihr Hut geschlossen, glockenförmig, später jedoch ausgebreitet, wodurch der ungehinderte Fall der Sporen sichergestellt wird.

Unterhalb des Pilzfruchtkörpers, in der oberen Schicht der Nährgrundlage, befindet sich das Geflecht, das in Fachkreisen **Myzel** genannt wird. Auch wir werden diese Bezeichnung von jetzt an verwenden.

Woraus besteht nun das Myzel? Es besteht aus einem mehr oder weniger üppigen Geflecht dünner Fäden und könnte mit etwas Phantasie mit dichten Spinnweben verglichen werden. Es gibt verschiedene Myzelarten, die sich sowohl im Aufbau als auch in der Funktion unterscheiden. Die Hauptaufgabe des Myzels ist jedoch die Speicherung der Nährstoffe, die später für die Entwicklung des Fruchtkörpers benötigt werden. Das Myzel ist sogleich das Organ, aus dem der Fruchtkörper hervorgeht. Das Myzel ist der eigentliche Pilzkörper. Man kann das Myzel in der oberen Schicht der Nährgrundlage oft mit dem bloßen Auge sehen. Es präsentiert sich wie Schimmelbelag.

Die Pilzfäden werden in der Fachsprache **Hyphen** genannt. Sie sind so dünn, daß man sie mit dem bloßen Auge nicht sehen kann. Erst unter dem Mikroskop bei 50–100facher Vergrößerung wird ihre Struktur erkennbar. Sie durchziehen die gesamte Nährgrundlage; bei wildlebenden Pilzen werden die Hyphen vom Standort des Fruchtkörpers in mehrere Meter Entfernung vorangetrieben. Ihre Hauptaufgabe sind Nährstoffaufnahme und -transport, und sie werden deshalb oft mit den Feinwurzeln der Pflanzen verglichen.

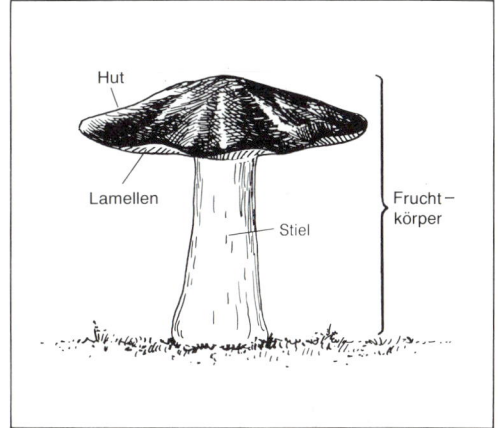

Oben: Der oberirdische Teil der Pilze besteht aus Stiel und Hut, die zusammen den Fruchtkörper bilden.

Mitte: Die Lamellen, Träger der Sporen, befinden sich an der Unterseite des Hutes.

Unten: Das Myzel besteht aus einem mehr oder weniger üppigen Geflecht dünner Fäden.

Ein wenig Pilzkunde

Entstehung und Funktion eines Pilzfruchtkörpers.

Überhaupt können die Hutpilze mit etwas Phantasie mit Bäumen verglichen werden. Dabei entspricht der Fruchtkörper den Blüten und Früchten, das Myzel dem Stamm und die Hyphen dem Wurzelwerk des Baumes.

Nach diesem kurzen Überblick bleiben nur noch einige Begriffe zu erläutern, die zum besseren Verständnis der Kulturmethoden unumgänglich sind.

Da ist zunächst einmal das **Substrat**. In Kreisen der Pilzanbauer wird der Nährboden der Pilze als Substrat bezeichnet. Substrat bedeutet Grundlage und Unterlage. Davon werden die weiteren gängigen Fachausdrücke wie **Nährgrundlage** und **Nährunterlage** abgeleitet.

Das Substrat enthält alle Nährstoffe, die für das Wachstum der Pilze erforderlich sind. Darüber hinaus enthält es ausreichend Wasser, das von den Pilzen gleichfalls benötigt wird.

Es gibt verschiedene Substrate, auf denen Pilze in freier Natur wachsen. Die wichtigsten sind der Wald- und Wiesenboden, der Kompost und verschiedene Hölzer. Mit dem Fortschreiten des Pilzanbaues schuf der Mensch noch weitere, in der Natur weitgehend unbekannte Substrate. Die bedeutendsten sind das Pferdedung-Substrat und das Stroh. Mit Stroh wird das natürliche Substrat einiger holzbewohnender Pilze ersetzt, und auch der Kulturträuschling wird auf Stroh angebaut. Der Pferdedung dient für den Champignon, Braunen Egerling, Schopftintling sowie für den Violetten Ritterling. Man bezeichnet manchmal diese Nährgrundlagen als künstliche Substrate. Ein solches ist z. B. auch der Kaffeesatz, auf dem man erfolgreich versucht hat, Austernpilze zu kultivieren.

Ein weiterer wichtiger Begriff ist die **Brut**. Zur Vermehrung der Pilze bedient man sich in der Praxis einer anderen Methode als der natürlichen durch Sporen. Man nimmt hierzu Myzel, da festgestellt wurde, daß Myzel, wenn es auf eine günstige Nährgrundlage übertragen wird, sich weiter entwickelt und schließlich auch Fruchtkörper hervorbringt. Es ist eine sogenannte vegetative Vermehrung, ähnlich wie z. B. im Obstbau die Vermehrung von Pflaumen durch Wurzelschosse, der Äpfel durch Abrisse, der Stachelbeeren durch Ableger u. ä.

Man nimmt also das Myzel des zu kultivierenden Pilzes und überträgt es unter Ausschluß von Fremdpilzen und Fäulnisbakterien auf eine Nährgrundlage, die vorab sterilisiert, fermentiert oder anderweitig präpariert wurde. Als solche Nährgrundlage dienen Getreidekörner (Weizen, Roggen, Gerste oder Hirse) sowie je nach Pilzart gehäckseltes Stroh oder auch strohversetzter Pferdedung, Celluloscheiben, Holzabschnitte u. a. m. Dann wartet man solange, bis das Myzel diese Nährgrundlage durchsponnen hat. Dabei hilft man ihm durch die Schaffung optimaler Wachstumsbedingungen und hält deshalb diese Kulturen bei konstanter Temperatur zwischen 22–26 °C.

Ist die Nährgrundlage vom Myzel des zu kultivierenden Pilzes vollkommen durchsponnen,

Ein wenig Pilzkunde

verwendet man sie als Impfstoff im praktischen Pilzanbau. Dieser Impfstoff, der aus Myzel und Nährsubstrat des Myzels besteht, wird als Brut – auch manchmal als »Pilzsaat« oder »Mykosaat« – bezeichnet.

Die Bezeichnung »Pilzsaat« ist gar nicht so abwegig, da man – insbesondere wenn die Nährgrundlage des Myzels Getreidekörner sind, die nunmehr vom Pilzmyzel umgeben werden – mit einem Material zu tun hat, das dem klassischen Saatgut ähnlich ist. Abhängig von der Nährgrundlage des Myzels unterscheidet man zwischen Körnerbrut, Strohbrut, Kompostbrut, Scheibenbrut und Stäbchenbrut.

Mit der Brut muß man dann jenes Substrat impfen, das für die Kultivierung des gewünschten Pilzes verwendet wird. Mit dem Impfen im medizinischen Sinne hat dieser Vorgang absolut nichts gemein. Hier handelt es sich vielmehr darum, daß die Brut dem Substrat des Pilzes nach Möglichkeit gleichmäßig beigemengt wird, um von den Brutpartikeln ausgehend eine möglichst rasche Durchspinnung des Substrates mit dem Myzel erreichen zu können. Im Grunde wird dasselbe wie bei der Brutherstellung wiederholt. Nur die Voraussetzungen sind unterschiedlich.

Meistens verzichtet man auf die Sterilität des Substrates. Der Ausschluß von Fremdorganismen und Fäulnisbakterien wird nicht gewährleistet, sie werden ggf. durch eine geeignete Substratvorbehandlung unterdrückt. Daher sind die Wachstumsbedingungen für das Myzel des Kulturpilzes naturgemäß nicht immer optimal.

Diesem für das Gelingen der Kultur an sich ungünstigen Faktor wirkt man durch die Gabe einer verhältnismäßig großen Brutmenge entgegen. Der Kulturpilz kann sich dann rasch im Substrat ausbreiten und durchwächst es, bevor Fremdpilze oder Fäulnisbakterien dort Fuß fassen könnten.

In Kreisen der gewerblichen Pilzanbauer wird die Substratbeimpfung als **Spicken** bezeichnet. Spicken ist zutreffender, da die Beimengung der Brut, insbesondere der Stroh- und Kompostbrut sowie der Stäbchenbrut in das Substrat eher mit dem Spicken von Braten mit Speck als mit dem Injizieren vergleichbar ist.

Jener Zeitraum vom Spicken bis zum völligen Durchspinnen des Substrates mit Myzel wird im Pilzanbau **Durchwachsphase** oder auch **Anwachsphase** genannt.

Die Länge der Anwachsphase ist von Pilzart zu Pilzart unterschiedlich, und selbst bei ein- und demselben Pilz hängt sie noch von der Zusammensetzung des Substrates ab. Das Champignon-Myzel beispielsweise durchwächst in

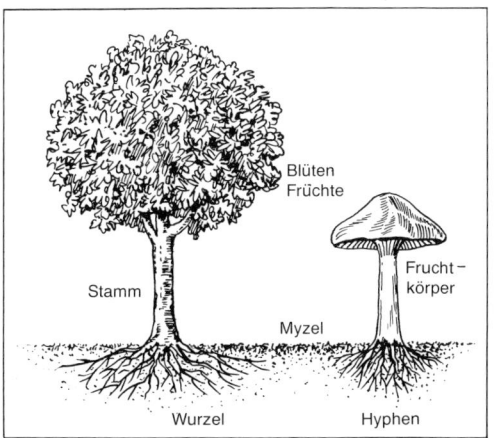

Mit etwas Fantasie können Hutpilze mit Bäumen verglichen werden.

Körnerbrut (links) und Strohbrut (rechts) für die Vermehrung der Pilze.

Ein wenig Pilzkunde

nur 14–20 Tagen seine Nährgrundlage, der Austernpilz dagegen braucht gut 3 Monate, um ein Holzscheit zu besiedeln. Allerdings wird dasselbe Austernpilz-Myzel, auf Stroh geimpft, sein Substrat schon in etwa 17–24 Tagen durchspinnen.

Ist das Myzelwachstum abgeschlossen, beginnt die **Fruchtkörperbildung.** Der Zeitraum, in dem die Pilze ihre Fruchtkörper hervorbringen, wird als **Erntephase** bezeichnet, der Vorgang der Fruchtkörperbildung selbst oft als **Fruktifikation.**

Auch die Erntephase ist bei den verschiedenen Pilzen unterschiedlich lang, und auch hierbei spielt die Art der Nährgrundlage eine wichtige Rolle.

Zieht man die aus der Sicht der Kultivierung bedeutungsvollen Pilzarten in Betracht, ergeben sich Unterschiede von einigen Wochen bis zu mehreren Monaten. Beim Champignon beispielsweise beträgt die Erntephase einer Intensivkultur nur 5–6 Wochen, beim Austernpilz auf Strohgrundlage 2–3 Monate, beim Kulturträuschling 3–4 Monate. Bei Pilzkulturen auf Holzscheiten sind es ebenfalls mehrere Monate, aber die Erntephase wiederholt sich dann noch über Jahre hinweg, bis schließlich die Nährstoffreserven des Substrates erschöpft sind und das Myzel abstirbt.

Wir sollten die Ausführungen über Pilzkunde dabei bewenden lassen. Falls jemand noch den Wunsch nach tieferen Kenntnissen verspürt, möge er sich in einem der zahlreichen Nachschlagewerke informieren. Hier sollte nur eine Basis geschaffen werden, die gerade ausreicht, um von dort aus erfolgreich als Hobby-Pilzanbauer operieren zu können.

Es bleibt dann jedem selbst überlassen, diese Basis zu weiteren Eroberungen auf dem Felde der Pilzkunde zu nutzen.

Der wohlschmeckende Parasolpilz ist ein beliebtes Sammelobjekt. Die bisherigen Versuchsergebnisse erwecken die Hoffnung, daß man ihn demnächst auch kultivieren kann.

Pilzkulturen auf einen Blick

Die wichtigsten Pilzkulturen im Garten auf einen Blick

Pilzkulturen an Holzunterlagen

Pilzart	Unterlage	Kulturbeginn	Standort	Pflege	Ernte	Ertrag
Austernpilz (Wintertyp)	Rotbuche Hainbuche Pappel Birke Weide Obstgehölze	April bis Juni	Freiland, halbschattige, schattige Lage	bei Bedarf beregnen	etwa ab Oktober bis April	in 3–5 Jahren 12–20% des Holzgewichtes
Austernpilz (Sommertyp)	Rotbuche Hainbuche Pappel Birke Weide Obstgehölze	April bis Juni	Freiland, halbschattige, schattige Lage	bei Bedarf beregnen	etwa ab Mai bis September	in 3–5 Jahren 15–20% des Holzgewichtes
Shii-take	Eiche Rotbuche Hainbuche Erle Birke	April bis Juni	Freiland, halbschattige, schattige Lage, Gewächshaus	im Gewächshaus regelmäßig Wasser vernebeln, Freilandkulturen vor Austrocknung schützen	ab Mai bis Juni des Folgejahres, dann je nach Kulturstamm ganzjährig, mit Ausnahme von Frostperioden	in 3–5 Jahren 15–18% des Holzgewichtes
Stockschwämmchen	Rotbuche Hainbuche Erle Pappel Weide	April bis Juni	Freiland, halbschattige, schattige Lage, Frühbeetkasten	vor Austrocknung schützen, bei Bedarf beregnen	ab Frühling des Folgejahres, dann von April bis Dezember	in 5–7 Jahren bis zu 30–35% des Holzgewichtes
Samtfußrübling	Rotbuche Kastanie Robinie Weide	April bis Mai	Freiland, halbschattige, schattige Lage	vom Frühling bis Herbst gelegentlich beregnen	November bis März	in 3–5 Jahren 10–12% des Holzgewichtes
Südlicher Schüppling	Pappel Weide	Mai bis Juni	Freiland, halbschattige, schattige Lage	vor Austrocknung schützen	Mai bis Oktober	in 3 Jahren 10–12% des Holzgewichtes

Pilzkulturen auf einen Blick

Fortsetzung Pilzkulturen an Holzunterlagen

Pilzart	Unterlage	Kulturbeginn	Standort	Pflege	Ernte	Ertrag
Graublättriger Schwefelkopf	Fichte Kiefer Rotbuche	April bis Mai	Freiland, halbschattige, schattige Lage	vor Austrocknung schützen	ganzjährig, besonders im Spätherbst	in 3–4 Jahren 8–12% des Holzgewichtes
Judasohr	vornehmlich Holunder, auch andere Laubhölzer	April bis Juni	Freiland, schattige Lage	öfters wässern	April bis September	in mehreren Jahren 10–15% des Holzgewichtes

Pilzkulturen auf Strohsubstrat

Pilzart	Unterlage	Kulturbeginn	Standort	Pflege	Ernte	Ertrag
Austernpilz und verwandte Arten	präparierte Strohballen	Frühjahr bis zum Herbstbeginn, in geschlossenen Räumen ganzjährig	im Freien halbschattige Lage, helle Räume	vor Austrocknung schützen	4–8 Wochen nach Kulturbeginn	bis zu 3–5 kg je Strohballen
Kulturträuschling	unbehandelte Strohballen oder loses Stroh	April bis Juni, September bis Oktober	im Freien halbschattige Lage, Gewächshaus, Formkästen, Frühbeetkästen	vor Austrocknung schützen	Frühjahrsanlage 8–10 Wochen nach Kulturbeginn, Herbstanlage im Frühling des Folgejahres	bis zu 3–4 kg je Strohballen, 3–6 kg je m² Beetfläche

Pilzkulturen auf einen Blick

Kultur kompostbewohnender Pilze

Pilzart	Unterlage	Kulturbeginn	Standort	Pflege	Ernte	Ertrag
Kulturchampignon	kompostierter Pferdedung, Strohkompost	im Freien April bis Anfang August, in Räumen ganzjährig	im Freien schattige Lage, Gewächshaus nur im Winter, Scheunen, Ställe, Keller ganzjährig	oft gießen	8–9 Wochen nach Kulturbeginn	10–15 kg je 100 kg Substrat
Brauner Egerling	kompostierter Pferdedung, Strohkompost	im Freien April bis Anfang August, in Räumen ganzjährig	im Freien schattige Lage, Gewächshaus nur im Winter, Scheunen, Ställe, Keller ganzjährig	oft gießen	8–9 Wochen nach Kulturbeginn	10–12 kg je 100 kg Substrat
Schopftintling	kompostierter Pferdedung, Strohkompost	im Freien April bis Anfang August, in Räumen ganzjährig	im Freien schattige Lage, Gewächshaus nur im Winter, Scheunen, Ställe, Keller ganzjährig	oft gießen	8–10 Wochen nach Kulturbeginn	12–15 kg je 100 kg Substrat
Violetter Ritterling	kompostierter Pferdedung	im Freien von Mai bis Mitte Juni, in Räumen ganzjährig	im Freien schattige Lage, Gewächshaus nur im Winter, Scheunen, Ställe, Keller ganzjährig	oft sorgfältig gießen, bei Bedarf nachdecken	10–11 Wochen nach Kulturbeginn	3–4 kg je 100 kg Substrat

Pilzkulturen an Holzunterlagen

Im Laufe der Jahre habe ich in unserer Versuchsanstalt unzählige Gespräche über Möglichkeiten des Pilzanbaues als Hobby oder Freizeitbeschäftigung geführt. Waren meine Gesprächspartner nicht vom Fach, so lautete spätestens ihre dritte Frage: »Warum züchtet man keine Pfifferlinge oder Steinpilze? Damit könnte man doch viel Geld verdienen.« Und auch jene, die schon einmal davon gehört hatten, vor welchen Schwierigkeiten die Wissenschaftler bei dieser Angelegenheit stehen, ließen nicht locker und wollten wissen, wann es nun endlich soweit wäre, daß man diese begehrten und zweifellos teuren Pilze in beliebigen Mengen anbauen könnte. Da nun diese Fragen offenbar interessieren, sollen sie hier beantwortet werden.

Pfifferlinge und Steinpilze und darüber hinaus noch eine Reihe anderer vorzüglicher Speisepilze kann man nicht anbauen, weil ihre Lebensweise nicht ausreichend geklärt ist. Sie leben in Gemeinschaft mit Bäumen und Sträuchern und erhalten von ihren Pflanzenpartnern gewisse Nährstoffe. Einige dieser Nährstoffe sind bekannt, andere dagegen noch nicht. Man weiß aber, daß diese Nährstoffe vermutlich bei der Fruchtkörperbildung eine wesentliche Rolle spielen, da es im Laboratorium immerhin gelungen ist, z. B. vom Steinpilz Myzelkulturen herzustellen. Doch eine erwähnenswerte Fruchtkörperbildung fand nicht statt, mochten sich die Wissenschaftler auch noch so anstrengen und immer neue Nährstoffkombinationen ausdenken.

Nach Lage der Dinge ist es also für die nächste Zukunft nicht zu erwarten, daß das Rätsel dieser sogenannten Mykorrhiza-Pilze gelöst werden wird.

Sollte es doch einmal so weit kommen und würden Anbauverfahren für Pfifferlinge und Steinpilze entwickelt, wäre zu erwarten, daß das große Geschäft dennoch ausbleibt. Pfifferlinge und Steinpilze sind nur dort teuer, wo sie rar sind; nämlich auf den Wochenmärkten der Ruhrgebiets-Großstädte.

Würden sich um diese Absatzmärkte herum einige Großerzeuger etablieren und für die kontinuierliche, unbeschränkte Lieferung dieser Pilze sorgen, so würden die Pfifferlinge – was unschwer vorauszusehen ist – bald nur noch »einen Pfifferling wert« sein.

Wenn wir uns also anderen Pilzen zuwenden, ist das nicht ein Zeichen der Resignation oder Kapitulation vor den ungelösten Problemen. Vielmehr sollte man aus rationellen Gründen dort ansetzen, wo man Erfolg zu erwarten hat, um so mehr, als die nachfolgend abgehandelten Pilze einen Vergleich mit ihren namhaften Artgenossen in keiner Hinsicht zu fürchten brauchen.

Die Kultivierung holzbewohnender Pilze hat in fernöstlichen Ländern die größte Tradition. Wenn man durch Japandörfer fährt, z. B. in der Gegen zwischen Tokio und Kiryu, trifft man in den Wäldern häufig bündelweise zusammengestellte Holzscheite, die mit dem Shii-take-Pilz beimpft wurden. Der Anbau des äußerst wohlschmeckenden Shii-take ist dort von größter Bedeutung, da er auf dem Speisezettel der japanischen Küche nicht fehlen darf und daher auch in alle Länder der Welt, wo Japaner leben, exportiert wird.

Die Kultivierung holzbewohnender Pilze hat sich in den letzten Jahren auch in der Bundesrepublik Deutschland stark verbreitet. Aus Gründen der Gartenverschönerung und der Deckung des Eigenbedarfs an nicht alltäglichen Pilzmahlzeiten werden inzwischen einige Arten angebaut. In manchen Fällen wurde dieses Hobby sogar zu einer Nebenerwerbsquelle ausgedehnt. Verwandte, Nachbarn und nicht selten auch Gemüsehändler profitieren vom Ertrag.

Es ist zu wünschen, daß der Anbau holzbewohnender Speisepilze noch weitere Freunde gewinnt. Eine vielfach erprobte Kulturmethode, die jedermann ohne spezielle Vorkenntnisse und großen Aufwand durchführen kann, wird nachfolgend beschrieben.

Artenwahl und Steckbrief

Es ist Frühling – Zeit für die Gartenarbeit. Vor dem Gang in die Samenhandlung oder in das nächstgelegene Gartencenter wird man sich

Pilzkulturen an Holzunterlagen

Gedanken über die Gestaltung des Gartens machen.

Gartenfreunde sind außerordentlich einfallsreich. Sie nutzen das große Angebot an Information und gestalten ihren Garten so vielfältig, daß das Stück Land, das sie ihr eigen nennen, im wahren Sinne des Wortes eine Pracht ist. Es beherbergt exotische Gemüse, tropische Orchideen, seltene Stauden, heilbringende Kräuter, um nur einige der gärtnerischen Liebhaberobjekte zu nennen. In jüngster Zeit gesellen sich auch die Pilze dazu. Bei der Wahl der Pilzkulturen, hier zunächst solcher, die an Holz wachsen, sind mehrere Gesichtspunkte zu beachten.

Als erstes sollte man die Möglichkeiten der Holzbeschaffung überprüfen. Welches Holz für welchen Pilz geeignet ist, wird nachfolgend noch genau angegeben.

Dann ist zu bedenken, ob man die geernteten Pilze für die Zubereitung von Suppen, Beilagen oder eher als Gewürz verwenden möchte.

Schließlich wäre die Frage zu klären, in welcher Jahreszeit man sich eine Pilzernte wünscht, wobei die Zeitspanne – je nach Art – von Januar bis Dezember reicht; denn lediglich in Frostperioden setzt das Pilzwachstum völlig aus.

Eine geschickte Kombination verschiedener holzbewohnender Pilze wird den Kultivateur in die Lage versetzen, ganzjährig zu ernten. Dies könnte er mit Gemüsesaat nur bei Verwendung eines kostspieligen, beheizten Gewächshauses erreichen.

Austernpilze

Wenn man im Spätherbst oder Frühling einen Spaziergang im Wald unternimmt, trifft man dort gelegentlich auf einen großen, dunkel gefärbten, muschelförmigen Pilz, der meist büschelweise auf den Stubben geschlagener Laubbäume gedeiht. Auch tritt er manchmal auf

Austernpilze wachsen meist büschelweise auf den Stubben geschlagener Laubbäume.

Pilzkulturen an Holzunterlagen

den Stämmen kranker, halbwegs vertrockneter Bäume auf. Untersucht man einen Fruchtkörper und findet an der Unterseite weiße Lamellen, kann man mit großer Sicherheit annehmen, daß es sich um den Austernpilz handelt.

Der Austernpilz ist in ganz Europa heimisch, seiner Verbreitung setzt nur das Vorkommen der geeigneten Nährgrundlage Grenzen. Da Austernpilze vornehmlich an Laubbäumen gedeihen, wird man sie in Gegenden mit Nadelbaumwuchs nicht antreffen. Es ist daher anzunehmen, daß in den nordischen Ländern mit ihren ausgedehnten Nadelwäldern die natürlichen Fundstätten des Austernpilzes seltener sind.

Bisher konnte noch nicht bewiesen werden, daß der Austernpilz auch lebende, gesunde Bäume angreift. Wurde er an lebenden und scheinbar gesunden Bäumen gefunden, stellte sich bald heraus, daß zumindest jener Teil des Baumes, die Rinde, wo die Fruchtkörper hervorbrachen, abgestorben war. Man hat auch versucht den Austernpilz an lebenden Bäumen künstlich anzusiedeln, doch ohne Erfolg.

Diese Erkenntnis ist deshalb besonders wichtig, weil sie auf die Unbedenklichkeit des Austernpilzanbaues im Freiland hinweist. Würde nämlich der Austernpilz auch an lebenden Bäumen gedeihen, bestünde die Gefahr, daß er von einer im Garten angelegten Kultur ausgehend auf die benachbarten Bäume hinüberwechseln und sie in mehreren Jahren allmählich abtöten könnte. Diese Sorge braucht nun niemand zu haben. Der Austernpilzanbau im Garten ist für den vorhandenen Baumbestand völlig ungefährlich.

Kurze Beschreibung

Der Austernpilz (*Pleurotus ostreatus*) hat noch andere, volkstümliche Namen, von denen Austernseitling, Muschelpilz und Buchenschwamm am geläufigsten sind. Einige Verwandte von ihm (*Pleurotus eryngii, Pleurotus cornucopiae, Pleurotus pulmonarius* u. a. m.), die in der Natur vorkommen und die nach ihrer Lebensweise und ihrem Aussehen unserem Austernpilz ähnlich sind, gelten ebenfalls als wohlschmeckend. Mit ihrer Kultivierung hat man sich gleichermaßen schon beschäftigt. Überwiegend jedoch wird die Art *Pleurotus ostreatus* bevorzugt.

Der Austernpilz hat einen 6–20 cm großen Hut, dessen Farbe grau, graubraun, blau oder gelblich ist. Die jungen Fruchtkörper sind meistens dunkel gefärbt. Der Hutrand junger Pilze ist nach unten gewölbt, später waagerecht und in überreifem Stadium nach oben gerichtet. Die Lamellen an der Hutunterseite sind weiß, tief herablaufend und stehen sehr eng beieinander. Der Stiel ist meistens nicht in der Mitte des Hutes angesetzt. Er ist kurz und weiß oder leicht grau gefärbt.

Das Fleisch des Austernpilzes ist weiß, dick und fest. Es riecht sehr aromatisch und schmeckt roh streng. Austernpilze wachsen sehr oft büschelweise, d. h. aus einer Basis brechen mehrere Stiele mit Hut hervor. Ihre Sporen sind länglich und von weißer Farbe.

Mit zunehmender Verbreitung des Austernpilzanbaues wurden Kulturstämme gezüchtet, die sich in mancherlei Eigenschaften voneinander unterscheiden. Es gibt Kulturstämme mit stahlgrauer und mit gelblichbrauner Hutfarbe. Einige haben weicheres, andere festeres Fleisch. Je nachdem, in welcher Jahreszeit die verschiedenen Austernpilz-Kulturstämme bzw. die verwandten Arten ihre Fruchtkörper bilden, werden sie volkstümlich als Winter- oder Sommerausternpilz bezeichnet.

Die sogenannten Winterausternpilze fruktifizieren in dem Temperaturbereich zwischen 4–15 °C. Daher treten sie im Freiland nur im Herbst oder im Frühjahr auf. Die als Sommerausternpilz bezeichneten Kulturstämme und Spezies gedeihen vornehmlich über 15 °C bis etwa 25 °C, und sie können daher in den Sommermonaten angebaut werden.

Über die Werteigenschaften des Austernpilzes wurde in Fachkreisen oft gestritten. Pilzsammler behaupten, er sei zäh und sein Stiel gänzlich ungenießbar. So wird er auch in manchen Pilzbüchern eingestuft. Nun, man kann es nicht von der Hand weisen, daß überreife, alte Exemplare des Austernpilzes keinen kulinarischen Genuß bereiten. Zu diesem Ergebnis kamen auch jene Pilzsammler, die anläßlich winterli-

Pilzkulturen an Holzunterlagen

cher Waldspaziergänge Austernpilze gefunden hatten, allerdings solche, die, vom Frost konserviert, mitunter schon mehrere Monate an ihren Unterlagen verweilten. Der kultivierte Austernpilz wird jedoch im Jungstadium gepflückt. Sein Fleisch ist dann fest und knackig, aber keinesfalls zäh.

Selbst die Stiele sind durchaus genießbar. Die dünnen Stiele kleinerer Fruchtkörper kann man sehr wohl zusammen mit dem Hut zubereiten. Dicke Stiele sollte man jedoch nicht mit Hüten zusammen kochen, da sie doch etwas zäher sind und langsamer gar werden. Nimmt man aber nur Stiele und stellt sich auf ein bißchen längere Kochzeit ein, so geben sie beispielsweise eine vorzügliche Suppe ab.

Die Trockenmasse des Austernpilzes besteht zu gut einem Viertel aus Eiweiß. Sein Fettgehalt ist dagegen gering, und ernährungsbewußte Menschen werden es zu schätzen wissen, daß 100 g frische Austernpilze nur 30–50 Kalorien enthalten. Der Austernpilz eignet sich vorzüglich als Beilage oder zur Verfeinerung von Fleischgerichten, Omeletts und Suppen. Speziell der Austernpilz kann auch als Hauptgericht anstelle von Fleisch dienen, da sich die großen, festen und fleischigen Fruchtkörper zum Panieren oder Backen gut eignen.

Die Nährgrundlage

Als günstige Nährgrundlage für den Austernpilz kommt eine ganze Reihe von Laubholzarten in Frage und zwar sowohl Hart- wie auch Weichhölzer. Besonders geeignet sind Harthölzer, wie Buche und Hainbuche, sowie Weichhölzer, wie Pappel, Birke, Weide u. ä. Auch das Holz der Obstbäume eignet sich dafür.

Shii-take

Ein in unseren Breitengraden unbekannter, im Fernen Osten dagegen um so mehr geschätzter Speisepilz ist der Shii-take *(Lentinus edodes)*. Nach dem Champignon ist er der meistangebaute Speisepilz in der Welt; die gesamte Produktion beträgt über 130 000 Tonnen im Jahr. Hauptproduzent ist Japan.

Die sagenumwobene Geschichte des Shii-take geht auf etwa 2000 Jahre zurück. Dabei wurde besonders seiner wohltuenden Wirkung auf den menschlichen Organismus gehuldigt. Man schätzte den Shii-take wegen seines allgemein stärkenden Einflusses auf den menschlichen Körper, wegen der Abwehrwirkung gegenüber Erkältungskrankheiten und solchen, die durch üppige, fette Nahrung ausgelöst werden, hoch ein.

Die Bedeutung des Shii-take für die Japaner ist im Laufe der Zeit nicht geringer geworden. Man ist mit wissenschaftlicher Genauigkeit den alten Überlieferungen nachgegangen und erhielt dabei einige sehr bemerkenswerte Resultate. Es wurde festgestellt, daß im Shii-take die Vitamine B_{12} und D_2 enthalten sind. Keine der beiden Substanzen kommt in grünen Pflanzen vor. Sie sind aber bekanntlich wichtige Stoffe, die dem Körper nicht fehlen dürfen. In klinischen Tests wurde nachgewiesen, daß nach regelmäßigem Shii-take-Verzehr der Cholesteringehalt im Blut und in der Galle deutlich abnimmt. Die Folgeerscheinungen fettreicher Ernährung werden also gemildert. Extrakte aus dem Shii-take brachten das Wachstum von Influenzaviren zum Stillstand. Der Abwehreffekt gegen Erkältungskrankheiten trifft also ebenfalls zu. Schließlich stellte man fest, daß gewisse, aus dem Shii-take-Extrakt isolierte Substanzen in Tierexperimenten auch noch einen Antitumor-Effekt zeigten. Alles in allem griffen die alten Japaner nicht zu hoch, als sie dem Shii-take eine lebensverlängernde Wirkung bescheinigten. Ein rundherum gesunder Pilz, den wir uns hierzulande nicht weiter vorenthalten sollten.

Kurze Beschreibung

Sein 5–12 cm breiter Hut ist hellbraun oder dunkelbraun. Oft findet man Schuppen oder tiefe Risse an der Hutoberfläche. Während Schuppen eine kulturstammspezifische Erscheinung sind, wird die Rißbildung eher durch Klimaeinflüsse verursacht. Die jungen Hüte sehen glockenförmig aus, die Form überreifer Fruchtkörper erinnert an eine umgedrehte Untertasse.

Pilzkulturen an Holzunterlagen

Der Shii-take, ein in unseren Breitengraden weniger bekannter Speisepilz.

Die Lamellen des Shii-take sind weiß oder gelblich, bei älteren Pilzen bräunlich. Der kurze Stiel (3–5 cm) ist ebenfalls weiß oder bräunlich. Auch die Sporen sind weiß. Das Fleisch des Shii-take ist weiß, und es hat einen unverwechselbaren, aromatischen Geschmack.

In Japan unterscheidet man zwei Shii-take-Typen, den dickfleischigen »donko« und den dünnfleischigen »koshin«.

Diese Unterschiede sind jedoch nicht unbedingt kulturstammspezifisch. Vielmehr spielt dabei das Klima eine Rolle. Die Fruchtkörper ein und desselben Shii-take-Kulturstammes sind im Spätherbst und im Frühling als »donko«, im Sommer als »koshin« zu bezeichnen. Es hat mit dem Kulturstamm nur insofern zu tun, als es solche gibt, die nur in der kühlen Jahreszeit fruktifizieren und daher überwiegend donko-Fruchtkörper bilden. Andere Kulturstämme jedoch, die im ganzen Jahr Ertrag bilden, können durchaus beide Fruchtkörpertypen hervorbringen.

Bisher wurden in der Bundesrepublik Deutschland insgesamt acht Shii-take-Kulturstämme über mehrere Jahre hinweg auf ihre Ertragsleistung und Hauptfruktifikationszeit untersucht. Es stellte sich heraus, daß der beste Kulturstamm während einer dreijährigen Erntephase, an 100 kg Eichenholz als Unterlage, mehr als 700 Fruchtkörper im Gesamtgewicht von 16 kg bildete. Hinsichtlich der Hauptfruktifikationszeit lassen sich diese Kulturstämme in vier Gruppen einordnen:

- Sommerstämme, die überwiegend bei Temperaturen von über 12 °C fruchten.
- Winterstämme, die überwiegend bei niedriger Temperatur (nie über 20 °C) Fruchtkörper bilden.
- Sogenannte »Intermediärstämme«, die im Frühjahr und Herbst, zwischen 10–20 °C, fruktifizieren.
- Ganzjahresstämme, die in einem weiten Temperaturbereich von 5–25 °C fruktifizieren.

Es ist daher möglich, wenn nicht gar ratsam, eine Shii-take-Anlage aus verschiedenen Kulturstämmen zusammenzustellen, um dadurch in den Genuß der ganzjährigen Ernte zu kommen.

Die Nährgrundlage

In Japan wird der Shii-Baum als Nährgrundlage für den Shii-take-Anbau verwendet. Bei uns hat sich in den bisher durchgeführten mehrjährigen Untersuchungen die Eiche am besten bewährt. Weitere brauchbare Unterlagen sind noch die Birke, Erle, Rotbuche und Hainbuche.

Eine Besonderheit ist, daß man für den Shii-take-Anbau nicht dicke, kurze Holzscheite wie bei den übrigen holzbewohnenden Pilzen, sondern 1–1,2 m langes, 8–15 cm dickes, sogenanntes Knüppelholz verwendet. Solches kann man sich aus Stämmen jüngerer Bäume oder aus dickeren Ästen zurechtsägen.

Das Stockschwämmchen

Das Stockschwämmchen (*Kuehneromyces mutabilis*) wird zu den wohlschmeckendsten Speisepilzen gezählt. Manche Pilzliebhaber ziehen seinen Geschmack sogar dem des Pfifferlings vor. Dies ist zwar mit Sicherheit eine Frage des Geschmacks, doch mit Bestimmtheit kann gesagt werden, daß die Anlage einer Stockschwämmchenkultur der Mühe wert ist. Dr.

Pilzkulturen an Holzunterlagen

Hermann Jahn, einer der besten Kenner holzbewohnender Pilze, empfiehlt, das Stockschwämmchen zu braten und zu dünsten, sowie wegen seines kräftigen Geschmacks für die Zubereitung von Suppen und zum Würzen von Mischpilzgerichten zu verwenden. Wer also diesen Pilz noch nicht kennt, ließ sich bisher auf jeden Fall einen kulinarischen Genuß entgehen.

Der natürliche Lebensraum des Stockschwämmchens ist totes Laubholz. Es zersetzt die Cellulose, Hemicellulose und das Lignin im Holz und verwandelt den mächtigsten Baumstubben in wenigen Jahren zu Staub und Mutterboden. Es gehört sich einfach, bei der Würdigung des Stockschwämmchens auch darauf einzugehen, daß neben seinem Wohlgeschmack auch die erwähnte holzzersetzende Fähigkeit von großem Nutzen ist, da sie zeitweise sogar erhebliche wirtschaftliche Bedeutung erlangte.

In den Jahren unmittelbar nach dem 2. Weltkrieg war in Deutschland, so wie vieles andere, auch das Holz als Rohstoff für verschiedene Industriezweige rar. Man half sich, wie man konnte, doch die Bleistiftindustrie kam mit dem vorhandenen Holzmaterial auf keinen grünen Zweig. Das Zedernholz, aus dem die guten Bleistifte hergestellt werden, fehlte; die einheimischen Holzarten ließen ein gutes Spitzen der Bleistifte nicht zu.

In dieser Zeit begann Walter Luthardt in Thüringen mit Hilfe eines holzbewohnenden Pilzes von Buchen- und Birkenstämmen das sogenannte Myko-Holz herzustellen. Es war das Stockschwämmchen!

Der Gedanke Luthardts war genial. Seit vielen Jahren befaßte er sich mit der Kultivierung holzbewohnender Pilze, und durch zahlreiche Versuche gewann er die Erkenntnis, daß die Wachstumsgeschwindigkeit und -intensität verschiedener Pilzarten im Holz durch die Temperatur und Feuchtigkeit weitgehend beeinflußt und gesteuert werden kann. Das Holz wird durch diese Pilze aufgelockert und verliert an Gewicht und Dichte.

Das für die Myko-Holz-Herstellung ausgewählte Stockschwämmchen weist außerdem die Eigenschaft auf, daß es zunächst in Rich-

Das Stockschwämmchen wird zu den wohlschmeckenden Speisepilzen gezählt.

tung der Holzfaser wächst, die cellulosehaltigen Querwände in den Holzzellen läßt es dagegen unberührt. Auf diese Weise wird das Holz aufgelockert und porös, behält jedoch gleichzeitig die für eine industrielle Bearbeitung notwendige Festigkeit.

Nach Verringerung der Feuchtigkeit im Holz unter 30% hört dann die Entwicklung des Pilzes auf; durch eine Imprägnierung des Holzes kann er schließlich ganz abgetötet werden. Zurück bleibt ein vorzügliches Bleistiftholz, dessen Dichte nur etwa die Hälfte des Ausgangsmaterials aufweist und das sich ausgezeichnet bearbeiten und spitzen läßt.

Aus den ersten Versuchen im Jahre 1949 ist bald eine Großproduktion von Myko-Holz hervorgegangen. 5000 Festmeter und mehr Holz wurden jährlich verarbeitet und daraus Millionen von Bleistiften, Modellholz, Holz für Schnitzereien und Furnierholz hergestellt. Das kostspielige Zedernholz konnte durch eine gesteuerte Infektion mit dem Stockschwämmchen an heimischen Holzarten vollständig ersetzt werden.

Kurze Beschreibung

Im Gegensatz zum Austernpilz und Shii-take ist das Stockschwämmchen ein kleiner, zarter

Pilzkulturen an Holzunterlagen

Pilz, der in der Natur meist in dichten Büscheln oder als Pilzrasen wächst.

Charakteristisch ist sein zunächst halbkugelförmiger Hut, der sich später ausbreitet und in der Mitte oft einen Buckel hat. Die Hüte sind normalerweise 3–5 cm breit, können manchmal jedoch bis zu 10 cm Durchmesser erreichen. Sie sind bräunlich gefärbt und weisen am Rand oft einen herumlaufenden, dunklen Streifen auf.

Die Lamellen stehen dicht beieinander und sind ebenfalls braun. Der braune, schlanke Stiel des Stockschwämmchens ragt 6–12 cm aus dem Holz empor. Sein Fleisch ist weiß, es duftet würzig und schmeckt äußerst aromatisch. Die Sporen des Stockschwämmchens sind gelb.

Einer der weltweit besten Kenner des Stockschwämmchen-Anbaues ist der Jenaer Mykologe Gerhard Gramß. Ihm gelang es durch Isolierung aus wildgewachsenen Fruchtkörpern und durch Selektion im Laboratorium, besonders ertragreiche Kulturstämme zu finden. Danach kann eine Stockschwämmchen-Kultur äußerst ergiebig sein. Bei Verwendung eines fruchtbaren Kulturstammes kann man bis zu 30–40 kg Pilze je 100 Kilogramm Frischholz in 5–6 Erntejahren pflücken.

Die Nährgrundlage

Die für den Stockschwämmchen-Anbau besonders bevorzugten Holzarten sind: Rotbuche, Hainbuche, Erle, Birke, Pappel und Weide. Das Holz des Steinobstes sowie Nadelgehölze sind dagegen ungeeignet.

Die natürliche Fruchtperiode des Stockschwämmchens sind die Monate April bis Dezember. Es entwickelt sich unter günstigen Klimabedingungen mehrmals jährlich. Die optimale Temperatur für das Wachstum des Myzels, während also der Pilz die Holzgrundlage durchspinnt, beträgt 20–25 °C. Die Fruchtkörperbildung beginnt bei etwa 5–6 °C, optimal sind jedoch 14–18 °C.

Der Samtfußrübling

An kalten Wintertagen, wenn die Landschaft von Schnee bedeckt ist und alles Leben erstarrt, bildet der Samtfußrübling *(Flammulina velutipes)* seine Fruchtkörper. Er ist ein ausgesprochener Winterpilz – volkstümlich wird er auch Winterpilz genannt –, da er gewöhnlich von November bis Ende März fruktifiziert. Er liefert vorzügliche Pilznahrung zu einer Zeit, wenn andere Pilze kaum zu finden und Obst und Gemüse teuer sind.

Im Fernen Osten, hauptsächlich in Japan, zählt der Samtfußrübling zu den wichtigsten Speisepilzen. Allerdings wendet man dort für die Kultivierung eine andere Methode an, die jedoch der Vollständigkeit halber an dieser Stelle kurz beschrieben werden sollte.

Anstelle von Holzabschnitten wird die Nährgrundlage aus Sägemehl und Reiskleie im Verhältnis von 8:2 hergestellt. Man füllt diese Mischung in weithalsige Kunststoffflaschen ab und sterilisiert sie anschließend in einem Autoklav. In einem speziell für diesen Zweck herge-

Der Samtfußrübling ist ein ausgesprochener Winterpilz, er fruchtet von November bis Ende März.

Pilzkulturen an Holzunterlagen

richteten Anwachsraum werden dann die Kulturen 5–6 Wochen lang bei 25–30 °C gehalten. Während dieser Zeit besiedelt das Myzel des Samtfußrüblings die Nährgrundlage. Ist es so weit, setzen die Japaner einen etwa 15 cm langen Papierzylinder auf die Flasche, welcher sozusagen als Verlängerung des Flaschenhalses dient.

Da die Fruchtkörper, nach Licht und Frischluft strebend, sich bis zur Oberkante dieses Papierzylinders entwickeln, bekommen sie unverhältnismäßig lange Stiele, und die ganze Kultur sieht – entfernt man den Papierzylinder – wie ein Strauß exotischer Blumen aus. Solche Kulturen zieht man auch in der Wohnung, auf dem Fensterbrett, wenn dort im Winter die Temperatur nicht mehr als 14–15 °C beträgt.

Meistens bilden sich in vierzehntägigen Abständen drei Erntewellen in solchen Flaschenkulturen, wobei die Ausbeute bis zu 100 g Pilzfruchtkörper je Liter Substrat erreichen kann. In Japan entfernt man vor der Ernte den Papierzylinder und schneidet die Pilze unmittelbar oberhalb des Flaschenhalses ab. Sie werden dann gebündelt, bündelweise verpackt und so verkauft.

Im übrigen werden Samtfußrüblinge in Japan nicht nur aus kulinarischen Gründen, sondern auch wegen ihrer gesundheitsfördernden Wirkung geschätzt. Man hat dort beobachtet und in zahlreichen wissenschaftlichen Experimenten auch nachgewiesen, daß der Samtfußrübling die Vermehrung bestimmter Krebszellen hemmt.

Kurze Beschreibung

Der kleine Hut des Samtfußrüblings (3–6 cm Durchmesser) ist zunächst nach unten gewölbt, später flach und an der Oberfläche etwas klebrig. Er ist leuchtend gelb bis rostbraun mit einem dunklen Flecken in der Hutmitte.
Seine Lamellen sind hellgelb, breit; sie stehen nicht allzu dicht. Die Sporenfarbe ist weiß.
Der Stiel ist dünn, jedoch lang (4–10 cm). Meistens brechen mehrere Stiele aus einem gemeinsamen Grund hervor. Das Fleisch des Samtfußrüblings ist hellgelb mit auffallendem Fischgeruch.

Die Kultur des Samtfußrüblings hat sich hierzulande noch nicht durchgesetzt. Angaben über mögliche Ertragsausbeuten an Holzabschnitten sind spärlich. Bisher fehlt es an planmäßig selektierten, geprüften Kulturstämmen. Allerdings fand Walter Luthard, der sich auch mit Samtfußrüblingen beschäftigte, heraus, daß ein nahezu hundertprozentiger Erfolg bereits dadurch erzielt wird, daß man sporenreife Pilzhüte an frische, geeignete Baumstubben auflegt. Dies beweist, daß die Kultur des Samtfußrüblings offenbar nicht schwierig ist. Man sollte ihm daher in Zukunft größere Beachtung schenken, um so mehr, als man mit ihm die »Pilzfruchtfolge« im Garten bis in die kalte Jahreszeit ausdehnen kann.

Die Nährgrundlage

Samtfußrüblinge entwickeln sich an abgestorbenen Holzstümpfen verschiedener Laubbäume. Für die Kultivierung werden folgende Holzarten bevorzugt: Rotbuche, Roßkastanie, Robinie und Weide. Nadelgehölze kommen als Nährgrundlage nicht in Frage.

Sonstige holzbewohnende Pilze

Mit den bisher beschriebenen ist die Palette der wohlschmeckenden, kultivierbaren, holzbewohnenden Pilze noch nicht vollständig. Dies waren die wichtigsten, und es liegt eine Fülle von Erfahrungen im Hinblick auf ihre Kulturmöglichkeiten vor.

Einige Arten, von zur Zeit noch geringerer Bedeutung, dürfen jedoch an dieser Stelle nicht unerwähnt bleiben. Im Gegenteil, Sinn der nachfolgenden Ausführungen ist es, den Hobby-Kultivateur anzuregen, sich einmal auch an diesen, zweifellos hervorragenden Speisepilzen zu versuchen. Um so mehr, als man das für Austernpilze, Shii-take, Stockschwämmchen und Samtfußrüblinge geltende Anbauprinzip auch hierbei uneingeschränkt verwenden kann. An den Stubben geschlagener Nadelhölzer gedeiht der **Graublättrige Schwefelkopf** (*Hypholoma capnoides*). Er gilt als ein »bekömmlicher, recht wohlschmeckender« Speisepilz, dessen

Pilzkulturen an Holzunterlagen

Kultivierung sinnvollerweise an Nadelholzscheiten erfolgen sollte. Es gibt jedoch Hinweise dafür, daß der Graublättrige Schwefelkopf auch an der Rotbuche gut wachsen kann. Die zarten, dünnstieligen Hüte erreichen einen Durchmesser von 6–8 cm. Sie sind glatt, hellgelb gefärbt, in der Mitte jedoch gewöhnlich bräunlich.

Die ziemlich locker gestellten Lamellen weisen eine eindeutig graue Farbe auf. Sein Fleisch ist gelbweiß, es riecht angenehm und schmeckt mild.

Ein weiterer wohlschmeckender, doch in Anbauerkreisen bisher kaum beachteter Pilz ist der **Südliche Schüppling** *(Agrocybe aegerita)*. Eigentlich ist es erstaunlich – galt doch der Schüppling schon zur Zeit der alten Griechen und Römer als begehrter Leckerbissen. Wie

Links: Die Fruchtkörper des Judasohrs sehen wie kleine, umgedrehte Schüsseln aus.

Der Südliche Schüppling galt schon zur Zeit der alten Griechen und Römer als Leckerbissen.

Pilzkulturen an Holzunterlagen

den Schriften von Dioscorides und Plinius zu entnehmen ist, waren bereits in der Antike Kulturmethoden für diesen Pilz bekannt.

Die natürlichen Brutstätten des Südlichen Schüpplings sind Pappel- und Weidenholz. Gelegentlich kommt er auch an Rotbuche und Holunder vor. Der eigentliche Verbreitungskreis dieser Pilzart sind wärmere Klimate, doch hat man sie in der oberrheinischen Tiefebene gelegentlich auch schon gefunden.

Es liegt auf der Hand, daß man Kulturversuche an Pappel- oder Weidenholzabschnitten starten sollte. Wenn schon das Klima hierzulande nicht ganz optimal ist, empfiehlt es sich, zumindest eine günstige Nährgrundlage für den Südlichen Schüppling zu bereiten.

Seine 6–10 cm breiten, braun gefärbten Fruchtkörper brechen in Büscheln hervor. Die Stiele sind weißlich und bis zu 15 cm lang. Die Lamellen junger Fruchtkörper sind ebenfalls weißlich, doch sie verfärben sich im Laufe der Zeit zimtbraun. Das feste, weiße Fleisch der Fruchtkörper schmeckt äußerst aromatisch.

Genießer der fernöstlichen Küche und Besucher einschlägiger Restaurants werden es oft erleben, daß man ihnen als Beilage zu Fleischgerichten, neben allerlei Gemüse und Nudeln, Pilze serviert, die wie kleine, schwarze Lappen aussehen und eine wabbelige, knorplige Konsistenz haben. Es handelt sich da um das **Judasohr** (*Auricularia auricula-judae* und *Auricularia polytricha*), das fälschlicherweise oft als »Chinesische Morchel« bezeichnet wird.

Nun ist das Judasohr auch bei uns, vorwiegend in den südlichen Landesteilen, heimisch. Besonders bevorzugt es den Schwarzen Holunder, aber man findet es gelegentlich auch an anderen Laubbäumen.

Die Fruchtkörper des Judasohrs sehen wie Muscheln, wie kleine, umgedrehte Schüsseln aus. Sie haben einen sehr kurzen Stiel, sind 2–8 cm breit und braun bis rötlichbraun gefärbt. Das Hutfleisch ist äußerst dünn, knorplig, gallertartig und getrocknet hart wie Horn. Es schmeckt sehr angenehm, und sofern die Trockenpilze ins Wasser gelegt werden, quellen sie nach einiger Zeit auf, so daß sie in Form und Konsistenz mit frischen Exemplaren vergleichbar sind.

Schon seit altersher wird das Judasohr als Heilpilz geschätzt. Im Kräuterbuch des Adamus Lonicerus aus dem Jahre 1679 steht geschrieben: »Hollunderschwämme löschen und trukken nieder allerlei Hiß und Geschwulst, zuvor in Rosenwasser oder Wein geweicht und übergelegt.«

In neuzeitigen Forschungsergebnissen wird darüber berichtet, daß das Judasohr eine antithrombotisch wirksame Substanz enthält. Eine der häufigsten Todesursachen bei Gefäßleiden sind Thrombosen. Für die sogenannte Thrombusbildung wird eine Arterienverkalkung verantwortlich gemacht. Es ist inzwischen gelungen, ein Diätetikum zu entwickeln, das auch den Extrakt des Judasohr enthält und sich gut für eine Dauertherapie von Patienten mit Übergewicht und Arterienverkalkung eignet.

In Japan und China wird das Judasohr auf einem Gemisch aus Sägemehl und Reiskleie angebaut. Für Kulturversuche im eigenen Garten sollte man 90–100 cm lange, 12–15 cm dicke Abschnitte verschiedener Laubbäume verwenden. Während der mehrjährigen Kulturperiode kann eine Fruchtkörperausbeute von 10–15%, bezogen auf das Holzgewicht, erreicht werden. Die Fruchtkörperbildung findet im Sommer statt. Unter optimalen Bedingungen, insbesondere wenn die Holzabschnitte hinreichend oft bewässert werden, treten in kleinen Zeitabständen immer neue Fruchtkörper auf.

Kulturanleitung im Telegrammstil

Die Kulturen holzbewohnender Pilze legt man im Frühling bis zum Frühsommer – von April bis Ende Juni – an. Man verwendet dazu 10–30 cm dicke, 30–50 cm lange Holzabschnitte. Eine Ausnahme bilden der Shii-take und das Judasohr. Sie werden an 90–120 cm langen, 8–15 cm dicken Knüppelhölzern kultiviert.

Wichtig ist, daß die Hölzer feucht sind (50–70% Wassergehalt) und keine Spuren von Konkurrenzpilzen aufweisen.

Pilzkulturen an Holzunterlagen

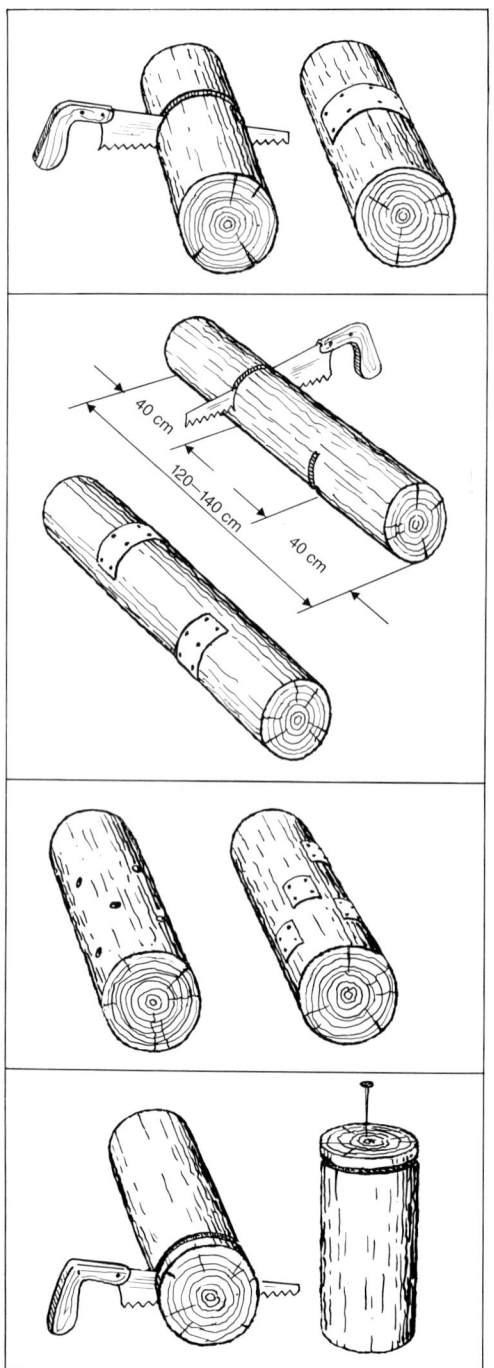

Die Beimpfung kann in verschiedener Weise erfolgen:
- Man sägt mit einer Hand- oder Motorsäge mitten in den Holzscheit, wobei die Schnittrichtung mit den Stirnseiten parallel verlaufen soll. Je tiefer der Einschnitt, um so vorteilhafter. Wichtig ist nur, daß das Holzstück stabil bleibt und während der nachfolgenden Behandlung nicht auseinanderbricht.
Die langen Knüppelhölzer für Shii-take und Judasohr werden an zwei Stellen, jeweils etwa 40 cm von den Stirnseiten entfernt, an gegenüberliegenden Seiten angesägt. Die Einschnitte werden anschließend mit Körnerbrut oder Brutpaste gefüllt, oder man schiebt 1–2 Brutscheiben in sie hinein. Wichtig ist der gute Kontakt zwischen Brut und Holz, damit das Pilzmyzel rasch einwachsen kann. Schließlich deckt man die brutgefüllten Einschnitte mit einem Plastikstreifen zu, der mit Reißwecken oder Heftzwecken befestigt wird.
- Eine andere Möglichkeit ist, die Holzabschnitte mit Bohrungen zu versehen, die in unterschiedlicher Höhe, spiralförmig versetzt, in Abständen von 10–15 cm angebracht werden. Optimal sind 2–3 cm breite und 4–6 cm tiefe Löcher, die man anschließend mit Körnerbrut oder Brutpaste füllt und entweder mit einem Korken zustopft oder mit gewöhnlichem Schweineschmalz zuschmiert.
- Kurze Holzabschnitte (kein Knüppelholz!) können schließlich mit Hilfe der sogenannten »Scheiben-Methode« beimpft werden. Hierbei schneidet man zunächst an einer Seite des Holzstückes eine etwa 3 cm dicke Scheibe ab und stellt das Stammstück auf die gegenüberliegende Schnittfläche. Dann

Von oben nach unten:
Für die Schnitt-Impfmethode schneidet man mit einer Säge tief in das Holz hinein.

Für den Shii-take und das Judasohr sägt man zwei tiefe Einschnitte in die Rundhölzer.

Für die Bohrloch-Impfung vorbereitetes Holz.

Bei der Scheiben-Impfmethode schneidet man eine etwa 3 cm dicke Scheibe vom Rundholz ab.

Pilzkulturen an Holzunterlagen

Von links nach rechts:
Man füllt den Schnitt bis zum Rand mit Brut. Die Brut wird mit einem dünnen Stab im Schnitt festgedrückt. Dann wird der Schnitt mit einem Plastikstreifen verschlossen.

Werden gleichzeitig verschiedene Pilze geimpft, ist es zweckmäßig, die Hölzer zu kennzeichnen, um Verwechslungen auszuschließen.

Die beimpften Hölzer werden, möglichst an einem schattigen Platz unter Bäumen, zu einem Stapel zusammengestellt.

Pilzkulturen an Holzunterlagen

breitet man etwa 1 cm dick Körnerbrut oder Brutpaste auf der nach oben zeigenden Schnittfläche aus bzw. man legt einfach zwei Brutscheiben darauf und nagelt die abgeschnittene Holzscheibe wieder fest an. Anschließend legt man einen 3–4 cm breiten Plastikstreifen um die Impfstellen und befestigt sie mit Reißzwecken oder man stülpt einfach Plastikbeutel über die beimpften Holzenden, die mit einem Gummiband festgehalten werden.

Nun beginnt die Durchwachsphase. Das Myzel holzbewohnender Pilze braucht, je nach Temperatur, 3–4 Monate, um den ganzen Holzabschnitt zu besiedeln. Um die Durchwachsphase zu beschleunigen, empfiehlt sich folgendes:

- Legt man eine kleine Kultur an, bis zu 10 Holzabschnitten, verpackt man diese einzeln in entsprechend große Plastiksäcke oder – bei Knüppelhölzern – wickelt man sie in Folie ein. Man bohrt dann 4–8 Löcher in jeden Sack mittels eines Nagels. Die verpackten Hölzer werden nunmehr im Keller oder in einem Abstellraum verstaut, wo etwa 20 °C Temperatur herrschen sollten.
- Bei einer größeren Kultur errichtet man eine oberirdische Miete. Die beimpften Hölzer werden an einem schattigen Platz im Garten auf der Erde in einem Haufen übereinandergestapelt. Der Holzhaufen wird dann mit etwas feuchtem Stroh und obenauf mit einer Plastikplane abgedeckt. Die Ränder der Plane vergräbt man in die Erde. Die Plane selbst wird je Quadratmeter mit 4–5 Löchern versehen.
- Sehr gute Durchwachserfolge erzielt man in einem sogenannten Impfgraben. Als Impfgraben wird ein etwa 1 m breites und 1,3 m tiefes Erdloch bezeichnet, in dem man kurze Holzabschnitte säulenartig neben- und übereinander stapelt. Die Länge des Impfgrabens ist von der Menge der beimpften Hölzer abhängig. Nachdem der Impfgraben gefüllt wurde, deckt man ihn mit Schilfmatten, Ästen, Stroh und obenauf mit einer etwa 20 cm dicken Erdschicht ab. Um die Austrocknung der beimpften Holzstücke im Impfgraben zu vermeiden, gräbt man noch etwa 50 cm entfernt rings um ihn einen etwa 30 cm breiten und 10 cm tiefen Bewässerungsgraben und füllt diesen wöchentlich einmal mit Wasser. Das Wasser sickert langsam in den Impfgraben über und schafft dort das für die Myzelentwicklung erforderliche, feuchte Mikroklima.

Erscheint das Myzel an beiden Stirnseiten der Hölzer in Form von weißem Geflecht, ist die Durchwachsphase beendet.

Die durchgewachsenen Holzabschnitte werden an den Ort der Kulturanlage, an einen schattigen oder halbschattigen Platz im Garten transportiert. Die mit Austernpilzen, Stockschwämmchen, Samtfußrübling oder Südlichem Schüppling beimpften kurzen Holzscheite werden mit einer ihrer Stirnseiten etwa zu einem Drittel ihrer Länge in die Erde eingegraben. Man sollte einen Abstand von 30 cm zwischen den Hölzern wahren, damit die seitlich heraustretenden Fruchtkörper sich nicht gegenseitig im Wachstum behindern. Die langen Knüppelhölzer des Shii-take und des Judasohrs werden kreuzweise auf den Boden gestellt, indem man sie gegen eine in etwa 1 m Höhe gespannte Leine oder eine Latte lehnt.

Im Impfgraben werden die Rundhölzer säulenartig neben- und übereinandergestellt.

Pilzkulturen an Holzunterlagen

Wichtig ist von jetzt an, daß die Hölzer nicht austrocknen. Ein Zeichen des Austrocknens ist es, wenn sie an der oberen Stirnseite strahlenförmig einreißen. Man muß die Anlage bei Bedarf bewässern!

Nunmehr verbleiben die Hölzer mehrere Jahre an ihrem Platz. Sie bringen jahreszeitlich abhängig immer wieder Fruchtkörper hervor. Erst wenn die Nährstoffreserven verzehrt und die Hölzer vermorscht sind, ist das Wachstum zu Ende. Dies ist normalerweise nach 3–6 Jahren der Fall.

Die ersten Fruchtkörper von Austernpilzen und des Samtfußrüblings können bereits im ersten Jahr, wenige Wochen nach dem Einsetzen der Holzabschnitte im Garten, erscheinen. Shiitake und Stockschwämmchen brauchen dagegen 8–14 Monate, bis sie erstmals fruchten. Man bricht oder schneidet die erntereifen Fruchtkörper von den Hölzern ab, so daß kein Stielrest übrig bleibt. Restbestände können Brutstätten von Krankheiten und Schädlingen sein, deshalb müssen sie entfernt werden. Die Gesamtausbeute an Fruchtkörpern beläuft sich während der mehrjährigen Kulturzeit auf 10–20% (beim Stockschwämmchen bis 30%) des Holzgewichtes. Die gepflückten und gereinigten Pilze verwendet man am besten frisch. Sie sind jedoch gekühlt durchaus für mehrere Tage haltbar. Man kann sie auch konservieren, trocknen oder tiefgefrieren und in diesem Zustand für viele Monate lagern.

Weitere Einzelheiten zur Frage der Unterlagen

Welche Holzarten den einzelnen Kulturpilzen besonders zusagen, wurde bereits ausführlich erörtert. Es gibt jedoch eine Reihe allgemein gültiger Hinweise, die man noch mitberücksichtigen sollte.

Die Holzscheite werden erst unmittelbar vor der Beimpfung auf die notwendige Länge zersägt (oben) und falls erforderlich befeuchtet (Mitte).

Unten: Mit Konkurrenzpilzen befallenes Rundholz.

Pilzkulturen an Holzunterlagen

Ob man das Holz vom Förster bezieht oder es selbst zur Verfügung hat, man muß auf dessen Alter besonders achten. Warum, wird leicht verständlich, wenn man bedenkt, daß es zahlreiche Pilze gibt, die an geschlagenem, abgestorbenem Holz gedeihen. Man sollte daher für klare Verhältnisse sorgen und den ungebetenen Pilzen die Chance für die Ansiedlung nehmen. Je älter das geschlagene Holz ist, um so größer ist die Wahrscheinlichkeit, daß sich darin schon andere, mit unseren Kulturpilzen konkurrierende Organismen eingenistet haben. Beimpft man altes Holz, müssen die Kulturpilze unter Umständen gegen ihre Konkurrenten ankämpfen, was eine längere Durchwachsphase zur Folge haben kann. Es besteht sogar die Gefahr, daß die Kulturpilze im Konkurrenzkampf unterliegen und absterben. Doch selbst dann, wenn die Kulturpilze die Oberhand gewinnen, werden sie nur noch ein vermindertes Nährstoffangebot im Holz vorfinden, da ihre Konkurrenten aus demselben Topf zehren. Eine Verkürzung der Kulturdauer und geringere Fruchtkörperausbeute sind dann zu erwarten. Aus diesem Grund sollte das für den Pilzanbau verwendete Holz nicht älter als 4–5 Monate sein.

In Expertenkreisen wird jedoch auch von der Verwendung frisch geschlagenen Holzes abgeraten. Darin sind noch die Abwehrstoffe aktiv, die es auch verhindern, daß unsere Kulturpilze lebende Bäume befallen.

Beim Shii-take allerdings haben unsere einschlägigen Versuche gezeigt, daß es nicht notwendig ist, das Holz liegen zu lassen. Es gelang uns, auch ganz frisches Holz problemlos und rasch mit Shii-take zu besiedeln.

Bei den übrigen Pilzarten sollte man jedoch mangels anderer Erfahrungen nur solche Hölzer verwenden, die wenigstens 6 Wochen früher geschlagen wurden.

Daraus kann sich die Notwendigkeit ergeben, daß die Hölzer einige Zeit gelagert werden müssen. Die Holzlagerung ist jedoch nicht ganz unproblematisch. Erfolgt sie im Freien, wo das Material oft durch Niederschläge naß wird, muß mit dem Auftreten von Konkurrenzpilzen gerechnet werden. Wird das Holz geschützt gelagert, kann es austrocknen. Fällt jedoch seine Feuchtigkeit unter 50%, eignet es sich nicht mehr so gut für den Pilzanbau. Allerdings ist bei geschützt gelagerten Hölzern die Gefahr kleiner, daß sich an ihnen Konkurrenzpilze ansiedeln.

Nach Abwägung aller Vor- und Nachteile möchte ich dazu raten, die Holzunterlagen für Pilzkulturen geschützt zu lagern. Um so mehr, da es nicht schwierig ist, ggf. ausgetrocknete Hölzer unmittelbar vor der Beimpfung erneut zu befeuchten.

Zuerst jedoch sollte man sich davon überzeugen, ob diese Maßnahme überhaupt notwendig ist. Dazu sägt man einige Scheiben von den Hölzern ab und drückt eine kleine Portion Sägemehl leicht in der Hand zusammen. Eine Befeuchtung der Hölzer ist nur dann erforderlich, wenn der Klumpen sofort auseinanderfällt. Klebt jedoch das Sägemehl in der Hand zusammen, reicht die Feuchtigkeit der Hölzer für eine Beimpfung völlig aus.

Müssen die Hölzer befeuchtet werden, so gibt es dafür zwei Möglichkeiten:
- Sie werden für 2–3 Tage in einen geeigneten, mit Wasser gefüllten Behälter gelegt oder
- man errichtet auf dem Boden im Garten einen Haufen aus Holzabschnitten und beregnet ihn eine Woche lang täglich 2–3 Stunden.

Das Holzmaterial wird in der Regel in längeren Stücken geliefert, als für den Pilzanbau erforderlich. Das Zersägen der Holzscheite auf die notwendige Länge sollte man in jedem Fall unmittelbar vor der Beimpfung vornehmen. Dabei empfiehlt es sich, von jedem Holzscheit zunächst an beiden Enden eine 2–3 cm dicke Scheibe abzuschneiden, denn der Befall durch Konkurrenzpilze erfolgt am ehesten an den Stirnseiten.

Die Länge der Kulturzeit wird entscheidend dadurch beeinflußt, welche Holzart man verwendet. Weichhölzer wie Birke, Pappel, Weide haben geringere Nährstoffreserven je Gewichtseinheit. Sie werden von den Pilzen schneller verbraucht. Deshalb sollte man davon ausgehen, daß z.B. eine Austernpilzkultur auf Weichholzunterlage in der Regel nach 3

Pilzkulturen an Holzunterlagen

Jahren zu Ende geht. Auf Hartholzabschnitten dauert die Kultur länger. Es ist keine Seltenheit, daß z. B. von Buche 5 Jahre lang geerntet werden kann. Wie bereits erwähnt, werden mit Ausnahme des Shii-take und des Judasohrs alle übrigen holzbewohnenden Pilze an 30–50 cm langen, 10–30 cm dicken Holzabschnitten kultiviert. Für Shii-take und Judasohr verwendet man 8–15 cm dicke, dafür jedoch 90–120 cm lange Knüppelhölzer.

Der Grund dafür ist, daß letztere weniger auf die Feuchtigkeit aus dem Boden angewiesen sind, sondern sich mit einer hohen Luftfeuchtigkeit begnügen. Es ist uns z. B. beim Shii-take nicht gelungen, in unseren Anlagen eine Myzelverbindung zwischen den Hölzern und dem Erdreich nachzuweisen. Daraus wäre zu schließen, daß der Shii-take offenbar keine Nährstoffe aus dem Boden aufnimmt.

Die übrigen holzbewohnenden Pilze bilden dagegen in der Regel ein üppiges Erdmyzel aus, welches für die Nährstoffversorgung wichtig zu sein scheint. Wenn auch über Art und Weise dieser Nährstoffversorgung noch keine völlige Klarheit herrscht, erfolgt nach Angaben von Gerhard Gramß aus Jena auf jeden Fall eine Mineralstoffaufnahme. Er schreibt: »… daß diese Mineralien die Nährstoffpalette des Kulturpilzes insoweit ergänzen, daß auch mehr von dem Überschuß der organischen Kohlenstoffverbindungen des Holzes verwertet werden kann.«

Die Holzfeuchtigkeit hat für diese Pilze zusätzlich einen hohen Stellenwert. Dieser Wasserbedarf wird aus dem Erdreich gedeckt. Doch der Feuchtigkeitsaufnahme im toten Holz sind enge Grenzen gesetzt, da die ursprünglichen Transportmechanismen nicht mehr funktionieren. Daraus resultiert, daß solche Pilzhölzer nicht beliebig, sondern – wie die Erfahrungen zeigen – nur etwa bis zu 50 cm lang sein können. 40–50 cm lange und dünne Knüppelhölzer würden jedoch zu wenig Masse hergeben. Daher bevorzugt man dickere Scheite.

Beim Shii-take und Judasohr, deren Holzunterlage nicht in den Boden eingegraben zu werden braucht, reichen auch dünnere Hölzer, die jedoch 2–3 mal länger sein müssen.

Wissenswertes über die Brut

Die Pilzbrut (volkstümlich auch Pilzsaat oder Mykosaat genannt) wird in der Regel zugekauft. Die eigene Brutherstellung ist zwar durchaus möglich, doch sie bedarf einer intensiven Beschäftigung mit der Materie und einiger technischen und räumlichen Voraussetzungen. Mehr hierzu erfahren Sie in einem späteren Kapitel. Die nachfolgenden Hinweise sind für solche Hobbykultivateure gedacht, die ihren Brutbedarf aus dem Handel decken.

Für die holzbewohnenden Pilze sind drei verschiedene Brutarten erhältlich: Körnerbrut, Scheibenbrut, Brutpaste. Der wesentliche Unterschied besteht im Trägerstoff, auf dem die Reinkultur des Pilzes vermehrt wurde. Daraus ergeben sich hinsichtlich der Handhabung gewissen Konsequenzen, während sie ihren Effekt betreffend nahezu gleich sind.

Die Körnerbrut besteht aus sterilen Getreidekörnern (Roggen, Weizen, Gerste oder Hirse), die vom Myzel des Pilzes ummantelt sind. Körnerbrut läßt sich gut portionieren, sie ist streufähig und eignet sich gut für die Beimpfung der Hölzer in Einschnitte und Bohrlöcher.

Eine Einheit Scheibenbrut besteht – wie schon der Name besagt – aus einer größeren Zahl von Scheiben, die einzeln, doppelt oder mehrfach verwendet werden. Diese Scheiben bestehen aus Cellulose. Scheibenbrut eignet sich gut für die Holzbeimpfung in Einschnitte und an den Stirnseiten, die, wie schon früher erwähnt, abgeschnitten und nach Auflegen der Brut erneut angenagelt werden.

Die Brutpaste besteht aus einer Mischung von Holzspänen und verschiedenen organischen Nährstoffen. Sie ist innig vom Pilzmyzel durchwachsen.

Die Brutpaste kann bei allen drei Beimpfungsmethoden holzbewohnender Pilze verwendet werden. Besonders geeignet ist sie jedoch für die Bohrloch- und Scheibenimpfung.

Die Brut sollte man rechtzeitig bestellen und bis zur Verwendung im Kühlschrank aufbewahren. Eine Kontrolle der Brutsendung ist besonders ratsam, um sich vor unangenehmen Überraschungen zu schützen. Die Möglichkei-

Pilzkulturen an Holzunterlagen

ten der Brutkontrolle werden im Kapitel »Pilze im Fachhandel« eingehend beschrieben. An dieser Stelle sei nur soviel gesagt, daß die Brut eine lebende Pilzkultur ist, die man deshalb mit Sorgfalt behandeln muß.

Vor der Brutwahl für Austernpilze und Shiitake sollte man sich überlegen, in welcher Jahreszeit man die Ernte einbringen möchte. Ob im Sommer, wenn auch Obst und Frischgemüse preiswert erhältlich sind oder im Spätherbst, wenn diese rar werden, evtl. sowohl im Sommer als auch in der kalten Jahreszeit. Dies muß jeder nach seinem Geschmack entscheiden und dementsprechend Brut für Winter- oder Sommertypen des Austernpilzes bzw. für beide bestellen.

Bei den übrigen holzbewohnenden Pilzen gibt es diese Variationsmöglichkeiten nicht. Daher werden für sie unterschiedliche Brutsorten nicht angeboten.

Ein weiterer Gesichtspunkt, der die Brutwahl für Austernpilze beeinflussen kann, ist die Farbe. Während die Wintertypen graue, stahlblaue oder dunkelbraune Fruchtkörper entwickeln, sind die Sommertypen hellbraun, gelblich, manchmal fast weiß. Das Hutfleisch der Wintertypen ist dicker, der Fruchtkörper selbst fester. Dafür aber sind die Sommertypen in der Regel wüchsiger und ertragreicher.

Diese Gesichtspunkte gelten auch für den Shiitake, dessen Winterstämme – wie bereits im »Steckbrief« beschrieben – den dickfleischigen donko-Fruchtkörper, die Sommerstämme dagegen den zarteren koshin-Typ bilden.

Die Qual der Wahl bleibt also jedem überlassen. Wichtig ist aber, daß eine qualitativ hochwertige Ware verwendet wird, da das Gelingen einer Pilzkultur von der Brut entscheidend beeinflußt wird.

Die für die Beimpfung eines Holzabschnittes erforderliche Brutmenge hängt von dessen Durchmesser, von der angewendeten Impfmethode sowie von der Brutart ab. Im Falle der Körnerbrut sollte man davon ausgehen, daß bei Anwendung der Scheiben- oder Schnittmethode für die Beimpfung von 20 cm dicken Holzscheiten je Impfstelle etwa 50 g Brut notwendig sind. Bei dünneren bzw. dickeren Holzabschnitten ist die erforderliche Brutmenge je Impfstelle entsprechend kleiner oder größer. Dasselbe gilt auch für die Brutpaste. Impft man jedoch die Hölzer nach der Bohrlochmethode, kommt man je Abschnitt mit etwas weniger Brut aus.

Bei der Scheibenbrut werden je Impfstelle 1–2 Scheiben verwendet. Da eine Bruteinheit in der Regel 40–50 Scheiben enthält, reicht sie auf jeden Fall für 20–25 Impfstellen aus.

Noch einige Tips zur Kulturanlage, Kulturpflege und Ernte

Die optimale Temperatur für das Myzelwachstum holzbewohnender Pilze liegt bei 20–25 °C. Diese Temperatur sollte möglichst auch dort herrschen, wo die Durchwachsphase stattfindet. In Mieten, die im Spätfrühling oder im Frühsommer angelegt werden, entsteht diese Temperatur bedingt durch das übliche Klima in dieser Jahreszeit.

In Räumen, in denen Plastiksäcke mit den beimpften Holzabschnitten gelagert werden, herrscht zu dieser Jahreszeit ebenfalls etwa 20 °C.

Der Standort der Mieten muß schattig sein, eine zu hohe Feuchtigkeit ist jedoch nachteilig. Sie begünstigt das Wachstum von Konkurrenzpilzen an den Holzscheiten. Zweckmäßigerweise legt man die Mieten unter Bäumen, Hecken oder am Fuße einer Nordwand an.

Kurze Holzscheite werden in 3–4 Reihen nebeneinander gelegt und übereinander gestapelt. Der Stapel sollte allerdings im Grundriß höchstens 3 m × 1,5 m sein, mit maximal 4 Lagen Holz übereinander. Ist der Stapel zu groß, kann darin während der Anwachsphase – infolge ungenügender Durchlüftung – eine für das Myzelwachstum schädliche, zu hohe Temperatur auftreten. Ist mehr beimpftes Holz vorhanden, sollte man eher eine zweite Miete anlegen.

Ganz anders verhält es sich mit langem Knüppelholz. Es wird kreuzweise aufeinandergeschichtet, wobei viereckige Stapel entstehen. Die kreuzweise Aufschichtung ermöglicht eine

gute Luftzirkulation im Haufen, weshalb sie ohne Risiko 1,5–1,8 m hoch gebaut werden können.

Die Abdeckung mit feuchtem Stroh dient zur Erhaltung der Feuchtigkeit in der Miete, ebenso die Abdeckung mit einer gelochten Plastikplane. Diese Abdeckplane sollte möglichst schwarz sein. Durchsichtige Folien sind zwar nicht ungeeignet, nur ist damit zu rechnen, daß die noch im Stroh befindlichen Getreidekörner und Unkrautsamen unter der lichtdurchlässigen Folie auskeimen und sich zu mehr oder weniger großen Pflanzen entwickeln. Obwohl das Aufkeimen der Samen durch die schwarze Folie nicht verhindert werden kann, sterben die Jungpflanzen mangels Licht bald wieder ab.

Nachdem die Hölzer beimpft wurden, beginnt sich das Myzel zu entwickeln und durchwächst allmählich die Holzscheite. Je günstiger die Bedingungen sind, um so schneller wächst das Myzel und wird die Anwachsphase abgeschlossen sein.

Man kann an Hölzern, die in oberirdischen Mieten oder in Räumen gelagert sind, das Myzelwachstum kontrollieren. Ein gutes Zeichen ist, wenn an den Impfstellen üppiges, weißes Myzel zu sehen ist, welches womöglich – insbesondere beim Austernpilz – auf die Strohabdeckung der Miete übergreift. Dieser Zustand

Von links oben nach unten:

Während der Anwachsphase wird der Holzstapel mit Stroh und einer Plastikfolie abgedeckt.

Als Standort für die Pilzkulturen wählt man einen schattigen Platz im Garten.

Die langen Knüppelhölzer für Shii-take und Judasohr werden gegen Latten oder ein gespanntes Seil gelehnt.

Shii-take-Kulturholz in vollem Ertrag.

Pilzkulturen an Holzunterlagen

kann etwa einen Monat nach der Beimpfung beobachtet werden. Wenn das weiße Myzel schon an den Stirnseiten der Holzabschnitte sichtbar wird, ist die Durchwachsphase beendet. Dies gilt allerdings nicht für solche Hölzer, die nach der Scheibenmethode beimpft wurden. Deren Stirnseiten sind – bedingt durch die Nähe der Impfstelle – meistens schon nach wenigen Wochen weiß.

Die Anwachsphase ist in der Regel nach 3–4 Monaten beendet. Dies gilt auch für Hölzer, die im Impfgraben eingelagert wurden und bei denen man kaum eine Möglichkeit hat, zwischendurch den Stand der Myzelentwicklung zu kontrollieren.

Bei der Wahl des geeigneten Standortes für die Pilzkulturen sollte man folgende Gesichtspunkte berücksichtigen:

- Günstig ist eine schattige, halbschattige Lage im Garten, allerdings ohne die Gefahr der Staunässebildung. Stauwasser nämlich unterbindet den Luftaustausch im Boden und in den Hölzern, wo das Myzel schließlich – mangels Sauerstoff – abstirbt.
- Günstig ist, einen solchen Standort zu wählen, wo der Boden gut mit Nährstoffen versorgt ist. Über die Bedeutung des sogenannten »Erdmyzels« wurde schon an früherer Stelle berichtet.
Hier soll nur nochmals daran erinnert werden, daß Austernpilze und Stockschwämmchen sich offenbar aus dem Boden mit Mineralien versorgen. Bei andern holzbewohnenden Speisepilzen ist diese Frage noch ungeklärt, eine Vorsorge hinsichtlich der Standortwahl kann jedoch nicht schaden. Lediglich beim Shii-take haben unsere eigenen Untersuchungen eine Myzelverbindung mit dem Untergrund nicht nachweisen können. Bei ihm wäre also der Gesichtspunkt »Bodenqualität« bei der Standortwahl nicht von Bedeutung.
- Günstig ist es jedoch, speziell für den Shii-take, als Standort der Kulturanlage ein Gewächshaus oder einfachen Folientunnel zu wählen. Einschlägige Untersuchungen haben zweifelsfrei bewiesen, daß der Shii-take besonders die hohe Luftfeuchtigkeit bevorzugt, die man in einem Gewächs- oder Folienhaus, ggf. auch in einem sonstigen, hellen Raum durch häufiges Vernebeln von Wasser erreichen kann. Wichtig ist allerdings, daß das Gewächshaus gut schattiert und gelüftet werden kann, um einen Wärmestau im Sommer von mehr als 25–30 °C zu vermeiden.

Wenn die Mieten geöffnet bzw. die Hölzer aus den Foliensäcken herausgenommen werden, sollte man eine Kontrolle hinsichtlich Schimmelbefalls durchführen. Solche Holzscheite, die an den Impfstellen anstatt des weißen Myzels der Kulturpilze Schimmelbefall (grünes, evtl. rotes, gelbes Myzel) zeigen und auch an den Stirnseiten keine Spur der Kulturpilze erkennen lassen, werden aussortiert.

Ein Erdwall um die Kulturanlage herum wirkt sich ertragssteigernd aus.

»Mikrokulturen« holzbewohnender Pilze auf der Fensterbank.

Pilzkulturen an Holzunterlagen

Der Samtfußrübling liefert vorzügliche Pilznahrung zu einer Jahreszeit, in der andere Pilze nur sehr selten zu finden sind.

Man sollte den Standort, wo kurze Stammstücke gesetzt werden, zuerst planieren. Dann verfährt man in folgender Reihenfolge:
- 10–15 cm tiefe Löcher ausheben (im Abstand von ca. 30 × 30 cm), deren Durchmesser etwa denen der Hölzer entspricht.
- Den Grund dieser Löcher planieren.
- Den Grund der Löcher etwa 2–3 cm dick mit Mutterboden bestreuen und die Holzscheite einsetzen.
- Die ausgehobene Erde um die Hölzer feststampfen, damit sie guten Erdkontakt bekommen.

Zweckmäßig ist es, auch in einer größeren Kulturanlage, den 30 × 30 cm großen Abstand der Holzscheite einzuhalten. Erst nach jeder vierten Reihe läßt man einen weiteren Abstand, einen Weg, bei größeren Anlagen auch für einen möglichen Fahrzeugverkehr. Von hier aus lassen sich auf beiden Seiten die ersten zwei Reihen der Holzscheite beernten.

Eine wesentliche Ertragssteigerung kann erzielt werden, wenn man die Anlage mit einem etwa 40 cm hohen Erdwall umgibt. Die Krone des Erdwalles muß die Stirnfläche der Hölzer etwa 20 cm überragen. Er sollte fest angedrückte, schräge Seitenwände haben. Der Vorteil besteht darin, daß innerhalb des Erdwalles stets ein feuchteres Mikroklima herrscht und deshalb der Wasserverlust der Stammstücke durch Verdunstung kleiner ist. Dieser Effekt läßt sich noch dadurch verstärken, daß man die Anlage mittels Holzlatten, deren Enden auf der Krone des Erdwalles aufliegen, abdeckt und auf diese Abdeckung noch eine Plastikfolie legt. Die Folienabdeckung ist besonders in Regenzeiten wichtig, da man nur so verhindern kann, daß sich Stauwasser innerhalb des Erdwalles ansammelt.

Hat man nur einige wenige beimpfte und durchwachsene Holzscheite zur Verfügung, oder wenn es an Platz im Garten bzw. über-

Pilzkulturen an Holzunterlagen

haupt an Garten fehlt, können die Hölzer in große, mit Erde gefüllte Blumentöpfe gesetzt werden. Zuerst füllt man den Blumentopf bis 10–12 cm unter dem Rand mit feiner Gartenerde, stellt dann das Stammstück in den Topf, füllt schließlich den Raum zwischen Holz und Topfwand mit Erde aus und drückt sie mäßig an. Solche »Mikrokulturen« kann man gut auf der Fensterbank, auf dem Balkon oder im Wintergarten aufbewahren. Für solche Zimmerkulturen empfiehlt es sich aber, solche Pilzarten zu nehmen, die auch bei höherer Temperatur (Austernpilz-Sommertypen, Stockschwämmchen, Südlicher Schüppling) fruktifizieren.

Zur Aufstellung der langen Knüppelhölzer (für Shii-take und Judasohr) kann man ergänzend nur noch folgenden Hinweis geben: Die Stütze, gegen die man sie lehnt, muß stabil und wetterfest sein, um dem Druck über mehrere Jahre standzuhalten.

Nachdem die Hölzer nun aufgestellt wurden, ist die schwerste Arbeit getan. Die in der Folgezeit nötige Pflege ist nicht sehr arbeitsaufwendig. Sie besteht im wesentlichen nur in der Bewässerung. Hierzu gibt es folgende allgemeingültige Regel: Wenn (außer bei Frost) keine Fruchtkörperbildung stattfindet, reicht es aus, die Holzscheite wöchentlich einmal für ca. 10 Minuten zu beregnen. Sobald jedoch die Fruchtkörperbildung einsetzt, empfiehlt es sich, täglich Wasser zu geben. Dies gilt sowohl im Freiland als auch z. B. in Gewächshäusern, in denen Shii-take kultiviert wird.

Es ist denkbar, daß im Sommer zwischen den Hölzern Unkräuter auflaufen. Sie zu entfernen ist nicht erforderlich, da sie durch Wasserverdunstung feuchtes Mikroklima in der Anlage schaffen. Erst vor Beginn der Ernte sollte man die hohen, im Wege stehenden Unkräuter jäten. Bei Austernpilz-, Stockschwämmchen-, Samtfußrübling- und Schüpplingskulturen, die mit Erdwall umgeben und abgedeckt wurden, muß die Abdeckung zu Beginn der Fruchtkörperbildung an einer der Längsseiten etwa 10 cm hoch angehoben werden. Nur so gelangt ausreichend Licht und Frischluft an die Holzscheite.

Es gilt für alle holzbewohnenden Pilze, daß die ersten Fruchtkörper meistens an den Impfstellen erscheinen. Bei warmer, feuchter Witterung können sie sehr rasch heranwachsen und in 8–12 Tagen die Erntereife erreichen. Bei Kälte geht die Entwicklung der Fruchtkörper nur langsam vonstatten, und sie werden unter Umständen erst nach 14–20 Tagen erntereif.

Beim Austernpilz, Stockschwämmchen, Samtfußrübling, Südlichen Schüppling und beim Graublättrigen Schwefelkopf brechen die Fruchtkörper meistens in Büscheln aus dem Holz hervor und stehen wie Dachziegel übereinander. Sie sind unterschiedlich groß und reif. Für die Fruchtkörperbildung des Shii-take und Judasohrs ist dagegen die Büschelbildung nicht charakteristisch. Wie auch immer, der Augenblick ist gekommen, die Früchte der bisherigen Arbeit einzubringen. Man steht vor den mehr oder weniger voll besetzten Hölzern und muß entscheiden, welche Fruchtkörper reif für den Kochtopf sind und welche, läßt man sie unberührt, noch größer und prächtiger werden könnten.

Die Größe der Pilze ist jedoch kein allgemeines Kriterium für die Pflückreife. Auch kleinere Fruchtkörper können schon pflückreif sein, während sich andere, größere, womöglich noch weiterentwickeln.

Vielmehr sollte man hier auf die Hutform achten und die Pilze dann ernten, wenn ihr Hutrand in die waagerechte Stellung übergeht – unabhängig davon, ob sie nun groß oder klein sind. Biegt sich der Hutrand schon nach oben, sind die Fruchtkörper bereits überreif, und es ist mit dem allmählichen Einsetzen der Verwesung zu rechnen. Die Hutoberfläche beginnt wässerig, schleimig zu werden, das Hutfleisch und besonders die Stiele werden zäh.

Die Beurteilung der Pflückreife vereinzelt stehender Pilze ist nicht schwierig. Kompliziert wird es aber, wenn man ein Büschel vor sich hat. Die in Büscheln wachsenden Fruchtkörper müssen zusammen geerntet werden. Da sie alle miteinander an der Stielbasis verbunden sind, würde das Heraustrennen einzelner Fruchtkörper aus dem Büschel wegen der Unterbrechung des Nährstoffkreislaufes zum Absterben der übrigen Exemplare führen. Da aber, wie schon erwähnt, die einzelnen Pilze in Büscheln unter-

Pilzkulturen an Holzunterlagen

Junge Austernpilze (links) und erntereife Fruchtkörper (rechts).

schiedlich groß und reif sind, muß man sich hinsichtlich des Pflücktermins auf einen Kompromiß einigen. Man erntet das Büschel, wenn das Gros der Pilze reif ist und nimmt in Kauf, daß manche noch zu jung, andere evtl. schon etwas überaltert sind.

Geerntet wird durch Abbrechen oder Abschneiden der Fruchtkörper samt Stielen unmittelbar an der Oberfläche des Holzes. Man muß sorgfältig vorgehen und aufpassen, daß die Pilze nicht verschmutzt werden. Wichtig ist dabei, zu vermeiden, daß sich Erde zwischen die Lamellen der Hüte setzt, da sie von dort nur schwer wieder entfernt werden kann.

Man legt die gepflückten Pilze in eine Holzkiste oder einen Korb, allerdings höchstens in vier Lagen übereinander, damit die untersten nicht zu sehr gedrückt werden. Sind alle reifen Fruchtkörper abgepflückt, müssen sie geputzt werden. Darunter versteht man zunächst das Entfernen der Stiele.

Es ist zweckmäßig, bei Austernpilzen und Shiitake die Stiele ca. 1 cm unterhalb der Lamellen abzuschneiden. Mit einem zweiten Schnitt entfernt man am anderen Ende der Stielstücke jegliche Verschmutzung, wie Holzreste, Moos u. ä. Die sauberen Stielstücke kann man verwahren und für die Zubereitung von Suppen, Saucen oder zum Trocknen und Pulverisieren verwenden.

Die Stiele der übrigen holzbewohnenden Pilze werden unmittelbar unter dem Hut abgeschnitten. Eine sinnvolle Verwendungsmöglichkeit gibt es für sie jedoch nicht.

Wie bereits an früherer Stelle erwähnt, verbleiben die Kulturen holzbewohnender Pilze für mehrere Jahre – auch im Winter – an ihren Standorten. Sie werden erst dann erneuert, wenn der Ertrag stark nachläßt und die Hölzer sichtbar und fühlbar morsch, verbraucht sind. Ein Schutz der Anlage im Winter ist nur dann erforderlich, wenn eine länger anhaltende, strenge Frostperiode droht. Dann allerdings ist es ratsam, die Hölzer kurzfristig mit Stroh, Heu, Laub, Säcken, Pappe oder ähnlichem Material zuzudecken.

Pilzkulturen an Holzunterlagen

Kultivierung auf Stubben

Oft wurde die Frage an mich gerichtet, ob es möglich sei, nach dem Fällen eines Baumes den zurückgebliebenen Stubben noch als Grundlage für Pilzkulturen zu verwenden. Selbstverständlich ist es möglich, insbesondere für die Pilzarten, deren Kulturen normalerweise auf dicken, kurzen Holzscheiten durchgeführt wird (Austernpilze, Stockschwämmchen, Samtfußrübling, Südlicher Schüppling und Graublättriger Schwefelkopf). Beachten muß man jedoch auch bei Stubben, daß sie möglichst innerhalb von 4–5 Monaten beimpft werden, also noch bevor sich darin Konkurrenzpilze eingenistet haben.

Bezüglich der Artenwahl gilt auch bei Stubben das gleiche, was in den Abschnitten »Die Nährgrundlage« für die einzelnen Pilze beschrieben wurde.

Es ist günstiger, die Stubbenimpfung im Frühjahr (April–Mai) vorzunehmen, damit das Myzel dann bis Beginn der kalten Jahreszeit noch genügend Zeit hat, tief genug in das Holz einzudringen. Man muß nämlich bedenken, daß in den an ihren Standorten stehengelassenen Stubben die Voraussetzungen für das Wachstum des Myzels weniger gut sind als in den Mieten der Holzscheite. Es wird mehr Zeit gebraucht, um sich im Holz so auszubreiten, daß es den Angriff von Konkurrenzpilzen erfolgreich abwehren kann.

Sind die Stubben weniger als 25 cm dick, beimpft man sie am besten gemäß der Scheibenimpfmethode. Nachdem die Scheiben wieder angenagelt sind, sollte man den Stubben eine Plastiktüte überstülpen, um der Austrocknung der Brut vorzubeugen.

Bei dickeren Stubben wendet man ein Verfahren an, das bisher noch nicht besprochen wurde: die Keil-Impfmethode. An zwei gegenüberliegenden Stellen, jedoch in unterschiedlicher Höhe, schneidet man aus dem Stubben tiefe Keilstücke aus, bedeckt deren obere Schnittflächen sowie die unteren Schnittflächen im Stubben mit Brut und setzt die Keile anschließend wieder ein. Auch hier ist es von Vorteil, dem Stubben anschließend einen Plastiksack überzuziehen.

Früher wurde auch noch die Bohrloch-Impfmethode für die Stubbenkulturen empfohlen, doch hat es sich inzwischen gezeigt, daß das Myzel, von den Bohrlöchern ausgehend, die Stubben nur sehr langsam durchwächst und mit der ersten Fruchtkörperbildung bestenfalls nach 2 Jahren gerechnet werden kann.

Für die Beimpfung dicker Stubben hat sich die Keilimpfmethode gut bewährt.

Durch ein schräges Dach schützt man den Stubben vor der Sonne.

Pilzkulturen an Holzunterlagen

Eine Stubbenkultur des Austernpilzes dauert länger als die auf Holzscheiten.

Während der Anwachsphase braucht die Stubbenkultur nicht gepflegt zu werden. Viel könnte man ohnehin nicht tun, um die Myzelentwicklung zu beschleunigen. Man muß eine etwas längere Anwachsphase als bei den Holzscheiten in Kauf nehmen und sich damit abfinden, daß die Stubbenkultur mehr von der Witterung abhängig ist. Dafür aber verursacht die Stubbenkultur die wenigste Arbeit, da sowohl das Einmieten des Holzes als auch die Anlage der Kultur entfallen.

Vor Beginn der Erntephase müssen die Plastiksäcke von den Stubben entfernt werden. Die ersten Fruchtkörper des Austernpilzes und des Samtfußrüblings erscheinen an Weichholzstubben meistens schon im Herbst desselben Jahres. Bei Harthölzern dagegen treten selbst diese schnellwüchsigen Pilze erst im Folgejahr auf.

Auf die Höhe der Erträge wird der Standort der Stubben einen wesentlichen Einfluß haben. Oft stehen Stubben, besonders in Obstgärten, ohne jeglichen Schutz vor Wind und Sonne. Die Gefahr der Austrocknung ist für sie daher groß. Man hilft sich da, wie man kann, z. B. mit einem schrägen Dach aus Latten oder Strohmatten, von dem das Wasser ablaufen kann. Man setzt das Dach auf vier Pflöcke, von denen zwei tiefer in die Erde eingeschlagen werden. Erhöht wird der Schutzeffekt, wenn man vom Dach an zwei oder sogar an allen vier Seiten eine Art Vorhang aus Plastik- oder Strohmatten herabhängen läßt. Ein häufigeres Gießen der Stubbenkulturen während der Erntephase wird dennoch nicht ausbleiben dürfen. Die Stubbenkultur dauert länger als die auf Holzscheiten. Dies rührt daher, daß Stubben meistens beachtliche Ausmaße haben, weil ihr unterirdischer Teil mit den dicken Wurzeln hinzugerechnet werden muß.

Eines Tages aber werden auch die mächtigsten Stubben vom Myzel des Kulturpilzes vollständig zerstört sein, und sie zerfallen oder lassen

Pilzkulturen an Holzunterlagen

sich ohne Mühe aus dem Boden ziehen und entfernen. Dann wird der Platz frei für junge Bäume oder eine anderweitige Nutzung des Gartens. Wenn also jemand alte Bäume fällt und es nicht sehr eilig hat, ihren Platz neu zu besetzen, kann er mittels einer Stubbenkultur über Jahre hinweg den ehemaligen Standort des Baumes für den Pilzanbau nutzen und ihn zugleich auf dem Wege der »biologischen Rodung« des Stubbens freibekommen.

Anbau holzbewohnender Pilze in Übersicht

Welche Arbeiten fallen an?

- Beschaffung der Holzgrundlage, Auswahl der Stubben.
- Bewässern und Zerkleinern der Rundhölzer.
- Beimpfen, Errichten der Holzmiete oder des Impfgrabens, Einhüllen der Stammstücke in Plastiksäcke, Abdecken der Stubben.
- Durchwachsphase: Pflege der Anlage.
- Errichten der Kulturanlage, Öffnen der Miete, des Impfgrabens bzw. der Plastiksäcke, Entfernen der Plastiksäcke von den Stubben.
- Pflege der Anlage.
- Ernte.

Werkzeug, Geräte, Material

- Hand- oder Motorsäge zum Zerkleinern der Rundhölzer.
- Hand- oder Motorsäge, Bohrer, Hammer, Nägel, Pappkartonplättchen, Plastikstreifen, Plastiksäcke zum Beimpfen.
- Brut, etwa 50 g Körnerbrut oder 1–2 Brutscheiben je Schnittimpfstelle.
- Spaten für das Anlegen des Impfgrabens und das Ausheben der Löcher am Standort der Kultur.
- Handwagen oder Schubkarren für den Transport der durchwachsenen Stammstücke.
- Bretter, Strohmatten, Plastikfolie zum Abdecken der Kulturanlagen.
- Sprühschlauch, Gießkanne zur Pflege der Kulturanlage.
- Kisten, Körbe, Messer für die Ernte.
- Kühlschrank für Lagerung.

Pilzkulturen an Strohsubstrat

Auf der Suche nach anderen Stoffen, die ähnlich wie Holz Cellulose, Hemicellulose sowie Lignin enthalten und daher als Nährgrundlage für holzbewohnende Pilze in Frage kämen, stieß man vor etwa 25 Jahren auf das Stroh. Zweck dieser Bestrebungen war es, die Kulturmethoden zu intensivieren. Anstatt im Freiland sollten die Pilze in klimatisierten Räumen angebaut werden, und man beabsichtigte, die Kulturdauer von mehreren Jahren auf wenige Monate zu verkürzen.

In zahlreichen Experimenten wurde jedoch festgestellt, daß nicht alle holzbewohnenden Kulturpilze problemlos auf Strohunterlagen gedeihen.

Das Stockschwämmchen und der Graublättrige Schwefelkopf wachsen viel zu langsam. Shiitake und Samtfußrübling kommen mit dem Stroh allein nicht aus. Um nennenswerte Erträge zu erzielen, bedarf es einer sogenannten Aufwertung des Substrates mit nährstoffreichen Zuschlagstoffen. Aufgewertete Substrate müssen jedoch sterilisiert und bis zur vollkommenen Besiedlung durch den Kulturpilz steril gehalten werden. Ansonsten gewinnen Schimmelpilze die Oberhand. Auch der Südliche Schüppling braucht ein steriles Milieu, wenn er im Stroh wachsen soll.

Für die Belange der Hobbykultivateure kommen diese Anbaumethoden nicht in Frage, da sie viel zu aufwendig und kostspielig sind. Nur den Anbau des Austernpilzes und des Kulturträuschlings kann man empfehlen, da beide Kulturpilze mit reinem Stroh auskommen und sie nur einer einfachen, überall leicht durchführbaren Vorbehandlung des Substrates bedürfen.

Austernpilze

Im Kapitel »Pilzkulturen an Holzunterlagen« wurde schon darauf hingewiesen, daß neben dem Austernpilz *(Pleurotus ostreatus)* auch verwandte Arten *(Pleurotus eryngii, Pleurotus cornucopiae, Pleurotus pulmonarius* u. a. m.*)* bereits kultiviert werden und im Zuge der züchterischen Bearbeitung des Austernpilzes mittlerweile mehrere Kulturstämme mit unterschiedlichen Eigenschaften und Klimaansprüchen entstanden. Man nennt sie alle der Einfachheit halber Austernpilze, so daß dieser Name z. Z. bereits eine große Vielfalt miteinander verwandter Arten, Varietäten und Kulturstämme abdeckt. Es fällt selbst dem Fachkundigen schwer, sie auseinanderzuhalten.

Daher ist es sinnvoller, bei der Brutbestellung nicht nach einer speziellen Art zu fragen, sondern nach gewünschten Eigenschaften. Man verlangt z. B. einen Kulturstamm mit stahlblauer Farbe, der bei niedriger Temperatur fruchtet, oder einen braunen Stamm, oder einen solchen der im weiten Temperaturbereich wächst usw.

Eine andere Möglichkeit ist es, einen Winter-, Sommer- oder Intermediärstamm zu bestellen, da alle Kulturstämme, Arten und Varietäten einer dieser Gruppen angehören. Allerdings gibt es da eine Gesetzmäßigkeit, die man berücksichtigen muß: Die Pilze im Winter sind dunkler und dickfleischiger, im Sommer heller und zarter. Daher wird der Kultivateur vergeblich nach einem Kulturstamm fragen, der im Sommer dickfleischige, stahlblaue oder dunkelbraune Fruchtkörper bildet, und ebenso sinnlos ist es, eine solche Brut zu verlangen, die in der kühlen Jahreszeit hellbraune, zarte Pilze hervorbringt.

Die Kulturtechnologie des Austernpilzes hat sich in den letzten Jahren stürmisch weiterentwickelt und zwar sowohl im professionellen als auch im Hobby- und Nebenerwerbsbereich. Heute wäre es undenkbar, wie noch zur Zeit der ersten Auflage dieses Buches, eine »Generalmethode« zu empfehlen. Inzwischen betreiben die Erwerbsanbauer einen viel zu hohen technischen, kulturtechnischen und baulichen Aufwand, um höchstmögliche Erträge zu erzielen.

Doch die Entwicklung verlief in zwei völlig entgegengesetzte Richtungen. Neben der Vervollkommnung der großtechnischen Produktionsmethoden wurde auch ein Einfachverfahren entwickelt, mit dessen Hilfe man ohne großen Aufwand im Klein- und Kleinstmaßstab erfolgreich Austernpilze kultivieren kann. Die

Pilzkulturen an Strohsubstrat

Pilzkulturen an Strohsubstrat

Arbeitsablauf der Austernpilzkultur an Strohsubstrat:
Die Strohballen werden in einen Behälter gelegt und 2–3 Wochen unter Wasser fermentiert. Dann werden Impflöcher in die Ballen geschlagen und diese mit Körnerbrut gefüllt. Auch die Oberfläche der Ballen wird mit Brut bestreut. Die Ballen werden in Folie verpackt und die Folie wird gelocht. Bereits nach 6–8 Wochen beginnt die Ernte.

nachfolgenden Ausführungen beziehen sich nur auf diese Methode, da sie den Möglichkeiten der Hobbypilzanbauer am besten entspricht. Wenn jemand die Absicht hat, auch die Technologie professioneller Austernpilzproduzenten kennenzulernen, möge er sich in einschlägigen Werken und Fachaufsätzen informieren.

Wie präpariert man das Stroh?
Als Substrat verwendet man ganze Strohballen (Hochdruckpressballen), ohne sie aufzuschneiden und das Stroh zu häckseln. Am besten eignet sich Weizen- und Roggenstroh, doch man kann auch Gerstenstroh nutzen. Haferstroh wird wohl kaum in Frage kommen, da es seltener ist und, wenn vorhanden, wegen seines höheren Nährstoffgehaltes eher als Viehfutter dient.
Prinzipiell können auch Maisstroh, Maiskolben, Reisstroh, Erbsenstroh, Schilf u. a. verwendet werden. Der Nachteil ist nur, daß diese Stroharten nicht in kleine handliche Ballen gepreßt und daher schwieriger zu handhaben sind.
Wichtig ist, daß man nur gesundes Stroh verwendet. Gesundes Stroh hat eine goldgelbe Farbe, es ist fest im Riß und riecht nicht moderig. Ballenstroh kann man sich von Landwirten, Genossenschaften oder von Landhändlern besorgen.
Nun wird der Strohballen einer sogenannten anaeroben Fermentation unterzogen. Dies bedeutet eine Gärung unter Wasser bei weitgehendem Ausschluß von Sauerstoff. Dazu verwendet man einen entsprechend großen, wasserdichten Behälter. Steht ein solcher Behälter nicht zur Verfügung, kann man sich aus Brettern einen Holzkasten bauen, der mit einer stabilen Plastikfolie ausgelegt wird. Eine weitere Möglichkeit ist es, im Garten eine entsprechend große Grube auszuheben und sie mit Folie auszulegen. Dabei kann man die Erde um die Grube herum zu einer Böschung aufschichten. Entsprechend flacher kann die Grube sein.
Eine Überdachung des Fermentationsbehälters – gleich welcher Art – ist nicht notwendig. Man kann ruhig im Freien arbeiten.

Pilzkulturen an Strohsubstrat

Worauf es ankommt: Man muß den Strohballen unbedingt vollkommen unter Wasser tauchen! Es ist völlig gleich, wie man dies macht, wichtig ist nur, daß der Ballen vom Wasser ganz bedeckt wird. Dies kann man allerdings selbst in einem ausreichend tiefen Behälter (tiefer als die Höhe des Strohballens) nur dann erreichen, wenn der Ballen beschwert (z. B. mit Steinplatten) wird. Der trockene Strohballen schwimmt nämlich im Wasser, und auch später, wenn er sich vollgesogen hat, würde zumindest seine Oberfläche – falls nicht beschwert – aus dem Wasser ragen. Die anaerobe Fermentation kann jedoch nur dann optimal verlaufen, wenn sie unter weitgehendem Ausschluß von Sauerstoff durchgeführt wird.

Auf diese Weise kann man freilich auch mehrere Ballen gleichzeitig fermentieren. Es ist nur eine Frage der Behältergröße, wie umfangreich die Kultur auf einmal gemacht werden kann. Es liegen bereits Erfahrungen mit solchen Fermentationsbehältern vor, die bis zu 25–30 Strohballen fassen.

Zweckmäßigerweise wird der trockene Strohballen in den noch leeren Behälter gelegt und dort beschwert. Anschließend füllt man das Wasser ein, bis der Spiegel deutlich über dem Ballen liegt. Da das Stroh in der Folgezeit sich mit dem Wasser vollsaugen wird, muß man am zweiten und dritten Tag unbedingt kontrollieren, ob nicht der Wasserstand zu tief abgesunken ist. Gegebenenfalls füllt man Wasser in den Behälter nach.

Eine verbesserte Variante dieser Technologie besteht darin, daß man den Fermentationsprozeß mit geringen Mengen einer speziellen Substanz unterstützt, die die Entwicklung von Konkurrenzpilzen unterdrückt, das Wachstum des Austernpilzes dagegen nicht beeinträchtigt. Auf den Verlauf des Fermentationsprozesses übt diese Substanz überhaupt keinen Einfluß aus. Solche Substanzen können unter der Bezeichnung »Fermenter-Forte« vom Fachhandel bezogen werden (siehe Bezugsquellen). Die Aufwandmenge beträgt 10 g oder 10 cm^3 (je nach Konsistenz) auf 100 Liter Wasser.

Die notwendige Dauer der Fermentation ist von der Temperatur abhängig. Vom Spätfrühling bis zum Spätsommer, wenn es im Durchschnitt wenigstens 20 °C warm ist, kann sie nach 14 Tagen beendet werden. In der kühlen Jahreszeit muß man 3 Wochen lang fermentieren. Wenn die Wassertemperatur weniger als 10 °C beträgt – dies wird vom Spätherbst bis zum Frühjahr der Fall sein –, geht der Prozeß nur sehr zögernd vonstatten. Man sollte daher im Winter die Fermentation nur in temperierten Räumen durchführen.

Daß der Fermentationsprozeß in Gang gekommen ist, wird durch Gasentwicklung im Behälter und Bläschenbildung auf der Wasseroberfläche angezeigt. Allmählich bildet sich auch ein Belag auf der Wasseroberfläche, der aus Staubpartikeln, Strohteilen und einer Großzahl von Bakterienkolonien besteht.

Das durchgegorene Stroh hat eine hellgelbe Farbe. Wenn Teile des Ballens dunkel sind, ist das ein Zeichen dafür, daß sie nicht unter Wasser waren. Schon während der Fermentation wird ein saurer Geruch wahrnehmbar sein. Das fertig fermentierte Stroh riecht zunächst ganz intensiv sauer. Dies ist ein völlig normaler Zustand. Einige Zeit später verschwindet dann der Geruch und macht dem Duft des Austernpilzmyzels Platz, der an Anis erinnert.

Beimpfung und Anwachsphase

Nach der Fermentation nimmt man den Ballen aus dem Wasser heraus oder man kippt den Behälter um und gießt das Wasser weg. Dann wird der Ballen einen Tag lang auf einem sauberen Platz (auf einer Plastikplane, auf dem Rasen oder einer Betonfläche) stehengelassen, damit das überschüssige Wasser ablaufen kann. Noch günstiger ist es, den Ballen auf zwei Kanthölzer, Ziegelsteine, auf ein Holzgitter oder eine Holzpalette zu legen, damit das Stroh gut abtropft.

Als nächstes erfolgt die Beimpfung des Ballens. Hierzu werden mit einem geeigneten Gegenstand (Stock, Eisenstab, Pflanzstab u. ä.) an beiden Längsseiten des Ballens, gleichmäßig verteilt, 6–8 Löcher geschlagen (insgesamt 12–16 Stück) und diese mit Brut gefüllt. Sehr gut eignet sich hierfür ein ca. 30 cm langes Plastikrohr (z. B. Wasserrohr mit 1 Zoll Durch-

Pilzkulturen an Strohsubstrat

messer), das an einem Ende schräg abgeschnitten wurde. Man schiebt das Rohr, mit dem spitzen Ende nach unten, etwa bis zur Mitte des Ballens, füllt es mit Brut voll und zieht vorsichtig wieder heraus. Die Brut bleibt im Stroh und bildet dort eine Impfsäule, die bis zur Mitte des Ballens reicht. Wenn die Brut an der Innenwand des Rohres kleben sollte, kann es verstopfen. In solchen Fällen führt man einen Holzstab in das Rohr ein und hält damit die Brut fest, während das Rohr vorsichtig herausgezogen wird. Zum Schluß bestreut man noch den Ballen mit einer Handvoll Brut, wobei die meisten Brutkörner zwischen den nassen Strohhalmen gut haften und eine rasche Besiedlung der Oberfläche ermöglichen. Bei dieser Impfmethode braucht man etwa 1 Liter Brut, um einen Strohballen zu beimpfen. Als Impfmaterial wird Körnerbrut verwendet. Strohbrut, die gelegentlich auch angeboten wird, ist unsicher, da sie erfahrungsgemäß oft nur zögernd oder überhaupt nicht anwächst. Daher kann man die Verwendung von Strohbrut für Austernpilzkulturen nicht empfehlen.

Bei der Wahl der Brut sollte in erster Linie die Jahreszeit berücksichtigt werden, in der man die Kultur anlegen möchte. Vorausgesetzt, daß es sich um eine Freilandanlage handelt, wird man Winter-, Intermediär- und Sommertypen kultivieren. Da Austernpilzkulturen in geschlossenen Räumen weniger extremen Witterungseinflüssen ausgesetzt sind, kann u. U. ganzjährig der gleiche Kulturstamm (z. B. Intermediär) verwendet werden. Eine Ausnahme bilden Gewächshäuser, es sei denn, man kann sie hervorragend lüften und schattieren. Ansonsten eignen sie sich im Sommer meistens überhaupt nicht für den Austernpilzanbau. Selbst Sommeraustenpilze hören bei 28–30 °C auf zu wachsen, Temperaturen, die in einfachen Gewächs- und Folienhäusern im Sommer oft erheblich überschritten werden. Im Herbst dagegen sind solche Anlagen vorteilhaft. Mit dem Winteraustenpilz bestückt, kann man sie – selbst ohne Heizung – bis Ende November, Anfang Dezember nutzen.

Der beimpfte Strohballen wird mit einer Plastikfolie zugedeckt und auf einen schattigen Platz im Garten oder in einen geeigneten Raum (Garage, Waschküche, Keller o. ä.) gebracht. Man bohrt, gleichmäßig auf dem Ballen verteilt, 20–24 Löcher in die Folie und sorgt dafür, daß die Temperatur des Ballens im Inneren 30 °C nicht überschreitet. Der Durchmesser der Löcher sollte nicht mehr als 5–6 mm sein, als Bohrwerkzeug eignen sich Nagel, Mistgabel, dicke Stricknadel u. ä.

Die Temperaturkontrolle führt man mit einem langstieligen Steckthermometer durch, das am besten während der ganzen Durchwachsphase im Ballen bleibt und durch eines der Löcher der Abdeckfolie eingeführt wird. Steigt die Temperatur über 30 °C, muß man den Ballen lüften, da das Myzel sonst geschädigt werden könnte. Zum Lüften entfernt man die Abdeckung solange, bis die Kerntemperatur des Substratballens erneut deutlich unter 30 °C absinkt. Mit zu hohen Temperaturen ist normalerweise nicht zu rechnen, es sei denn, daß die Umgebungstemperatur anhaltend 25 °C und mehr beträgt. Dies kann im Sommer in einem Gewächs- oder Folienhaus vorkommen, daher sollte man dort in der warmen Jahreszeit keine frisch beimpften Austernpilz-Substratballen lagern.

Bei Substrattemperaturen von 14–18 °C dauert es 4–5 Wochen, bei 20–25 °C 3–4 Wochen, bis der Strohballen vollkommen vom weißen Myzel des Austernpilzes besiedelt sein wird. Auch die Oberfläche des Ballens wird – von den aufgestreuten Brutkörnern ausgehend – mit flauschigem Myzel bedeckt sein. Bei weniger als 12–14 °C dauert die Durchwachsphase viel zu lange. Es ist daher nicht zu empfehlen, frisch beimpfte Austernpilz-Substratballen bei so niedriger Temperatur zu halten.

Pflege und Ernte der Austernpilzkulturen
Sobald der Substratballen vom Austernpilzmyzel ganz durchwachsen ist, wird er am Ort der Pilzernte aufgestellt. Hierfür eignen sich Kellerräume, Waschküchen, Garagen, Gewächshäuser, in denen zumindest Dämmerlicht herrscht, oder die künstlich belichtet werden können. Die Substratballen müssen hier bedenkenlos naß gemacht werden können und über einen

Pilzkulturen an Strohsubstrat

ausreichenden Luftaustausch verfügen. Das Strohsubstrat kann jedoch für die Erntephase ebensogut auch im Garten plaziert werden, wobei die Wahl des Standortes unter den gleichen Gesichtspunkten erfolgt wie für eine Kulturanlage auf Holzscheiten.

Wird das Substrat in einem dunklen Raum aufgestellt, muß dieser während der Erntephase täglich über 8–10 Stunden künstlich belichtet werden. Hierfür verwendet man am besten Leuchtstoffröhren, wobei es nicht von Bedeutung ist, ob das Licht tagsüber oder nachts gegeben wird.

Ein weiterer, wesentlicher Faktor für eine gute Pilzernte ist die Feuchtigkeit. Sowohl in Räumen als auch im Freiland erhält man durch häufiges Gießen die notwendige Feuchtigkeit im Substrat. Hierzu verwendet man am besten eine Gießkanne mit feinporigem Brausekopf, da ein starker Wasserstrahl junge Fruchtkörper beschädigen könnte.

Die Temperaturregelung ist im Freiland unmöglich und auch in den Räumen, welche für den Austernpilzanbau in Frage kommen, nur bedingt möglich. Eine aufwendige Temperaturregelung (Heizung und Kühlung) wird für eine Hobbykultur aus wirtschaftlichen Gründen nicht in Erwägung gezogen. Daher sollte man sich am besten – wie bereits erwähnt – durch die Wahl des geeigneten Kulturstammes den gegebenen Temperaturverhältnissen anpassen.

Den Luftwechsel betreffend gibt es mehr Möglichkeiten. Durch Öffnen von Fenstern und Türen kann der Luftaustausch selbst in Kellerräumen angeregt werden. In oberirdischen Räumen reicht es meistens schon aus, wenn die Fenster oder Lüftungsklappen aufgemacht werden.

Am Ort der Pilzernte entfernt man die Abdeckfolie vom Substratballen. Man legt ihn auf den Boden. Mehrere Ballen können im Freiland Kopf an Kopf hintereinandergelegt werden. Wenn es an Platz fehlt oder in geschlossenen Räumen kann man auch – wie aus Hohlblocksteinen – eine Wand aus den Substratballen errichten. Eine solche Substratwand steht in der Regel stabil, sie muß ggf. erst nach mehreren Ernten seitlich gestützt werden, nachdem die Strohballen teilweise abgebaut wurden und sie ihre kantige Form verloren haben.

Es ist vorteilhaft, wenn man Freilandkulturen gegen Regen schützt. Dafür eignet sich gut ein einfaches Schrägdach aus Latten, Stroh- oder Schilfmatten, Plastikplane u. ä., das etwa 50 cm über den Ballen errichtet wird. So bleiben die Pilze sauberer und werden auch nicht matschig, wenn es mal mehrere Tage hintereinander geregnet hat.

Nachdem nun der Strohballen am Standort der Pilzernte steht (dieser kann übrigens durchaus mit dem Standort der Anwachsphase identisch sein), gibt man ihm in der soeben geschilderten Art und Weise Feuchtigkeit, Licht und Frischluft. Daß Pilze Feuchtigkeit brauchen, ist allgemein bekannt, doch warum Licht und Frischluft?

Im Gegensatz zum Champignon, Braunen Egerling, Schopftintling und zu einer Reihe anderer Pilze braucht der Austernpilz Licht für die Fruchtkörperbildung. Die minimale notwendige Beleuchtungsstärke muß auf der Substratoberfläche etwa 70 Lux betragen. Bei schwächerem Licht oder völliger Dunkelheit treten statt Fruchtkörper nur korallenförmige Mißbildungen auf, die kaum noch an Fruchtkörper erinnern und bald wieder absterben. Ein geringer Lichtmangel wird durch lange Stiele und löffelförmige Hüte der Fruchtkörper angezeigt. Diese und die soeben genannten Erscheinungen treten jedoch auch dann auf, wenn die Substratoberfläche nicht genügend belüftet wird.

Das Myzel im Substrat bildet nämlich Kohlendioxid, das jedoch die Fruchtkörperbildung des Austernpilzes schon in einer Konzentration von 0,06–0,08% beeinträchtigt (normale Kohlendioxid-Konzentration in der Luft etwa 0,03%). Daher muß man dafür sorgen, daß das Kohlendioxid, das den Substratballen wie eine Hülle umgibt, durch Luftbewegung abgeführt wird.

Als Kultivateur muß man sich folgende Faustregel merken: Ist der Gewichtsanteil der Stiele an den Fruchtkörpern mehr als 30%, liegt Luft- oder Lichtmangel vor. Gegebenenfalls mangelt es an beiden.

Pilzkulturen an Strohsubstrat

Alle diese Probleme sind bei einer Freilandkultur unbekannt, da dort immer genügend Licht und Luftbewegung vorhanden ist.

Je nach Temperatur und Kulturstamm erscheinen 2–3 Wochen später die ersten kleinen Pilze, die in weiteren 10–14 Tagen zu erntereifen Fruchtkörpern heranwachsen. Die Erntephase beträgt 10–12 Wochen. Während dieser Zeit bilden sich wiederholt Fruchtkörper, und schließlich kann man mit einer Gesamtausbeute von 4–5 kg Pilzen je Ballen rechnen.

Die Ernte und Reinigung der Pilze erfolgt, genauso wie bei der Austernpilzkultur, auf Holzunterlage. Man sollte nur die Büschel etwas vorsichtiger vom Substrat abbrechen, um zu vermeiden, daß große Substratstücke aus dem Ballen herausgerissen werden. Dadurch würde man nämlich das Myzel und den Ansatz der nächsten Erntewelle zerstören.

Die abgetragenen Substratballen können noch zur Bodenlockerung im Garten verstreut und eingegraben werden.

Eine Gesamtausbeute von 4–5 kg Pilzen je Strohballen ist erreichbar.

Austernpilzanbau auf Strohsubstrat in Übersicht

Welche Arbeiten fallen an?

- Ganzen Strohballen 14–21 Tage lang unter Wasser vergären.
- Den Strohballen 1 Tag lang abtropfen lassen und an 12–16 Stellen beimpfen.
- Anwachsphase: wenig Pflege aber ständige Kontrolle.
- Durchwachsenen Strohballen am Ort der Pilzernte aufstellen, aus mehreren Ballen gegebenenfalls Wände aufbauen.
- Fruchtkörperbildung: auf Belüftung, Befeuchtung und Belichtung achten.
- Ernte.

Werkzeug, Geräte, Material

- Stroh sowie Behälter für die Fermentation.
- Stock, Eisenstab, abgeschnittenes Plastikrohr für die Beimpfung.
- Körnerbrut, etwa 1 Liter je Strohballen.
- Plastikfolie, Thermometer.
- Leuchtstoffröhren zur künstlichen Beleuchtung, Regenschutzdach für Freilandkulturen, Gießkanne zum Befeuchten während der Erntephase.
- Körbe, Messer, Waage, Holzkisten für die Ernte.
- Kühlschrank für die Lagerung.

Der Kulturträuschling

Die Karriere des Kulturträuschlings begann auf der Karlshorster Rennbahn in Ostberlin. Seine Entdeckungsgeschichte ist fast so abenteuerlich wie die jener Erdäpfel, welche seinerzeit Kolumbus aus Amerika mitbrachte und heute Kartoffeln genannt werden.

Auf der unbenutzten Galopprennbahn in Berlin-Karlshorst legten Bauern Anfang der sechziger Jahre aus Ernteüberschüssen Kartoffelmieten an. Mit den Jahren sproß aus den vergessenen Mieten neues Leben: Auf der Abdeckung aus Stroh und Erde wuchsen recht ansehnliche Pilze. Als Champignons eingeschätzt, bereicherten sie jahrelang den Speisezettel der Bauern, ohne daß ihre wahre Identi-

Pilzkulturen an Strohsubstrat

Pilzkulturen an Strohsubstrat

tät entdeckt wurde. Irgendwann jedoch schlug die Stunde des Kulturträuschlings, und aus den Karlshorster Pilzen wurde eine wissenschaftliche Sensation. Bruno Hennig, der bekannte Mykologe, entdeckte diesen Fundort und bestimmte nach längerer Kontroverse mit Fachkollegen den angeblichen Champignon als den Rotbraunen Riesenträuschling. Gleichzeitig regte er bei der VEG Champignonzucht Dieskau an, mit diesem Pilz Kulturversuche anzulegen und stellte hierfür Reinkulturen zur Verfügung. Im Jahre 1966 begann man in Dieskau mit der Arbeit. Bereits 1968 wurde die erste kurze Kulturanleitung herausgegeben, und in der gesamten DDR wurden auf einer Fläche von insgesamt 400 Quadratmetern Versuche angelegt. Von da an stieg die Anbaufläche rasch an und erreichte im Jahre 1981 ca. 200 000 Quadratmeter. Dies entsprach einem Drittel der Anbaufläche des Champignons. Seither ist die Beliebtheit dieses Speisepilzes in der DDR noch weiter angestiegen. Der beste Beweis dafür ist, daß man mit der Brutherstellung dem Bedarf kaum noch nachkommen kann, obschon alle Anstrengungen unternommen wurden, um die Produktion noch weiter zu steigern. In der Bundesrepublik Deutschland wurde erstmalig im Februar 1971 in der Fachzeitschrift »Der Champignon« über den Rotbraunen Riesenträuschling berichtet. Der Verfasser des Artikels führte damals selbst einen Versuch durch, der jedoch fehlschlug und zu einer negativen Beurteilung führte. Seitdem allerdings hat sich die Situation gründlich verändert. Im Jahre 1976 belief sich die Anbaufläche schon auf etwa 4000–5000 m². Seit Ende der siebziger Jahre – damals wurde die neue, erdlose Kulturtechnologie eingeführt – nimmt die Anbaufläche des Kulturträuschlings auch in der Bundesrepublik rapide zu. Nach zuverlässigen Schätzungen haben bundesdeutsche Hobbygärtner, Neben- und Haupterwerbskultivateure im Jahre 1983 etwa eine $^3/_4$ Million Strohballen für den Träuschlingsanbau verwendet.

Steckbrief

Die Bezeichnung »Kulturträuschling« stammt von der VEG Champignonzucht in Dieskau, wo der Träuschling erstmalig in Kultur genommen wurde. Die Wildform, der Rotbraune Riesenträuschling *(Stropharia rugoso-annulata)* tritt in der Natur relativ selten auf, in den südosteuropäischen Ländern ist er sogar nahezu unbekannt.

Äußerlich erinnert der junge Rotbraune Riesenträuschling an den Steinpilz. Er hat einen 8–10 cm breiten, im Jungstadium halbkugelförmigen, später ausgebreiteten Hut, dessen Farbe zunächst gelb bis braun, später blaßgelb oder blaßbraun ist. Die Lamellen sind grau, später dunkellila, sein Fleisch weiß, ziemlich dick und fest und von mildem Geschmack.

Auch die Stiele des Rotbraunen Riesenträuschlings sind dick und dazu noch ziemlich lang (8–15 cm). Seine Sporen sind dunkel gefärbt. Die natürlichen Standorte des Rotbraunen Riesenträuschlings sind Rasenflächen, Mietenplätze, manchmal auch vermorschtes Holz, wo man ihn in den Monaten August bis Oktober findet. In manchen Jahren erscheinen die Fruchtkörper bereits im Juli.

Im Laufe der züchterischen Bearbeitung des Rotbraunen Riesenträuschlings bei der VEG Champignonzucht in Dieskau sind mehrere Kultursorten entstanden, deren Fruchtkörper in Größe, Aussehen und Farbe stark voneinander abwichen und deren Ertragsleistung sehr unterschiedlich war. Da der Name »Rotbrauner Riesenträuschling« unter diesen Umständen nicht mehr uneingeschränkt verwendet werden konnte, wurde für die kultivierten Formen die Bezeichnung »Kulturträuschling« eingeführt. In der Bundesrepublik wird dieser Pilz oft auch noch Braunkappe genannt.

Linke Seite:
Der Kulturträuschling hat einen braunen, im Jungstadium halbkugelförmigen, später ausgebreiteten Hut.
Bei der klassischen Anbaumethode des Kulturträuschlings wird zunächst ein Beet aus losem Stroh errichtet. Das Beet wird nach der Beimpfung mit einer Plastikfolie zugedeckt. Das gesunde Wachstum des Myzels wird durch Bildung weißer Nester im Stroh angezeigt. Die Fruchtkörper erscheinen dann 5–6 Wochen später, wobei das Beet inzwischen mit Erde abgedeckt wurde.

Pilzkulturen an Strohsubstrat

Die optimale Temperatur für die Myzelentwicklung des Kulturträuschlings liegt bei 25 °C, während die erforderliche Mindesttemperatur 4–5 °C sind. Oberhalb 35 °C muß mit dem Absterben des Myzels gerechnet werden. Die Fruchtkörperbildung erfolgt bei 12–25 °C.

Der Kulturträuschling ist als wertvoller Speisepilz anzusehen. Er enthält bedeutende Mengen an Mineralien, während der Anteil an Rohprotein und Rohfaser in den Fruchtkörpern vergleichsweise geringer ist. Hervorzuheben wäre noch der hohe Anteil an Vitaminen der B-Gruppe und der Niacingehalt, der, wie Untersuchungen in der DDR zeigten, den Niacingehalt anderer Gemüsearten (Kohl, Gurke, Tomate) um das Zehnfache übertrifft.

Eine Beurteilung des Kulturträuschlings an der Versuchsanstalt für Pilzanbau in Krefeld brachte folgendes Resultat:

Merkmale	Rohpilze	gegarte Pilze
Aussehen des Fruchtkörpers	ansprechend	fällt mäßig zusammen
Geruch des Fruchtkörpers	schwach, angenehm	–
Biß	–	etwas weich
Geschmack	ziemlich neutral	mild, angenehm
Globalurteil	überwiegend positiv	überwiegend positiv

Die Verwendungsmöglichkeiten des Kulturträuschlings sind zahlreich. Er kann wie jeder andere Pilz als Beilage, zur Verfeinerung von Fleischgerichten und Omeletts zubereitet werden. Besonders gut eignet sich der Kulturträuschling zur Herstellung von Suppen und Salaten. Er kann auch eingekocht, getrocknet und tiefgefroren werden.

Die klassische Anbaumethode

Das Substrat wird aus Getreidestroh hergestellt, am besten aus Weizen- oder Roggenstroh. Wichtig ist, daß nur frisches oder gut gelagertes Stroh verwendet wird. Bei modrigem Stroh besteht die Gefahr, daß Konkurrenzpilze oder Schädlinge das Wachstum des Kulturpilzes hemmen, ihn sogar ganz zurückdrängen.

Vor Beginn der Kulturanlage braucht das Stroh nicht zerkleinert zu werden. Außer Wasser wird dem Stroh nichts zugefügt. Die Wasserzugabe ist jedoch wichtig, um die Strohfeuchtigkeit auf etwa 70% zu steigern. Zur Befeuchtung wird ein sauberer, nach Möglichkeit betonierter Platz gewählt. Hier wird das Stroh maximal einen Meter hoch aufgeschichtet und 2–3mal täglich mit einer Brause bewässert. Es ist wichtig, für die Bewässerung eine feinporige Brause zu nehmen, da nur hierdurch eine gute Benetzung gewährleistet wird.

Wenn man nur eine kleine Kultur anlegen will, kann das Stroh auch einfacher angefeuchtet werden. Das meist in Ballen angelieferte Stroh wird für 2 Tage in einem entsprechend großen Behälter in Wasser eingetaucht. Es ist zu empfehlen, das Wasser zwischendurch einmal (nach einem Tag) auszutauschen. Nach dem Herausnehmen läßt man den Ballen gut abtropfen, da zu hohe Feuchtigkeit und entsprechend geringe Luftdurchlässigkeit der Nährgrundlage das Myzelwachstum des Kulturträuschlings beeinträchtigen können.

Die optimale Strohfeuchtigkeit prüft man mit der Handprobe. Eine Handvoll Stroh wird kräftig zusammengedrückt, und wenn zwischen den Fingern einige Wassertropfen erscheinen, ist die optimale Feuchtigkeit erreicht. Tritt aus dem Stroh kein Wasser heraus, muß noch mehr befeuchtet werden. Wenn aber das Wasser zwischen den Fingern wegrinnt, ist das Stroh schon zu feucht; dann breitet man es in dünner Schicht aus und läßt es noch weiter austrocknen.

Rechte Seite:
Oben: Man kann Kulturträuschlinge im mit Folie abgedeckten Bodenbeet kultivieren.

Mitte: Besitzt man einen Frühbeetkasten, kann man diesen für den Träuschlingsanbau nutzen.

Unten: Der Formkasten, der einem Frühbeetkasten ähnelt, wird aus Holzbrettern zusammengenagelt.

Pilzkulturen an Strohsubstrat

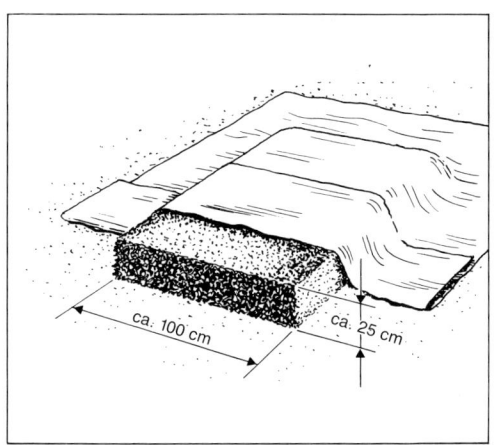

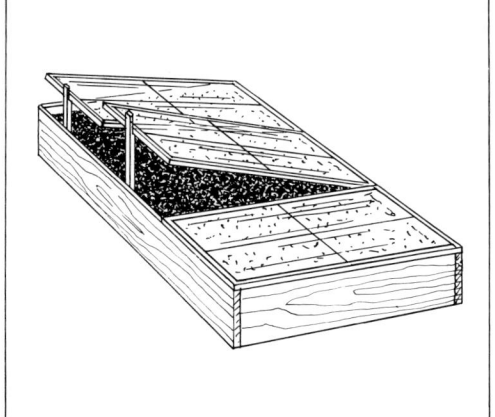

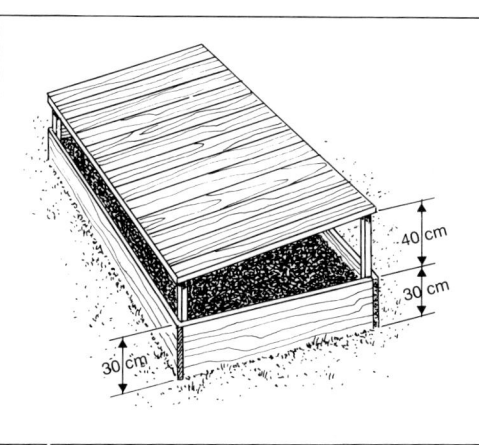

Anlage der Kultur

Die Wahl des Standortes ist für das Gelingen der Kultur von großer Bedeutung. Es ist von Vorteil, wenn der Standort der Kulturanlage nicht der direkten Sonnenbestrahlung ausgesetzt ist. Er muß auch vor Wind geschützt sein. Diese ökologischen Voraussetzungen sind am ehesten unter einer Baumgruppe oder Hecke, an der Nordseite von Gebäuden, ggfs. auch in lichtem Laubwald zu finden. Die Bodenart des Standortes ist dagegen von untergeordneter Bedeutung.

Das befeuchtete Stroh wird zum Ort der Kulturanlage transportiert. Der günstigste Zeitpunkt für den Beginn sind die Monate Mai und Juni. Auch im Spätsommer und Herbst (September bis Mitte Oktober) kann eine Träuschlingskultur angelegt werden, doch dann kann man erst im nächsten Jahr Pilze ernten. Es gibt im wesentlichen drei Möglichkeiten, eine Kultur anzulegen: das Bodenbeet, das Frühbeet und den Formkasten.

- Für das Bodenbeet wird am ausgewählten Standort das feuchte Stroh etwa 20 cm hoch und 1 m breit auf die Erde gelegt. Dabei ist es vorteilhaft, das Stroh in drei Lagen von jeweils 6–8 cm Stärke nacheinander aufzuschichten und diese Lagen zwischendurch festzutreten. Die Seiten des Bodenbeetes werden schräg gebaut. Wenn man nur eine kleinere Kultur anlegen will, werden die Beete schmaler gebaut. Generell kann man den Kulturträuschling auf kleinsten Flächen kultivieren. Für 20 cm Höhe der Bodenbeete ist je Quadratmeter Beetfläche etwa ein Ballen Stroh als Ausgangsmaterial erforderlich.

- Frühbeetkästen, so wie sie im Gartenbau gebräuchlich sind, eignen sich für die Anlage einer Träuschlingskultur vorzüglich. Da die Seitenwände der Frühbeetkästen meist zu niedrig sind und nach dem Einbringen einer 20 cm dicken Strohschicht für die später heranwachsenden Fruchtkörper nicht genügend Luftraum übrig bleiben würde, empfiehlt es sich, aus den Frühbeetkästen zunächst Erde herauszunehmen. Als Regel gilt, daß nach dem Einbringen der 20 cm dicken Strohschicht in den Frühbeetkasten, zwischen

Pilzkulturen an Strohsubstrat

Strohoberfläche und Fensterunterkante ein Abstand von etwa 15 cm bleiben muß.
- Formkästen kann sich aus Abfallholz oder Brettern jeder Kultivateur leicht selbst bauen. Die Wände des Formkastens müssen etwa 35 cm hoch sein; wenn nicht genügend Holz zur Verfügung steht, reichen auch 20 cm aus. Höhere Formkästen haben den Vorteil, daß die Abdeckung (siehe Pflegemaßnahmen in der Anwachsphase) unmittelbar auf den Kasten gelegt werden kann. Bei einem niedrigeren Formkasten muß entweder die Erde – ähnlich wie beim Frühbeetkasten – ausgehoben werden oder es müssen an den Ecken des Kastens (bei längeren Kästen auch an beiden Längsseiten in Abständen von jeweils 1 m) Pfosten angebracht werden, welche über die Seitenwände hinausragen und die Abdeckung des Formkastens tragen. Die Pfosten werden mit dünnen Latten verbunden, wodurch oberhalb der Seitenkanten ein Rahmen entsteht. Da die Errichtung eines Formkastens nur geringen Aufwand verursacht, wird dieser den Hobbykultivateuren besonders empfohlen.

Beimpfung der Kultur
Die Beimpfung kann entweder gleichzeitig mit der Errichtung des Strohbeetes erfolgen oder sie wird anschließend durchgeführt.
Im ersten Fall muß man so verfahren, daß man die Brut in etwa walnußgroße Stücke zerbricht und im Abstand von 20 cm × 20 cm auf die Strohoberfläche legt, bevor die letzte 6–8 cm dicke Strohschicht aufgebracht wurde.
Die zweite Möglichkeit der Beimpfung ist weniger rationell: Die walnußgroßen Brutstücke werden im Abstand von 20 cm × 20 cm auf das fertige Strohbeet gelegt und anschließend 5–6 cm tief in das Stroh eingepackt. Hierzu wird mit der Hand tief in das Stroh gegriffen, die Hand wird leicht angehoben und die Brut in das so entstandene Loch gelegt. Anschließend wird das Stroh angedrückt.
Eine Bruteinheit (etwa 1 Liter) ist – bei einer Dicke der Strohschicht von ca. 20 cm – für die Beimpfung von ca. 1–1,5 Quadratmeter Beetfläche ausreichend.

Pflege in der Anwachsphase
Nach der Beimpfung muß das Beet – gleich in welcher Weise angelegt – zugedeckt werden. Bei Bodenbeeten nimmt man hierfür eine vielfach gelochte Plastikfolie, auf Frühbeetkästen werden die Beetfenster aufgelegt, und die Formkästen deckt man entweder mit gelochter Plastikfolie oder mit Strohmatten zu. Auf diese Weise wird das Kulturbeet für etwa 4 Wochen sich selbst überlassen. Das einzige, was der Kultivateur während dieser Zeit tun muß, ist die Kontrolle der Beettemperatur mit einem guten Thermometer.
Für die Anwachsphase ist es vorteilhaft, wenn sich die Beettemperatur zwischen 23–26 °C bewegt. 30 °C darf sie jedoch nicht übersteigen! Die Substrattemperatur wird gemessen, indem man das Thermometer durch die Abdeckung tief in das Stroh hineinsteckt. Droht die Temperatur über 30 °C zu steigen – dies wird in schattigen Lagen kaum vorkommen –, empfiehlt es sich, die Abdeckung abzunehmen, das Beet zu lüften und bevor die Abdeckung erneut aufgelegt wird, das Stroh zu befeuchten.
In wind- und sonnengeschützten Lagen ist eine Befeuchtung des Substrates während der Anwachsphase meistens nicht erforderlich. Unter durchschnittlichen Klimabedingungen wird die Anwachsphase nach etwa 4 Wochen abgeschlossen sein. Den Abschluß der Anwachsphase zeigt an, daß sich das Myzel von den Brutstücken ausgehend im ganzen Beet ausbreitet und das Stroh dicht besiedelt. Da die oberste Strohschicht am meisten der Austrocknung ausgesetzt ist, kommt es vor, daß diese in 1–2 cm Dicke nicht vom Myzel durchwachsen wird. Dieser Umstand bedeutet jedoch keinen Nachteil, allerdings sollte man diese nicht durchwachsene Schicht vor dem nachfolgenden Arbeitsgang, dem Abdecken, abkratzen und entfernen.

Aufbringen der Deckerde
Nachdem die Anwachsphase nun abgeschlossen ist, wird das Beet mit einer 3–5 cm dicken Erdschicht abgedeckt. Als Deckerde sollte man feinkrümelige Gartenerde verwenden, die in einem Verhältnis von 1:1 mit Torf vermischt

Pilzkulturen an Strohsubstrat

ist. Die Deckerde muß eine gute Krümelstruktur und Wasserhaltefähigkeit haben. Eine gute Deckerde ermöglicht den Luftwechsel zwischen dem Substrat und der Atmosphäre und sie ist gleichzeitig Wasserreservoir für die wachsenden Fruchtkörper.

Vor dem Abdecken wird die Deckerde leicht angefeuchtet. Auch im weiteren Verlauf der Kultur ist stets darauf zu achten, daß die Deckerde niemals austrocknet. Mit einer feinporigen Brause wird sie vorsichtig gegossen, damit sie nicht verschlämmt, sondern ihre Krümelstruktur beibehält. Verschlämmte Deckerde verhindert den für die Fruchtkörperbildung wichtigen Gasaustausch zwischen Substrat und Atmosphäre und führt dadurch zum Ertragsausfall. Nach dem Aufbringen der Deckerde wird das Beet erneut zugedeckt, wobei diese Abdeckung unmittelbar auf die Erde gelegt wird. Danach bleibt die Kultur für weitere 2–3 Wochen sich selbst überlassen. Die Abdeckung wird erst dann entfernt, wenn das Myzel in die Deckerde hineingewachsen ist und stellenweise auf deren Oberfläche sichtbar wird. Ist dieses Stadium erreicht, wird die Erntephase eingeleitet.

Erntephase

Jetzt wird die Abdeckung bei Frühbeeten auf einer Seite um einige Zentimeter angehoben und bei Bodenbeeten ganz entfernt. Beim Formkasten wird zweckmäßigerweise Maschendraht auf den oberen Rahmen gelegt und die Folie auf dem Maschendraht erneut ausgebreitet. Hiermit soll die Belüftung der Beetoberfläche sichergestellt werden, jedoch so, daß in Frühbeeten und Formkästen das Substrat weiterhin vor Regen geschützt bleibt. Auch über dem Bodenbeet kann man ein Walmdach errichten, üblicherweise jedoch bleiben die Bodenbeete von jetzt an den Witterungseinflüssen ausgesetzt.

Abhängig vom Standort und Wetter kann man 4–5 Wochen später mit dem Erscheinen der ersten Fruchtkörper rechnen. Von da ab wird bis zum Einbruch der kalten Jahreszeit geerntet. Die Belüftung des Kulturbeetes erfolgt durchgehend während der ganzen Erntephase, man sollte jedoch im Spätherbst, wenn die Nachttemperaturen auf weniger als 10 °C absinken, das Beet über Nacht vollständig zudecken und nur tagsüber lüften.

Die Fruchtkörper wachsen in Wellen heran, zwischen denen sich keine Fruchtkörper bilden. Innerhalb einer Erntewelle treten jedoch Verschiebungen auf, das heißt, daß besonders auf größeren Beeten die Fruchtkörper nicht alle gleichzeitig erscheinen. Dieser Umstand ist aus praktischer Sicht nicht von Nachteil, da hierdurch eine gewisse Verteilung der Ernte erreicht wird, die eine bessere Disposition über den anfallenden Pilzertrag ermöglicht. Die Ernte der Pilze einer Erntewelle erfolgt in der Regel innerhalb von 4–5 Tagen. Der Zeitraum zwischen zwei Ernteschüben beträgt 2–4 Wochen, wobei die erste Erntewelle meistens den höchsten Ertrag bringt.

Der Fruchtkörperertrag beträgt, auf die gesamte Erntezeit bezogen, je nach Anbaubedingungen 3–6 kg je Quadratmeter Beetfläche. Gelegentlich, unter besonders zusagenden Bedingungen, können bis zu 10 kg je Quadratmeter Beetfläche erreicht werden.

Neben der Belüftung ist während der Erntephase auch die Befeuchtung eine wichtige Kulturmaßnahme. Die Deckerde muß stets feucht gehalten werden. Hierzu wird eine feinporige Brause verwendet.

Mit Einbruch der kühlen Jahreszeit hört die Fruchtkörperbildung auf. Man kann jedoch die Träuschlingskultur überwintern lassen. Hierzu wird die Anlage, wie während der Anwachsphase, ganz zugedeckt, um sie vor Nässe zu schützen. Frost schadet dem Myzel nicht, und im folgenden Frühling, je nach Witterung in den Monaten April oder Mai, kann man noch mit einer erneuten Ernte rechnen.

Das neue, erdlose Kulturverfahren

Im Laufe der Jahre wurde oft beobachtet, daß die Fruchtkörperbildung des Kulturträuschlings anstatt in der Deckerde im Substratinneren, ohne Kontakt mit der Deckerde, stattfindet. Um diesem Phänomen nachzugehen, haben wir in den Jahren 1979 und 1980 in der

Pilzkulturen an Strohsubstrat

Pilzkulturen an Strohsubstrat

Versuchsanstalt für Pilzanbau in Krefeld auch solche Kulturen angelegt, bei denen das durchwachsene Substrat nicht mit Deckerde abgedeckt war. Zu unserer größten Überraschung haben sich auch in diesen Kulturen Fruchtkörper entwickelt. Es gab keinen Zweifel, die bis dahin geltende Ansicht, nämlich, daß der Kulturträuschling ohne Deckerde keinen Fruchtkörper bildet, revidiert werden mußte. Nach vielfältigen, einschlägigen Versuchen geht man nunmehr davon aus, daß die Fruchtkörperbildung des Kulturträuschlings nach einem Alterungs- und Reifeprozeß des Myzels spontan auftritt. Hierzu ist Deckerde nicht notwendig. Auf der Basis dieser Erkenntnisse wurde nunmehr ein neues Extensivanbauverfahren entwickelt. Das neue, sogenannte erdlose Kulturverfahren wird seit 1980 auch in der Praxis mit gutem Erfolg angewendet. Es kann daher als Alternative zum klassischen Anbauverfahren empfohlen werden.

Wie präpariert man das Stroh?
Bei dieser Methode dienen ganze Strohballen als Substrat. Strohballen, sogenannte Hochdruckpreßballen, mit einem Gewicht von etwa 13–16 kg kann man sich auf Bauernhöfen oder vom Landhandel besorgen und problemlos im Kofferraum eines PKW's transportieren. Am besten besorgt man sich Weizen- oder Roggenstrohballen, wobei auf die gute Qualität geachtet werden muß. Gesundes, brauchbares Stroh hat eine glänzende Oberfläche von goldgelber Farbe; es läßt sich nur schwer zerreißen. Modriges, unbrauchbares Stroh dagegen leistet bei einer Zerreißprobe kaum Widerstand; es ist stumpf und dunkel gefärbt.

Linke Seite:
Das neue Kulturverfahren beruht auf der Erkenntnis, daß der Kulturträuschling auch ohne Deckerde fruchtet.
Man muß das Stroh zunächst gründlich bewässern. Die Beimpfung der Strohballen erfolgt an den beiden Längsseiten. Anschließend legt man die Ballen, Kopf an Kopf, auf eine halbschattige, windgeschützte Stelle im Garten. Die Fruchtkörper erscheinen – je nach Anlagetermin – in 2–7 Monaten.

Man muß das Stroh gründlich bewässern! Eine gute Möglichkeit dazu ist, den Ballen für 48 Stunden unter Wasser zu tauchen. Hierfür braucht man einen geeigneten Behälter. Zum Tauchen kann man auch Warmwasser verwenden, wovon das Stroh schneller naß wird. Doch Vorsicht, das Wasser sollte nicht heißer als 60 °C sein, weil sonst die natürliche Abwehrkraft des Strohes zerstört wird und der Ballen hinterher verschimmeln kann.
Eine weitere Möglichkeit wäre, den Ballen mit der Längsseite auf den Boden zu legen und ihn mit Hilfe eines Rasensprengers 4–5 Tage lang zu beregnen. An der Längsseite der Ballen sind die Schnittflächen der Strohhalme sichtbar, durch die das Wasser leichter in das Strohinnere eindringt. Als Standort für die Beregnung, besonders für größere Kulturanlagen, eignet sich eine betonierte Fläche am besten, wo das Wasser ablaufen kann. Sonst kann man den Strohballen auch auf den Rasen legen, wo das Wasser versickert. Auf jeden Fall sollte man vermeiden, daß der Boden unter dem Strohballen während der Beregnung schlammig wird und die aufgeweichte, feuchte Erde die Unterseite des Strohballens beschmutzt.
Durch das Bewässern nimmt der Strohballen stark an Gewicht zu; während er trocken nur 13–16 kg wiegt und leicht transportabel ist, beträgt sein Gewicht später 40–50 kg. Das Gewicht des Ballens kann übrigens als Maßstab für seine Feuchtigkeit angesehen werden. Als Faustregel gilt, daß der Strohballen ausreichend feucht ist, wenn sein Gewicht mehr als 40 kg beträgt.

Beimpfung und Anwachsphase
Für die Anlage einer erdlosen Träuschlingskultur eignen sich die Monate April bis Juni und September und Oktober. Die Beimpfung der Strohballen erfolgt an den beiden Längsseiten, dort, wo die Schnittflächen der Strohhalme sichtbar sind. Mit einem Stock, Eisenstab o. ä. sticht man, gleichmäßig verteilt, je Seite 6–8 tiefe Löcher, erweitert die Löcher durch Hin- und Herbewegung des Stockes und schiebt je ein walnußgroßes Brutstück in diese Löcher. Die Löcher schließen sich dann in den Preßbal-

Pilzkulturen an Strohsubstrat

len von selbst. Eine Bruteinheit (etwa 1 Liter) reicht für die Beimpfung von zwei Strohballen aus.

Neuerdings werden auch sogenannte Brutstäbchen für den Kulturträuschling angeboten. Die Brutstäbchen sind in zwei Bündeln zu je 12–16 Stück abgepackt, ausreichend für die Beimpfung von zwei Strohballen. Man nimmt die Stäbchen und schiebt sie einfach zwischen die Strohhalme. Eine Vorablochung ist meistens nicht erforderlich, es sei denn, der Ballen ist so stark gepreßt, daß man die Brutstäbchen nicht ohne Mühe hineinschieben kann.

Den beimpften Strohballen legt man in halbschattiger, windgeschützter Lage im Gemüsegarten, auf Rasenflächen, unter Bäumen oder neben Sträuchern auf die Erde. Kies oder Beton sind als Untergrund weniger geeignet. Auch feuchte, schattige Stellen sind ungeeignet, weil sie meist Brutstätten von Schnecken sind, die die Pilze fressen und erheblichen Schaden verursachen können. Vorteilhaft ist, wenn man den Ballen in hohes Gras legt. Das hohe Gras schafft ein feuchtes Mikroklima, das das Myzelwachstum und die Fruchtkörperbildung des Kulturträuschlings begünstigt. Nun wartet man, bis das Myzel das Stroh durchwächst. In der Folgezeit können Sekundärpilze (Tintlinge, Becherlinge u. ä.) auf dem Strohballen auftreten. Sie gefährden den Kulturpilz nicht, da sie kurze Zeit später absterben. Im Gegenteil, es wurde beobachtet, daß Strohballen, an denen in größeren Mengen Sekundärpilze auftraten, anschließend besonders reichhaltigen Träuschlingsertrag brachten.

Nur austrocknen darf der Substratballen nicht. Allerdings trocknen Strohballen ebenso aus, wie sie Wasser aufnehmen. Nach einigen warmen Sonnentagen können Strohballen oberflächlich ganz trocken aussehen. Doch ein Griff in das Substratinnere beweist dann, daß die trockene Schicht höchstens 1–3 cm tief ist. Wenn jedoch längere Zeit warmes Wetter herrscht und die Anlage dem direkten Sonnenschein ausgesetzt ist, empfiehlt es sich, zu sprengen oder zu gießen. Damit ist auch schon die ganze Pflege der Kultur erledigt. Herbstanlagen bedürfen nach dem Beimpfen des Strohballens überhaupt keiner Pflege. Der Ballen bleibt auch im Winter im Freien. Kälte schadet dem Kulturträuschling nicht.

In manchen Jahren fällt im Herbst und Frühling soviel Regen (im Rheinland zuletzt 1983/84), daß Herbstanlagen des Kulturträuschlings u. U. gefährdet sind. Diese Gefährdung ist dann am größten, wenn die Regenperiode kurz nach dem Impfen einsetzt und das Myzel von den Brutstücken noch nicht oder kaum in das Stroh übergriff. Die Brutstücke, die aus gehäckselten, sterilisierten Strohstücken bestehen, nehmen das Wasser wie ein Schwamm auf. Das Myzel des Kulturträuschlings befindet sich im Hohlraum der Strohstücke sowie auf und in der äußerst dünnen Wand der Halme. Doch gerade dieser Hohlraum saugt sich im Falle großer Feuchtigkeitsbelastung mit Wasser voll. Dann nimmt allmählich auch die dünne Strohwand das Wasser auf. Als Folge der Verdrängung der Luft durch das Wasser »erstickt« schließlich das Myzel des Kulturpilzes. Solche Ballen, in denen sich zu Beginn der Regenperiode bereits größere Myzelnester um die Brutstücke gebildet haben, sind weit weniger gefährdet. Das rohe Langstroh wird nicht luftundurchlässig.

Auf jeden Fall wirkt sich äußerst günstig aus, wenn man Substratballen vor wochenlangem Dauerregen durch einen einfachen, niedrigen Folientunnel schützt, der jedoch an beiden Seiten nicht bis auf den Boden heruntergezogen wird und daher noch eine Durchlüftung des Ballens ermöglicht.

Das Träuschlingsmyzel benötigt viel Frischluft. Erhöhter Kohlendioxidgehalt beeinträchtigt sein Wachstum. Da jedoch das Myzel selbst auch Kohlendioxid produziert, könnte bei ungünstiger Anlage der Kultur im Inneren des Substratballens u. U. eine kritische Situation entstehen. Daher muß man den Strohballen immer auf die Breitseite legen, so daß in Querrichtung, an den Strohhalmen entlang, eine ungehinderte Luftbewegung stattfinden kann. Hat man mehrere Strohballen beimpft, werden sie Kopf an Kopf hintereinander gelegt. Es ist davon abzuraten, die Ballen übereinander zu stapeln oder quer hintereinander zu legen. Zwi-

Pilzkulturen an Strohsubstrat

schen zwei Reihen läßt man einen Weg von wenigstens 60 cm Breite, der neben einer ungehinderten Luftbewegung auch die Pflege und Ernte der Anlage ermöglicht. Größere Kulturen sollte man nach Möglichkeit in quadratischer Form anlegen, damit in Trockenperioden die Beregnung der Strohballen mittels eines Rasensprengers erledigt werden kann.

Pflege und Ernte der Träuschlingskulturen
Die Fruchtkörper des Kulturträuschlings erscheinen auf dem Strohballen – je nach Anlagetermin – in 2–7 Monaten ohne weitere Kulturmaßnahmen. Die Frühjahrskulturen werden im Sommer Pilze hervorbringen, wobei von der Beimpfung des Strohballens bis zur ersten Ernte in der Regel 2–3 Monate vergehen. Die Herbstkultur wächst im Winter, bedingt durch die niedrigen Temperaturen, nur langsam durch, und die Fruchtkörper erscheinen im Folgejahr im April oder Mai. Die Fruchtkörperbildung wiederholt sich dann während weiterer 3–4 Monate mehrmals. Die auf solchen erdlosen Kulturen gewachsenen Träuschlinge sind meistens groß (bis zu 70 g) und haben einen dicken, fleischigen Stiel.

Wichtig ist, daß der Substratballen auch während der Ernteperiode ausreichend feucht bleibt. Man kann ihn auch dann problemlos gießen oder sprengen. Den Winter übersteht der Kulturträuschling im Strohballen sehr gut. Das Myzel wächst sogar noch bis zu +5 °C weiter. Nur in Gegenden, wo gewöhnlich im Winter längere Frostperioden zu erwarten sind (mehrere Tage unter −5 °C), sollte man den Strohballen mit einer 20–30 cm dicken Laub- oder Strohschicht schützen. Wichtig jedoch ist, daß diese Schutzschicht nach der Frostperiode wieder entfernt wird, um die Durchlüftung des Substratballens nicht unnötig zu gefährden. Vom Spätherbst bis zum Frühjahr braucht der Strohballen nicht gegossen zu werden, er bedarf überhaupt keiner Pflege.

Mit der Zeit, nach reichlichem Ertrag, sackt der Strohballen stark zusammen. Dies ist ein Zeichen dafür, daß das Stroh vom Kulturträuschling abgebaut wurde und die Nährstoffreserven erschöpft sind. Dieses Stroh kann man noch, ebenso wie nach der klassischen Anbaumethode, als Bodenauflockerer im Garten verteilen und eingraben.

Die Ernte der Pilze erfolgt durch Herausdrehen aus dem Substratballen. Erträge von 2–4 kg Fruchtkörper je Substratballen sind üblich. Einzeln stehende Fruchtkörper und ganze Büschel sind gleichwohl anzutreffen. Man wartet mit der Ernte, bis das Häutchen an der Unterseite der Hüte aufgerissen und z. T. heruntergefallen ist. Die Hüte ähneln zu diesem Zeitpunkt noch einem Steinpilz. Später, wenn sie ausgebreitet sind, gelten die Fruchtkörper schon als überreif. Es ist aber nicht gesagt, daß die Träuschlinge dann schon ungeeignet für die Ernte und den Verbrauch wären. Nur sind sie dann nicht mehr so ansehnlich, insbesondere wegen eines schwarzen, rußartigen Belages, der sich auf der Oberfläche der Hüte bilden kann. Dieser Belag wird von einer großen Zahl herabfallender Sporen hervorgerufen, die dunkel gefärbt sind. Der Sporenbelag tritt hauptsächlich dort auf, wo die Fruchtkörper dicht beieinander stehen und die größeren Exemplare die kleineren überragen. Diese, von den größeren Pilzen auf die kleineren herabfallende Sporenschicht läßt sich allerdings leicht abwaschen oder abreiben bzw. durch Abziehen der Oberhaut entfernen. Die Verwendbarkeit oder den Geschmack der Pilze beeinträchtigt die Sporenschicht in keiner Weise!

Zur Ernte faßt man die Fruchtkörper an der Stielbasis an, aber vorsichtig, damit die nebenstehenden und evtl. noch nicht erntereifen Fruchtkörper dabei nicht gestört werden. Manchmal ist dies gar nicht möglich. Dann sollte man lieber auch die benachbarten Pilze miternten, als Gefahr laufen, daß diese, von der Nährstoffzufuhr abgeschnitten, absterben.

Das Abschneiden der Fruchtkörper an der Stielbasis ist nicht zu empfehlen, da die zurückgebliebenen Strünke bald zu faulen beginnen, zur Brutstätte von Schädlingen werden und von ihnen aus leicht die ganze Kultur verseucht werden kann.

Die geernteten Pilze werden in Holzkisten oder Körbe gelegt. In Holzkisten läßt sich der Kulturträuschling gut transportieren und verkau-

Pilzkulturen an Strohsubstrat

fen. Vor dem Verkauf, der Verarbeitung oder Einlagerung sollte man die Stielbasis reinigen. Am besten schneidet man den verschmutzten Teil des Stieles ab.

Man kann den Kulturträuschling lange im Kühlraum oder im Kühlschrank lagern. Die optimale Temperatur für die Lagerung liegt zwischen 2–4 °C. Auf diese Weise bleiben die Pilze 4–5 Tage frisch.

Sind Kulturträuschlinge in geschlossenen Räumen (Gewächshaus, Scheune, Stallgebäude u. ä.) anzubauen? Dem steht nichts im Wege, im Gegenteil, in geschlossenen Räumen kann die Kultur besser vor extremen Witterungseinflüssen geschützt werden. Herbstkulturen in geschlossenen Räumen – wenn zumindest mäßig geheizt wird – haben eine kürzere Durchwachszeit. Solche, die im September angelegt wurden, können ggf. schon im Winter fruktifizieren.

Dies jedoch setzt voraus, daß die Träuschlingskultur im Raum hinreichend belüftet wird und auch natürliches Licht bekommt. Auf die Notwendigkeit des Luftaustausches wurde bereits an früherer Stelle hingewiesen. Das Licht betreffend liegen noch nicht genügend Informationen über die Ansprüche des Kulturträuschlings vor. Sicherheitshalber sollte man nicht auf Licht verzichten.

Der Träuschlingsanbau

Die klassische Anbaumethode

Welche Arbeiten fallen an?

- Stroh befeuchten und Kulturbeet anlegen.
- Beet im Abstand von 20 × 20 cm beimpfen.
- Anwachsphase: Beettemperatur kontrollieren, Stroh gegebenenfalls nachbefeuchten.
- Deckerde befeuchten, auftragen, Beet erneut zudecken.
- Die Abdeckung des Beetes entfernen, Deckerde regelmäßig befeuchten, für Frischluft sorgen.
- Ernte.
- Wenn das Beet überwintern soll, erneut zudecken.

Werkzeug, Geräte, Material

- Säge, Hammer, Nägel und Bretter für den Bau des Formkastens.
- Stroh (erhältlich bei Landwirten oder im Landhandel).
- Strohbrut, ein Päckchen für 1–1,5 m^2 Beetfläche.
- Plastikfolie oder sonstiges Material zum Abdecken des Beetes.
- Thermometer zur häufigen Temperaturkontrolle.
- Torf und Gartenerde zum Abdecken des durchgewachsenen Substrates.
- Gießkanne mit feinporiger Brause zur Pflege der Anlage.
- Körbe, Messer, Waage, Holzkisten für die Ernte.
- Kühlschrank für die Lagerung.

Das erdlose Kulturverfahren

Welche Arbeiten fallen an?

- Strohballen beregnen oder ins Wasser tauchen.
- Strohballen an beiden Längsseiten an insgesamt 12–16 Stellen beimpfen.
- Anwachsphase: Strohballen an windgeschützte, halbschattige Stelle im Gemüsegarten, auf Rasenflächen oder unter Bäume legen, Herbstkulturen vor Regen schützen.
- Austrocknung des Strohballens verhindern, bei Bedarf sprengen, gegen starken Frost durch 20–30 cm dicke Laub- oder Strohabdeckung schützen.

Werkzeug, Geräte, Material

- Ballenstroh von guter Qualität.
- Strohbrut, ein Päckchen für zwei Strohballen.
- Holzstab oder Eisenstange, um die Impflöcher zu bohren.
- Niedriger Folientunnel als Schutz vor Dauerregen.

Kultur kompostbewohnender Pilze

Es gibt eine große Anzahl von Pilzen, die aus der Sicht ihrer Ernährung als sogenannte Sekundärzersetzer bezeichnet werden. Mit anderen Worten, sie sind nur dann in der Lage, organisches Material zu zersetzen, wenn dieses vorher mikrobiologisch/biochemisch zersetzt, kompostiert wurde. Man nennt deshalb diese Pilze auch Kompostbewohner, und es gibt eine Reihe wohlschmeckender Arten, die in diese Gruppe gehören. Die Herstellung des Substrates für kompostbewohnende Pilze ist etwas komplizierter und zeitraubender. Es muß nämlich mehrere Tage lang fermentiert werden.

Von den Kulturpilzen zählen die Champignonarten, der Schopftintling und der Violette Ritterling zu den Kompostbewohnern. Noch zahlreiche weitere Vertreter dieser Gruppe gelten als vorzügliche Speisepilze, doch die meisten von ihnen sind uns als Kulturobjekt z. Z. noch unzugänglich, obwohl mit einigen, wie z. B. dem Riesenschirmpilz, Rosablättrigen Schirmpilz und Graukappe u. a., bereits Anbauversuche durchgeführt wurden, doch bisher ohne greifbaren Erfolg.

Wie gesagt, die Substratherstellung kompostbewohnender Pilze ist etwas komplizierter und zeitraubender. Man sollte jedoch davor nicht zurückschrecken, da der Genuß dieser Pilze und die Freude an ihrem Wachstum die Mühe und den Aufwand gewiß rasch vergessen lassen werden.

Der Champignon

Einst Leckerbissen römischer Patrizier, später begehrtes Gericht am Hofe Ludwig des XIV., heute Alltagsgemüse auf dem Speisezettel von Millionen Bundesbürgern; das ist die Kulturge-

Von oben nach unten:

Am meisten verbreitet ist der Anbau des Kulturchampignons, der von französischen Gärtnern im 17. Jahrhundert entdeckt wurde.

Der Braune Egerling ist die dunkelgefärbte Variante des Kulturchampignons.

Der Schopftintling hat neben dem hohen Speisewert auch noch einen blutzuckersenkenden Effekt.

Kultur kompostbewohnender Pilze

schichte des Champignons im Telegrammstiel. Wer kennt nicht diese weißen »Knöpfe«, die in gut geführten Gemüseläden und auf Wochenmärkten angeboten werden? Oder die fast bis zur Unkenntlichkeit verfärbten Exemplare in Schälchen unter Folie, welche in Supermärkten zwischen Salat und Blumenkohl im Gemüsefach allmählich verwesen.

Viele verbinden den Begriff Champignon mit selbstgesammelten Wiesenchampignons, die, so meinen die meisten, größer sind und besser schmecken als die gekauften. Aber bauen Sie doch selbst Champignons an und befolgen die Ratschläge, die im Kapitel »Pilzverwertung im Haushalt« zum Thema Champignon gegeben werden. Sie werden dann feststellen, daß Ihre Pilze dem Wiesenchampignon im Geschmack nicht im geringsten nachstehen.

Ob man schon im Altertum Champignons kultivierte, ist nicht eindeutig bewiesen. Daher wurde die offizielle Geburtsstunde des Champignonanbaues in die Zeit um 1650 verlegt, als findige Gärtner nahe Paris begonnen hatten, aus unterirdischen Kasamatten kultivierte Champignons zu Tage zu fördern.

Anfang des 19. Jahrhunderts wurden bereits die meisten unterirdischen Höhlen von Paris für die Champignonkultivierung genutzt. Stapel von Pferdedung wurden kompostiert. Das Material wurde nachher auf dem Boden der Höhlen zu spitzen Beeten geformt und mit Sporen des Wildchampignons beimpft. Der Champignon wurde dann unter dem Namen »Champignon de Paris« weltweit bekannt, seine Kultivierung hat sich in fast allen Ländern der Erde verbreitet.

In Deutschland entstanden Anfang dieses Jahrhunderts mehrere große Anbaubetriebe. Sie arbeiteten zunächst nach streng geheim gehaltenen Verfahren und dennoch nur mit wechselhaftem Erfolg. Der Grund dafür ist in der Unkenntnis über die Lebensbedingungen des Champignons und über die Vorgänge der Substratherstellung zu suchen. Erst in der zweiten Hälfte der 30er Jahre, als sich Wissenschaftler weltweit der Lösung der Probleme zugewandt hatten, dehnte sich dieser Erwerbszweig gewaltig aus und konnte sich schließlich zum industriellen Anbau entfalten. In Deutschland wurde dieser Aufschwung besonders durch das Wirken der Professoren Zycha und von Sengbusch geprägt. Beiden Wissenschaftlern haben die deutschen Champignonanbauer viel zu verdanken.

Heute ist der Champignon der weltweit wichtigste Kulturpilz und dank seines Wohlgeschmacks und seiner günstigen ernährungsphysiologischen Eigenschaften in breiten Bevölkerungsschichten geschätzt und beliebt. Doch herrscht in Laienkreisen heute noch vielfach die Meinung vor, daß Champignons in dunklen Kellern und Bunkern in Erdbeeten angebaut werden. Dabei ist das Gegenteil zutreffend: Champignonanbaubetriebe sind Spezialbetriebe mit klimatisierten Räumen, wo der Kultivateur bemüht ist, optimale Bedingungen für das Wachstum des Myzels und des Fruchtkörpers zu gewähren.

Liebhabern jedoch, die mit weniger Aufwand und unter bescheidenen Bedingungen Champignons kultivieren möchten, kommen die früheren, einfacheren Anbaumethoden sehr gelegen. So wie unsere Großväter erwerbsmäßig Champignons angebaut haben, so können heute Hobbykultivateure verfahren. Doch mit dem Vorteil, daß, wenn die Kulturanlage auch bescheiden ist, sich jedermann das Wissen über die Vorgänge und Zusammenhänge, das seinerzeit noch fehlte, zunutze machen kann.

Dank der Entwicklung hat man heute zusätzlich die Möglichkeit, sich bequem nur auf die Durchführung der Erntephase – jener Zeit also, in der die Pilze gepflückt werden – zu beschränken. Man bezieht einfach Fertigsubstrat. Es ist jedoch denkbar, daß sich bei zahlreichen Interessenten geradezu anbietet, das Champignonkulturverfahren von A–Z durchzuführen. Manche werden sich damit begnügen, die Früchte der Arbeit nur dem eigenen Haushalt zukommen zu lassen. Andere dagegen könnten durchaus eine lukrative Nebeneinnahmequelle im Champignonanbau erblicken. Den folgenden Ausführungen möge jeder das für ihn nützliche entnehmen, um in kleinen Rahmen oder im größeren Stil, jedenfalls erfolgreich, den »Champignon de Paris« zu kultivieren.

Kultur kompostbewohnender Pilze

Kurze Beschreibung

Am meisten verbreitet ist die Kultivierung des Zweisporigen Egerlings *(Agaricus bisporus)*, der allgemein als Zucht- oder Kulturchampignon bekannt ist. Eine weitere Art, der Stadtchampignon *(Agaricus bitorquis)* ist ebenfalls kultivierbar. Wegen ihrer hohen Temperaturansprüche (günstig sind um 30 °C) wird jedoch diese Art vornehmlich in wärmeren Klimaten und hierzulande ggf. in heißen Sommermonaten angebaut.

Der Hut des Kulturchampignons ist weiß oder gelblich, bis zu 10 cm breit und glatt oder leicht schuppig auf der Oberfläche.

Die Lamellen sind im Jugendstadium hellrosa, sie verfärben sich jedoch mit zunehmendem Alter, der Fruchtkörper ist dunkel. Die Stiele sind weiß, glatt, fast gleichmäßig dick und 3–6 cm lang.

Das Fleisch des Champignons ist dick, weiß, fest und von angenehmen Geruch. Es schmeckt roh leicht nußartig.

Seine Sporen sind rundlich, 6–7 Mikron groß und dunkelbraun gefärbt. Ein durchschnittlicher Champignonfruchtkörper produziert bis zu 40 Millionen Sporen.

Die Nährgrundlage

In der Natur kommt der Zweisporige Egerling auf Wiesen, an Äckern, an Wegrändern, sowie auf gut gedüngten Stellen vor. Als Nährgrundlage für die Kultivierung hat sich Pferdedung am besten bewährt. Wie der Pferdedung in Reitställen anfällt, einschließlich des Strohs als Einstreu, ist er als Substrat kaum zu überbieten. Lediglich sein Stickstoffgehalt ist etwas zu niedrig und wird in kommerziellen Champignonanbaubetrieben durch Zugabe von Hühnerkot, Malzkeimen oder eines Stickstoffdüngers erhöht. Ansonsten ist der Pferdedung rundherum optimal und allen übrigen sogenannten synthetischen Substraten, vor allem auch im günstigeren Preis, überlegen. Solche Substrate nämlich, die, den Nährstoffgehalt betreffend, mit dem Pferdedung gleichzusetzen sind – sie entstehen aus Stroh und verschiedenen nährstoffreichen Zuschlagstoffen – kosten in der Regel erheblich mehr.

Brauner Egerling

Der Braune Egerling ist botanisch mit dem Zweisporigen Egerling identisch. Diese Bezeichnung wurde vor einigen Jahren für die dunkel gefärbten Varianten des Kulturchampignons eingeführt. Sie gelten allerdings als die Ursprungsform, aus der später, durch Sortenzüchtung, die weißen Rassen entstanden sind. Für die getrennte Behandlung bitte ich fachkundige Mykologen um Nachsicht. Aus anbaupraktischer Sicht jedoch, und darauf kommt es hier in erster Linie an, gibt es einige wesentliche Merkmalsunterschiede zwischen den weißen und braunen Champignonrassen. Diese Tatsache soll die getrennte Behandlung des Braunen Egerlings rechtfertigen.

Kurze Beschreibung

Der Braune Egerling hat einen hell- oder dunkelbraunen, 3–8 cm großen Hut, dessen Oberfläche glatt oder leicht schuppig ist. Sein Stiel ist dagegen weiß. Diese Farbkombination, brauner Hut und weißer Stiel, ergeben zusammen ein recht ansprechendes Aussehen für den Braunen Egerling.

Auch das Hutfleisch ist weiß, während seine Lamellen im Jugendstadium fleischrosa, später dunkelbraun sind.

Die Nährgrundlage

Man verwendet auch für den Braunen Egerling Pferdedung als Nährgrundlage.

Der Schopftintling

Auf fetten, gedüngten Böden, in Gärten, auf Weiden, Wiesen und am Wegesrand gedeiht von Mai bis November der Schopftintling *(Coprinus comatus)*. Unter Pilzsammlern wird er wegen seines vorzüglichen Geschmacks hoch geschätzt. Manche setzen ihn sogar mit solch begehrten Arten wie der Morchel, dem Kaiserling und sogar dem Steinpilz gleich. Wenn jedoch die Fruchtkörper reif sind, zerfließen sie infolge Autolyse in eine, durch die Sporen schwarz gefärbte, tintenartige Flüssigkeit.

Kultur kompostbewohnender Pilze

Neben dem hohen Speisewert gibt es jedoch einen weiteren Grund, weshalb der Schopftintling Beachtung verdient: seinen blutzuckersenkenden Effekt. Der französische Arzt Potron berichtete im Jahre 1956 erstmalig darüber, daß manche Pilze offenbar eine blutzuckersenkende Wirkung haben. Er, der selbst Diabetiker war, nahm im Frühjahr täglich 250–300 g frische Maipilze zu sich und stellte nach einigen Tagen eine »insulinähnliche Wirkung« fest. Diesen Beobachtungen ging der deutsche Mykologe Kronberger nach. Kronberger, ebenfalls Diabetiker, führte unter ärztlicher Kontrolle Selbstversuche durch und fand noch andere Pilze, die eine blutzuckersenkende Wirkung hatten. Besonders ausgeprägt war dieser Effekt beim Schopftintling. Kronberger hat im Jahre 1964 seinen Erfahrungsbericht veröffentlicht. Darin empfahl er eine regelrechte Kur in Form regelmäßigen Pilzverzehrs und regte an, dieses Phänomen wissenschaftlich zu untersuchen »zum Segen der vielen Zuckerkranken«.

Doch in Expertenkreisen fand Kronberger's Ruf gut 10 Jahre lang keine Beachtung. Das »Schopftintling-Phänomen« blieb zunächst unerforscht. Erst 1975 tat sich etwas, als Rolf Sieck, Wissenschaftler der Kölner Arzneimittelfabrik Dr. Madus, eine größere Anzahl Schopftintling-Proben in Tierexperimenten getestet hatte. Seine Resultate waren verblüffend. Schon die Verabreichung kleiner Mengen des Pilzes führte zu erheblicher Blutzuckersenkung bei den Versuchstieren. Die verwendete Kontrollsubstanz, ein handelsübliches Antidiabetikum, hatte nur geringfügig stärker gewirkt als der Schopftintling.

In der Folgezeit hat Dr. Sieck, zusammen mit dem Verfasser, noch weitere Überlegungen durchgeführt. Als Proben dienten diesmal kultivierte Schopftintlinge. Leider erzielten diese Experimente nicht das erhoffte Resultat. Der Effekt war schwächer als der bei den wild gewachsenen, gesammelten Pilzen. Doch für Resignation gab es zunächst keinen Grund. Im Gegenteil, es waren umfangreiche, systematische Untersuchungen vorgesehen. Die Realisierung solcher Untersuchungen bedurfte aber der Hilfe eines Institutes mit Möglichkeiten für Tierversuche. Am vielversprechendsten erschien die Zusammenarbeit mit Medizinern. Doch an dieser Stelle stieß der Verfasser auf Ablehnung. Die geplanten Versuche mit dem Schopftintling seien nicht von Bedeutung – so wurde argumentiert –, da bereits eine Anzahl wirksamer Medikamente gegen Diabetes zur Verfügung stehen.

Weitere Untersuchungen fanden daher bis zum heutigen Tage nicht statt. Vielleicht ist es wirklich so, daß die Gewinnung der wirksamen Substanz aus Schopftintlingen, zwecks Herstellung eines Antidiabetikums, sich aus wirtschaftlichen Gründen nicht lohnt. Eine abschließende Klärung des »Schopftintling-Phänomens« wäre aber trotzdem erstrebenswert, um für diesen schmackhaften Speisepilz womöglich eine weitere Verwendungsmöglichkeit, nämlich die als Diätkost für Diabetiker, erschließen zu können.

Kurze Beschreibung

Sein Hut ist weiß, im Jugendstadium zylindrisch, eiförmig bis kugelig, 4–14 cm hoch und 3–4 cm breit. Die Hutoberhaut ist zunächst glatt, später schuppig. Die Lamellen des Schopftintlings sind zunächst ebenfalls weiß. Sie verfärben sich allmählich vom Rand her rosa, dann braun bis schwarz. Schließlich zerfließen sie, samt dem Hut, in eine langsam herabtropfende, tintenartige Flüssigkeit.

Sein Stiel ist weiß, schlank, hohl, 10–20 cm hoch. Das Fleisch des Schopftintlings ist ebenfalls weiß und fest.

Er ist solange verwertbar, wie die Lamellen weiß sind. Tritt die Rosafärbung auf, müssen die Pilze unverzüglich zubereitet und konserviert werden. Die Geschwindigkeit, womit die Verfärbung der Schopftintling-Fruchtkörper einsetzt, hängt von zwei Faktoren ab:
- vom Entwicklungsstadium und
- von der Lagertemperatur.

Junge, kleine Pilze, deren Oberhaut noch glatt und ggf. nur an der Spitze schuppig ist, sind kühl gelagert (bei 3–4 °C) 6–7 Tage haltbar. Bei Temperaturen um 12 °C bleiben sie immerhin noch etwa 4 Tage unverändert.

Vollentwickelte Fruchtkörper, mit Schuppen auf der ganzen Oberhaut, sind bei 3–4 °C nur etwa 4 Tage haltbar, bei 12 °C höchstens 1 Tag. Taucht man jedoch Schopftintling-Fruchtkörper für wenige Minuten in siedendes Wasser (Blanchieren), werden die Enzyme, die für den Verwesungsprozeß verantwortlich sind, zerstört, und die Pilze bleiben weiß.

Die Nährgrundlage
Die Kultur des Schopftintlings wird auf Pferdedungsubstrat durchgeführt. Die gleiche Nährgrundlage wie beim Champignon und Braunen Egerling ist auch für ihn bestens geeignet.

Der Violette Ritterling ist ein vorzüglicher Speisepilz. Besonders gut ist er für Suppen und zum Braten geeignet.

Der Violette Ritterling

Erste Kulturversuche mit dem Violetten Ritterling wurden bereits Anfang dieses Jahrhunderts durchgeführt. Doch eine auch wirtschaftlich interessante Technologie haben erst die niederländischen Wissenschaftler Dr. Visscher und Frau Vaandrager vor wenigen Jahren entwickelt. Ihnen gelang es, die Flächenerträge des Violetten Ritterlings von den früheren wenigen hundert Gramm durch ausgeklügelte Anbauschritte auf mehrere Kilogramm je Quadratmeter zu steigern. Fast zur gleichen Zeit wandte sich auch der tschechische Mykologe Ivan Jablonsky dem Violetten Ritterling zu und befaßte sich eingehend mit der optimalen Zusammensetzung von Substrat und Deckerde.
Der Verfasser hatte die Möglichkeit, mit Dr. Visscher ein längeres Gespräch zu führen und ihn nach den Einzelheiten seiner Anbaumethode zu befragen. Die nachfolgenden Ausführungen in bezug auf den Violetten Ritterling basieren auf diesem Gespräch und geben die Resultate wieder, die die niederländischen Wissenschaftler erarbeitet haben.

Kurze Beschreibung
Der Hut des Violetten Ritterlings ist im Jugendstadium halb kugelförmig, später flach ausgebreitet, 5–15 cm breit, von violetter oder bräunlich-lila Farbe. Er gilt als einer der schönsten und farbenprächtigsten Pilze. Seine Lamellen sind ebenfalls violett oder bräunlich-lila. Der Stiel ist verhältnismäßig kurz (5–10 cm), ebenfalls violett und am Grund mit violettem Myzelfilz bedeckt.
Das Fleisch weist eine violette Färbung auf, es ist weich, zart und schmeckt angenehm aromatisch. Der Violette Ritterling ist ein vorzüglicher Speisepilz, aus dem man verschiedene wohlschmeckende Gerichte herstellen kann. Ganz besonders eignet er sich für Suppen und zum Braten.

Die Nährgrundlage
In der Natur kommt der Violette Ritterling von Juli bis November, in milden Wintern sogar bis Januar in Wäldern, auf Wiesen und in Gärten vor. Er bevorzugt dürres, rottendes Laub und Waldstreu, aber auch Komposterde ist für ihn geeignet.
Dementsprechend haben auch die meisten Versuchsansteller Mist-Waldstreu-Gemische für ihre Kulturversuche verwendet. Nach den modernsten Erkenntnissen jedoch ist ein Substrat aus Pferdedung am besten geeignet.
Dieselbe Nährgrundlage, die für den Champignon, Braunen Egerling und Schopftintling zusagt, ist ohne weiteres auch für den Violetten Ritterling verwendbar. Dies ist eine großartige Entdeckung, die mit Sicherheit zur raschen Verbreitung des Ritterling-Anbaues führen wird.

Kultur kompostbewohnender Pilze

Kulturanleitung im Telegrammstil

Die Kultur des Champignons, des Braunen Egerlings und des Schopftintlings legt man im Freien zwischen April und Anfang August an. Mit dem Violetten Ritterling beginnt man von Anfang Mai bis Mitte Juni.
Kulturen in geschlossenen Räumen, insbesondere, wenn sie vor Frost geschützt sind, können ganzjährig gestartet werden.
Den als Nährgrundlage benötigten Pferdedung besorgt man sich in einem Reitstall. Am besten ist der Dung, wenn er Weizen- oder Roggenstroh als Einstreu enthält. Die Verwendung eines Pferdedunges, der außer oder anstatt Stroh Torfstreu oder Sägespäne enthält, ist mit Risiken verbunden.
Falls man ohne Probleme auch getrockneten Hühnerkot beschaffen kann, sollte man dies in einem Anteil von ca. 10 Gew.% dem Pferdedung gleichmäßig beimischen. Der Hühnerkotzusatz steigert den Ertrag. Man kann anstelle von Hühnerkot schwefelsaures Ammoniak verwenden, dessen Anteil, bezogen auf das Dunggewicht, 6–8% betragen soll.

Am besten gelingt das Aufsetzen des Haufens mit einem Holzrahmen.

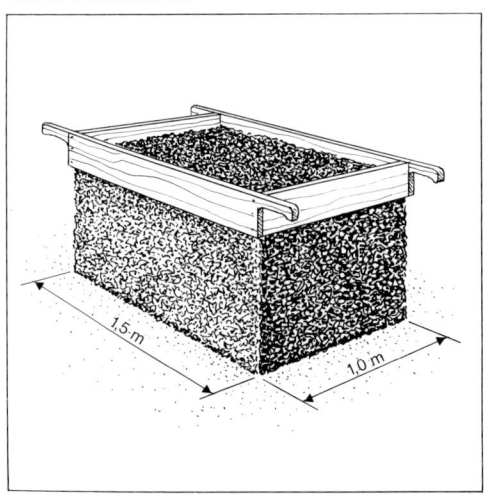

Speziell für den Violetten Ritterling hat sich am besten eine Mischung bewährt, die 80% Pferdedung und 20% Getreidestroh enthält und der man je m^3 etwa 6 kg Superphosphatdünger zugemischt hat.
Man sollte schließlich dem Substrat – gleichgültig für welche Pilzart – noch ca. 10 kg Gips je m^3 zufügen.
Die Mindestmenge an Dungmischung, die erforderlich ist, um den nachfolgend beschriebenen Fermentationsprozeß in Gang zu setzen, beträgt ca. 1,5 m^3.
Hierfür wird die Dungmischung zu einem Haufen aufgesetzt. Als Standort für diesen Haufen eignet sich am besten eine glatte Betonfläche, die nicht der direkten Sonnenbestrahlung ausgesetzt ist. Steht eine solche Fläche nicht zur Verfügung, legt man eine ca. 2×4 m große, dicke Plastikplane auf den Boden und errichtet den Haufen auf dieser Plane.
Zunächst wird die Dungmischung mit einer Mistgabel gründlich aufgeschüttelt, wobei man die trockenen und nassen Stellen möglichst gut miteinander durchmischt. Von dem gemischten Dung wird nunmehr eine etwa 1–1,2 m breite und 30 cm dicke Lage flach und locker auf den Boden gepackt. Die Länge des Haufens ist von der zur Verfügung stehenden Dungmenge abhängig, wobei je 1,5 m^3 etwa 1 m gerechnet wird.
Anschließend überbraust man den flachen Haufen leicht mit Wasser. Darauf kommt die zweite, ebenfalls etwa 30 cm dicke Lage, die jedoch etwas stärker angefeuchtet wird. So schichtet man Lage auf Lage, bis der Haufen etwa 1,5 m hoch ist. Die Seiten des fertigen Dunghaufens werden mit der Mistgabel ausgekämmt und angeklopft, damit nicht zuviel Strohhalme herausragen. Von der dritten Lage an gibt man noch etwas mehr Wasser auf jede Lage.
Vorteilhaft ist es, den Haufen nach dem Packen der dritten und letzten Lage niederzutreten, um einen besseren Anschluß und eine schnellere Fermentation zu erreichen. Mit der Befeuchtung des Haufens muß man immer dann aufhören, wenn das Wasser unter dem Haufen herausfließt.

Kultur kompostbewohnender Pilze

Bald danach setzt die Fermentation ein, und der Haufen erhitzt sich im Kern bis auf 70–80 °C. Man läßt ihn eine Woche so stehen. Anschließend erfolgt das erste Umsetzen. Dabei wird der Haufen auseinandergerissen, gut durchgeschüttelt und in der beschriebenen Weise erneut zusammengesetzt. Dabei ist wichtig, darauf zu achten, daß die Seiten sowie die oberste und unterste Lage, die weniger gut fermentierten, nun in die Mitte des neuen Haufens gelangen. Auch jetzt gibt man nach jeder Lage Wasser hinzu und tritt den Haufen fest.

Nach dem ersten Umsetzen startet erneut die Fermentation, die man eine weitere Woche währen läßt. Anschließend folgt unter intensiver Vermischung aller Teile das letzte Umsetzen des Haufens. Dabei werden nur jene Bereiche befeuchtet, die trockengebrannt sind. Die Fermentation ist beendet, wenn der stechende Ammoniakgeruch vollkommen verschwunden ist und das Substrat einen süßlichen Geruch verbreitet, der an frischgebackenes Brot erinnert. Das Stroh ist dabei so mürbe geworden, daß man es zwischen zwei Händen zerbrechen kann und beim Pressen kaum Wasser abtropft. Dieser Zustand wird in der Regel 5–7 Tage nach dem zweiten Umsetzen erreicht.

Nun ist das Substrat fertig zur Anlage von Beeten und zur Beimpfung.

Für die Kultur empfiehlt sich die Anlage von ca. 20 cm hohen und 80 cm breiten sogenannten Flachbeeten auf dem Boden oder das Füllen von Holz- bzw. Plastikkisten, wobei die Substratschicht ebenfalls ca. 20 cm dick sein sollte.

Eine sehr einfache und praktische Lösung wäre, das Substrat in Plastiksäcke zu füllen. Geeignet sind hierfür solche, die etwa die Größe und das Format von Torfsäcken besitzen oder niedriger sind, dafür aber einen breiten Boden haben.

Als Standort für Freilandkulturen wählt man einen schattigen Platz im Garten. Für den ganzjährigen Anbau eignen sich Scheunen, Ställe und Kellerräume am besten. In Gewächshäusern können, wegen der hohen Temperaturen, nur im Winterhalbjahr Pilzkulturen angelegt werden.

Die angelegten Beete, gefüllten Kisten oder Säcke läßt man zunächst für 2–3 Tage stehen und beobachtet, ob die Temperatur ansteigt. Impfen darf man nur bei weniger als 30 °C im Kern.

Die Beimpfung des Substrates erfolgt mit Körnerbrut, die man vom Fachhandel bezieht. Die erforderliche Brutmenge beträgt 1,5 l oder, anders ausgedrückt, 1 kg je m² Beetfläche. Wenn das Substrat in Säcke gefüllt wurde, geht man nach dessen Gewicht. 1 Gew.% (1 kg Brut je 100 kg Substrat) ist zweckmäßig. Beim Violetten Ritterling dagegen sollte man die doppelte Brutmenge: 3 l bzw. 2 kg je m² Beetfläche, entsprechend 2%, bezogen auf das Substratgewicht in Säcken, verwenden. Die Brut muß gründlich in das Substrat eingemischt werden. Anschließend deckt man das Substrat mit einer feingelochten Plastikfolie zu, um es vor Austrocknung zu schützen. Anstelle der Folie kann man auch z. B. Zeitungspapier oder Strohmatten verwenden. Diese Abdeckung muß jedoch wiederholt befeuchtet werden. Substratsäcke werden zugebunden und mit einigen Lüftungsöffnungen (12–15 Löcher von 2–3 mm Durchmesser) versehen. Bei 22–24 °C durchwächst das Myzel das Substrat in 2–3 Wochen. Ein gutes Zeichen ist, wenn überall in und auf dem Substrat feine, weiße (beim Violetten Ritterling lila) spinnwebartige Myzelfäden zu beobachten sind.

Wichtig ist darauf zu achten, daß die Substrattemperatur im Kern des Beetes nicht höher als 25–26 °C steigt. Eine Temperatursteigerung wird man auf jeden Fall feststellen können, die von der Wachstumsaktivität des Myzels herrührt. Sie kann jedoch unter Umständen so groß sein, daß sich das Substrat überhitzt, das Myzel des Kulturpilzes abstirbt und an seiner Stelle Schimmelpilze auftreten. Wenn also die Beettemperatur auf 25–26 °C steigt, muß man unbedingt für Kühlung sorgen. Dies geschieht durch zeitweilige Entfernung der Folienabdeckung bzw. durch Öffnung der Säcke.

Nach Abschluß der Durchwachsphase entfernt man die Abdeckung. Breite Substratsäcke werden geöffnet und heruntergestülpt, so, daß die Sackwand wie eine Wurst auf der Substratober-

Kultur kompostbewohnender Pilze

fläche liegt. Schmale Säcke (wie Torfsäcke) legt man auf den Boden, drückt sie so fest wie möglich und legt schließlich durch Aufschneiden und Entfernen der Folie ihre flache Oberfläche frei.

Anschließend wird eine 4–6 cm dicke Schicht der sogenannten Deckerde aufgetragen. Am besten eignet sich eine Mischung aus 90 Vol.% Schwarztorf oder Weißtorf, 5 Vol.% Kalkmergel und 5 Vol.% Sand. Der Torf sollte keine Düngermittel enthalten!

Es ist jedoch sehr wichtig, daß die Deckerde optimal feucht ist, d. h., wenn man eine Handvoll der Erdmischung kräftig zusammendrückt, dürfen nur einige Wassertropfen zwischen den Fingern erscheinen. Zu feuchte und auch zu trockene Deckerden sind nachteilig. Am besten befeuchtet man die Erde noch bevor sie aufgetragen wird.

Von jetzt an ist es wichtig darauf zu achten, daß die Deckerde nicht austrocknet, aber auch zu naß darf sie nicht werden. Dies erreicht man am besten durch Abdecken der Erdoberfläche mit z. B. Jutesäcken, die nach Bedarf durch Versprühen von Wasser feucht gehalten werden.

In geschlossenen Räumen ist die Austrocknungsgefahr freilich geringer. Hier kann man auf einen Schutz der Deckerde unter Umständen auch verzichten. Eine regelmäßige Kontrolle der Deckerdefeuchtigkeit ist jedoch auch in geschlossenen Räumen notwendig. Im Bedarfsfall wird die Erde mit einer Gießkanne aus geringer Höhe leicht überbraust.

Das Myzel des Champignons, des Braunen Egerlings und Schopftintlings wächst bei 20–22 °C in etwa 8–9 Tagen bis auf die Oberfläche der Deckerde, wo weiße Flächen sichtbar werden. Jetzt nimmt man eine Harke oder ein anderes, geeignetes Gerät und durchkratzt die Deckerde in der ganzen Tiefe. Das Myzel wird dadurch zerrissen und gleichmäßig in der ganzen Deckerdenschicht verteilt. Es fügt sich aber in 1–2 Tagen erneut zusammen.

Beim Violetten Ritterling ist diese Maßnahme nicht erforderlich. Sein Myzel wächst auch etwas langsamer und wird erst nach 2–3 Wochen auf der Erdoberfläche erscheinen.

Die Fruchtkörperbildung setzt beim Champignon, Braunen Egerling und Schopftintling 2–3 Wochen nach dem Abdecken mit Erde ein. Nach dem Durchkratzen dürfen daher die Beete nur noch für 2 Tage zugedeckt werden, damit sich das Myzel in Ruhe erholen kann. Dann aber entfernt man jeglich Abdeckung und läßt Frischluft über die Beetoberfläche streichen.

Sehr vorteilhaft wirkt sich bei Freilandkulturen aus, wenn man ca. 40 cm über der Beetoberfläche ein seitlich offenes Schrägdach aus Holzlatten oder einer Plastikplane errichtet, um die Anlage vor Regengüssen zu schützen.

Beim Violetten Ritterling kann man etwa 3 Wochen nach dem Auftragen der Deckerde mit dem Beginn der Fruchtkörperbildung rechnen. Ist soviel Zeit vergangen, schaut man alle 2–3 Tage unter die Juteabdeckung und kontrolliert, ob nicht kleine Fruchtkörper sichtbar sind. Ist es soweit, entfernt man die Abdeckung und baut – im Freien – auch über die Ritterlingskultur ein Schrägdach.

Zur Bestimmung des Erntetermins ist nicht die Größe, sondern der Entwicklungsstand der Fruchtkörper ausschlaggebend. Champignons und Braune Egerlinge werden dann gepflückt, wenn das Häutchen an der Hutunterseite gerade aufreißt. Die ganz geschlossenen Pilze vermögen zwar optisch attraktiver sein, aber sie sind unreif und schmecken einfach nicht so gut wie die leicht geöffneten Fruchtkörper des Champignons.

Schopftintlinge erntet man in verschiedenen Entwicklungsstadien, abhängig davon, ob sie sofort verzehrt bzw. konserviert oder für einige Tage gelagert, ggf. getrocknet oder tiefgefroren werden sollen. Im ersten Fall kann man die Pilze getrost groß werden lassen und erst dann ernten, wenn sich der Hutrand vom Stiel löst. Ansonsten ist es angezeigt, kleine Pilze mit glatter Oberhaut zu pflücken.

Violette Ritterlinge sind pflückreif, wenn der Hut ausgebreitet und sein Rand gerade noch nach unten gerichtet ist. Während der Erntezeit bedürfen die Kulturen einer gewissen Pflege. Am wichtigsten ist, daß die Deckerde stets gleichmäßig feucht gehalten wird.

Kultur kompostbewohnender Pilze

Hobbykultivateure können den Dunghaufen, wie in Taiwan üblich, mit der Mistgabel auf- und umsetzen.

Fertiger Dunghaufen mit Abmessungen von 1 × 1,5 × 1,5 m. Er wiegt rund 1 Tonne.

Als Maßstab für den optimalen Feuchtigkeitsgehalt sollte man wiederholt die oben beschriebene »Handprobe« durchführen.
Bei Bedarf wird vorsichtig Wasser gegeben. Dazu sollte man eine Gießkanne mit feinporigem Brausekopf verwenden und immer nur aus geringer Höhe (ca. 30 cm) gießen, damit der Wasserstrahl die Deckerde nicht verschlämmt. Bei Ritterlingskulturen kommt noch das sogenannte Nachdecken hinzu. Am besten ist es, wenn die Erdoberfläche während der Ernteperiode stets von einem dünnen, spinnwebartigen, weißlichen Myzelbelag überzogen ist. Ist die Erde zu feucht, bildet sich dichtes, üppiges, lila schimmerndes Myzel auf dem Beet, welches die Fruchtkörperbildung hemmt. Ist die Erde ausgetrocknet, wird das Pilzwachstum ebenfalls beeinträchtigt. Beide Kulturfehler können durch Auftragen einer ca. 1 cm dicken Erdmischung korrigiert werden, die man anschließend vorsichtig befeuchtet.
Die Fruchtkörperbildung wiederholt sich von Zeit zu Zeit, bis die Nährstoffreserven im Substrat verbraucht sind. Der zu erwartende Ertrag beträgt beim Champignon 10–15 kg Pilze je 100 kg Substrat.
Beim Braunen Egerling ist die Ausbeute etwas niedriger: 10–12 kg. Der Schopftintling bringt leicht 12–15 kg, während der Violette Ritterling nur eine bescheidene Ausbeute von 3–4 kg Pilze je 100 kg Substrat erreicht.
Die Freilandkulturen des Champignons, des Braunen Egerlings und Schopftintlings werden bis zu Beginn der kalten Jahreszeit (etwa bis Mitte November) beendet sein. Sie müssen im Folgejahr von neuem angelegt werden. Man sollte jedoch den Violetten Ritterling, der ohnehin erst in der kühlen Jahreszeit fruktifiziert (bei weniger als 16 °C), überwintern. Dies erfolgt im Spätherbst, wenn die Temperaturen auf 5–6 °C abgesunken sind. Die Oberfläche der Beete (der Deckerde) wird erneut mit Jutesäcken zugedeckt und darauf eine 10–15 cm dicke Lage Stroh oder trockenes Laub geschichtet.
Im Frühjahr gegen Mitte, Ende März, wenn die Außentemperatur tagsüber schon auf 10–12 °C ansteigt, entfernt man die Strohabdeckung sowie die Jutesäcke und stellt erneut das Schrägdach her. Anschließend deckt man mit einer ca. 2 cm dicken Erdmischung das Beet nach und befeuchtet es vorsichtig. Bei günstiger Temperatur setzt dann erneut die Fruchtkörperbildung ein.
Das Substrat-Erdgemisch abgeräumter Pilzkulturen ergibt ein vorzügliches Material für

Kultur kompostbewohnender Pilze

die Bodenauflockerung. Zu empfehlen ist, das Abraumsubstrat anstelle von Torf unter Rosen, Sträuchern, aber auch in das Saatbeet von z. B. Kartoffeln einzumischen.

Einzelheiten zur Frage des Substrates

Der Pferdedung ist dann besonders geeignet für den Anbau kompostbewohnender Pilze, wenn die Pferde täglich 4–6 kg Hafer oder ein anderes Kraftfutter sowie 5–10 kg Heu erhalten. Weniger gut ist der Dung, wenn der Reitstallbesitzer seine Pferde mit Grünfutter oder Rübenschnitzel füttert. Je nachdem, wieviel Einstreu (in der Regel Stroh) der Dung enthält, spricht man von kurzem (weniger als 3 kg je Pferd) oder von strohigem (mehr als 5–6 kg) Dung. Optimal ist der Dung, wenn die Einstreumenge 3–5 kg je Pferd beträgt.

Dung, der bereits länger als 4 Wochen lagert, sollte man nicht verwenden, es sei denn, er wurde sachgemäß behandelt. Das heißt, man hat den Dung zuerst in dünner Schicht ausgebreitet, ließ ihn austrocknen, und erst anschließend wurden schmale Haufen für die Lagerung errichtet.

Der Hühnerkot ist in der Regel dreimal so reich an Stickstoff als der Pferdedung. Daher wirkt sich eine Hühnerkotgabe von 10 Gew.% zum Pferdedung äußerst effektiv auf den Nährstoffgehalt des Substrates aus. Wichtig ist, daß man mit getrocknetem Hühnerkot arbeitet, der praktisch geruchlos ist und sich sehr gut verteilen läßt. Der nasse Hühnerkot stinkt dagegen penetrant und ist äußerst unangenehm in der Handhabung. Am besten gibt man erst dann Wasser zu, wenn er bereits gleichmäßig in den Pferdedung eingemischt wurde. Schwefelsaures Ammoniak ist beim Landhandel erhältlich. Der Nachteil dieses anorganischen Zuschlagstoffes ist, daß die Schwefelsäure mit Kalk gebunden werden muß. Die dazu erforderliche Kalkmenge (z. B. Futterkalk) beträgt etwa 3 kg je m^3 Substrat. Die Zugabe von 10 kg Gips je m^3 Substrat ist vorteilhaft, um den Säuregrad und die Struktur des Substrates zu regulieren.

Die Dünger anderer Tiere, wie Schafe oder Schweine, sind kaum geeignet und werden daher nicht näher besprochen.

Hobbykultivateure, die keinen Pferdedung auftreiben können, sollten deshalb eher ein Substrat auf Strohbasis herstellen. Ein Häckseln des Strohs ist dabei nicht erforderlich, es kann in seiner natürlichen Länge verwendet werden. Besonders günstig ist es, wenn man auch noch Heu zur Verfügung hat und das im Anteil von 20% dem Stroh beimengt. Geschnittenes und getrocknetes Gras aus dem Ziergarten ergibt übrigens ein ausgezeichnetes Heu, das als Zuschlagstoff bestens verwendet werden kann. Nachdem Stroh und Heu miteinander vermischt wurden, muß diese Mischung so lange befeuchtet werden, bis sie das dreifache Gewicht an Wasser aufgenommen hat. Hierfür benötigt man 6–7 Tage, während die Mischung täglich 2–3 mal gründlich beregnet wird.

Das Heu beschleunigt die Fermentation des Substrates. Fehlt das Heu, kann man durch Übergießen des Strohs (wenn es bereits naß ist) mit einer Zuckerlösung (auf 100 kg Stroh 500 g Zucker in Wasser aufgelöst) einen ähnlichen Effekt erreichen. Da aber das Stroh kaum für die kompostbewohnenden Pilze verwertbare Nährstoffe enthält, müssen dem Strohsubstrat auch noch andere Zuschlagsstoffe beigemengt werden: 15 Gew.% Tierkörpermehl, 10 Gew.% schwefelsaures Ammoniak und 5 Gew.% kohlensaurer Kalk (Futterkalk). Alle diese Zuschlagstoffe sind beim Landhandel erhältlich.

Sind die Substratbestandteile zusammengetragen, beginnt man mit der Fermentation. Dieser Arbeitsgang wird in gleicher Weise wie beim Pferdedungsubstrat durchgeführt.

Zum Aufsetzen des Substrathaufens gibt es noch eine weitere Möglichkeit, die hier Erwähnung verdient hat: das Verwenden eines Holzrahmens. Die Länge dieses Holzrahmens beträgt 1–1,5 m, die Breite 1–1,2 m und die Höhe etwa 30 cm. Man legt diesen Holzrahmen auf die Erde, füllt ihn voll mit Substrat, übersprüht die Substratschicht mit Wasser und tritt sie fest. Dann zieht man den Rahmen etwa 20 cm höher, füllt ihn wieder mit Substrat, befeuchtet dieses und tritt es fest.

Kultur kompostbewohnender Pilze

Man muß diesen Vorgang so lange wiederholen, bis die vorgegebene Haufenhöhe erreicht wurde. Ein auf dieser Weise aufgesetzter Haufen wird sehr fest sein, exakte Seitenwände haben und gut fermentieren. Wenn man mehr Substrat hat als in einem Haufen unterzubringen ist, baut man noch einen zweiten oder auch dritten Haufen und setzt diese unmittelbar im Anschluß neben den ersten.

Die Fermentation, die sich im Substrathaufen abspielt, ist ein mikrobiologischer und biochemischer Prozeß. Dabei wird das Substrat teils abgebaut und teils umgewandelt. Im Zuge des Abbaues gehen bis zu 30% der Trockenmasse verloren. Dies geschieht durch Verbrauch der leicht abbaubaren Nährstoffe, wie Zucker und Stärke, während schwer zersetzbare Bestandteile, wie Cellulose und Lignin, praktisch unangetastet bleiben bzw. sich relativ anreichern.

Im professionellen Champignonanbaubetrieben, wird das Substrat mit Spezialmaschinen auf- und umgesetzt.

Das vorhandene, stechend riechende Ammoniak und ein Teil der Kohlenhydrate werden gleichzeitig in Mikrobeneiweiß umgewandelt, welches eine wichtige Stickstoffquelle für kompostbewohnende Pilze darstellt. Infolge der hohen Temperaturen im Substrathaufen entsteht parallel dazu ein Lignin-Humus-Komplex, der reich an Stickstoff ist und ebenfalls als wichtige Nährstoffquelle für Pilze dient.

Das Substrat enthält eine große Zahl Kleinlebewesen (Mikroorganismen), die sich bei höherer Temperatur optimal entwickeln und die soeben genannten Änderungen – mit Ausnahme der Humifizierung – bewirken. Ihre Entwicklung bedarf neben der geeigneten Temperatur angemessener Feuchtigkeit und genügend Sauerstoff. Daher muß der Substrathaufen mehrmals aufgeschüttelt, gewendet und hinreichend befeuchtet werden.

Man geht in der Regel davon aus, daß ein Substrat dann zum Impfen fertig ist, wenn der stechende Ammoniakgeruch vollkommen verschwunden ist.

Nun ist es manchmal schwierig, Ammoniakreste zu riechen, so z. B. im Falle einer Erkältung. Daher sollte man sich besser auf eine exaktere Methode verlassen. Man verwendet einen sogenannten Indikator, der schon bei sehr geringen Ammoniakmengen mit einer Farbänderung reagiert. Optimal ist Phenolrot (erhältlich im Chemikalienfachhandel, siehe Bezugsquellen), das ursprünglich orangefarbig ist. Zur Prüfung, ob der Substrathaufen noch Ammoniak enthält, gibt man einige Tropfen des Phenolrot in ein leeres Wasserglas und dreht es um, so daß der Indikator auf der Innenwand des Glases zerrinnt. Dann entnimmt man dem Haufen eine Handvoll Substrat und legt das Glas, mit der Öffnung nach unten, an diese Stelle. Wenn sich der Indikator nicht verändert, sind keine Ammoniakrückstände mehr im Stubstrat, und es kann beimpft werden. Wird jedoch der Indikator auffallend rot, ist noch Ammoniak vorhanden, und die Fermentation muß fortgesetzt werden.

Allerdings gibt es da gewisse Unterschiede hinsichtlich der Ammoniakverträglichkeit kompostbewohnender Pilze. Der Schopftintling ist lange nicht so empfindlich wie die übrigen Arten. Für ihn kann man die Fermentation bereits beenden, wenn sich der ursprünglich orangefarbene Indikator noch stellenweise allmählich rot verfärbt, also Restammoniak im Substrat vorhanden ist.

Im Erwerbspilzanbau wird der Fermentation des Substrates noch eine zweite Phase angeschlossen, die in einem für diesen Zweck spe-

Kultur kompostbewohnender Pilze

ziell eingerichteten Raum, unter Zugabe von Dampf und Frischluft, durchgeführt wird. Dadurch wird das Substrat weiter verfeinert, und als Folge dieser zweiten Phase der Fermentation kann der Anbauer noch höhere Erträge erwarten.

Unter den Bedingungen eines Hobbyanbauers wird die Durchführung der Phase II der Fermentation kaum möglich sein, da hierfür die räumlichen und technischen Voraussetzungen (Wärmeisolierung, Zwangsbelüftung, Dampferzeuger u. a. m.) fehlen. Sie zu schaffen, bedürfte es unverhältnismäßig hoher Investitionen, die man einem Hobby- oder Nebenerwerbskultivateur nicht empfehlen kann.

Was man noch über Beimpfung und Anwachsphase wissen sollte

Der Impfstoff kompostbewohnender Kulturpilze wird in der Regel als Körnerbrut angeboten. Dabei verwenden die Hersteller traditionsgemäß unterschiedliche Unterlagen, nämlich Roggen, Weizen oder Hirse. Zwischen der Roggen- und Weizenbrut einerseits und der Hirsebrut andererseits besteht hinsichtlich der Korngröße ein großer Unterschied und daraus resultierend auch hinsichtlich der Anzahl der Brutkörner je Volumeneinheit, z. B. je Liter. Ein Liter Hirsebrut enthält etwa 20–25% mehr Körner als ein Liter Roggen- oder Weizenbrut. Diese Tatsache wird von den Brutherstellern unterschiedlich interpretiert. Hirsebrut, sagen die einen, ergibt mehr Spickstellen im Substrat (20–25% mehr) bei gleicher Aufwandmenge und gewährleistet eine schnellere Besiedlung des Substrates, da das Myzel von mehreren Stellen gleichzeitig startet. Roggen- oder Weizenbrut hat mehr Nährstoffreserven – sagen die anderen – und sie ist daher widerstandsfähiger gegenüber möglichen widrigen Einflüssen im Substrat.

Jedes Brutkorn ist eine eigenständige Quelle des Myzelwachstums, aus der die Besiedelung des Substrates erfolgt.

Kultur kompostbewohnender Pilze

Nach Abwägung der Für und Wider kommt man zum Resultat, daß Brut auf Hirse-, Roggen- oder Weizenbasis aus praktischer Sicht gleichwertig sind, und daher braucht man beim Kauf der Brut auf den Trägerstoff keine Rücksicht zu nehmen.

Viel wichtiger ist die Sortenfrage. Vom Kulturchampignon und Braunen Egerling existieren nämlich zahlreiche Sorten, die sich bezüglich Ertragsleistung, Aussehen und auch Kultureigenschaften voneinander unterscheiden. Die »Sortenszene« ist dazu noch in ständigem Wandel begriffen. Daher ist es am sinnvollsten, wenn sich der Hobbyanbauer – unter Angabe seiner Kultivierungsmöglichkeiten (z. B. Freilandkultur, Kultur in kühlen Räumlichkeiten, Sackkultur oder Beetkultur) – vom Brutherstellen beraten läßt. Am besten lassen sich in einem Gespräch die Fragen klären, die für die Auswahl der geeigneten Champignon- oder Egerlingssorte von Bedeutung sind.

Anders ist die Situation beim Schopftintling und Violetten Ritterling. Da der Anbau dieser Pilze bei weitem noch nicht so verbreitet ist, bieten auch die Bruthersteller nur wenige Sorten zur Auswahl an. Diejenigen, die man bekommen kann, sind sogenannte »Generalsorten« und dadurch gekennzeichnet, daß sie unter verschiedenen Kulturbedingungen zuverlässig funktionieren.

Unabhängig davon, welche Pilzart man kultiviert, ist es wichtig, die Körnerbrut so gleichmäßig wie möglich dem Kultursubstrat beizumischen. Dieses Kriterium wird verständlich, wenn man bedenkt, daß jedes Brutkorn eine eigenständige Quelle des Myzelwachstums ist. Je gleichmäßiger nun die Quellen verteilt werden, um so kürzer ist der Weg, den das strahlenförmig wachsende Myzel zurücklegen muß, um auf das Myzel der benachbarten Brutkörner zu treffen und so das gesamte Substrat zu kolonisieren.

Man kann wenige Tage nach der Beimpfung beobachten, wie sich um die Brutkörner herum ein »Myzelhof« gebildet hat. Dies ist ein gutes Zeichen. Es beweist, daß das Substrat in Ordnung ist und insbesondere, daß es keine Reste von flüchtigem Ammoniak enthält.

Eine Optimierung der Anwachsphase kann durch folgende Maßnahmen erreicht werden:
- Substrattemperaturen von 22–24 °C,
- hohe relative Luftfeuchtigkeit von 80–85%,
- schwache Belüftung.

Freilich sind diesen Maßnahmen, je nach Kultivierungsmöglichkeiten, Grenzen gesetzt. Am ehesten können die genannten Anforderungen in geschlossenen Räumen erfüllt werden. Dort kann man, je nach Bedarf oder Jahreszeit, heizen und den Fußboden gießen, um die Luftfeuchtigkeit zu erhöhen.

Freilandkulturen werden deshalb erst ab dem Spätfrühling angelegt, um die milden Temperaturen für die Anwachsphase zu nutzen.

Gewächshäuser sind vom Frühjahr bis zum Herbst deswegen ungeeignet, da sie sich schon im Mai/Juni bis auf über 30 °C erwärmen können. Sie zu klimatisieren ist aufwendig, und diesen Aufwand wird wohl kaum ein Hobby- oder Nebenerwerbs-Pilzanbauer betreiben wollen.

Hohe Temperaturen um oder über 30 °C sind aber gefährlich bei der Kultur kompostbewohnender Pilze, insbesondere in der Anwachsphase. Die hohe Temperatur beschleunigt das Myzelwachstum, was an sich noch nicht nachteilig wäre. Durch die beschleunigten Lebensfunktionen, insbesondere den Stoffwechsel des Myzels, wird ebenfalls Wärme erzeugt, die die Substrattemperatur weiter steigen läßt. Bei über 30 °C werden schließlich auch noch Mikroorganismen im Substrat aktiviert, deren Stoffwechselwärme die Substrattemperatur noch weiter erhöht. Es dauert nicht lange, und man wird 35–38 °C und mehr Temperatur in den Beeten messen. Das Ergebnis ist, daß das Myzel des Kulturpilzes abstirbt, da es maximal 33–35 °C, und auch dies nur für wenige Stunden, überleben kann.

Ein Substrat, dessen Temperatur während der Anwachsphase über 30 °C gestiegen ist, kann man mit einfachen Mitteln meistens nicht mehr retten. In professionellen Pilzanbaubetrieben, wo solche Situationen im Hochsommer gelegentlich auch entstehen, dreht man die Ventilatoren auf volle Leistungskraft, spült den Raum in der Nacht, wenn es kühler ist, 10–20mal

Kultur kompostbewohnender Pilze

stündlich mit Frischluft durch und, falls vorhanden, schaltet eine Kühlanlage ein, um zu retten, was noch zu retten ist.

Der Hobby- und Nebenerwerbskultivateur kann sich nur durch zeitweiliges Entfernen der Substratabdeckung oder Öffnen der Substratsäcke helfen. Dies jedoch sollte man tun, sobald die Substrattemperatur auf über 26°C steigt, da die Aufwärtsbewegung in diesem Stadium, falls die Umgebung kühler ist, noch gestoppt werden kann.

Die Anwachsphase ist beendet, wenn das Substrat durch und durch vom Myzel des Kulturpilzes besiedelt ist. Hiervon kann man sich durch Probenahme überzeugen. Es schadet der Kultur nicht, wenn man tief in das Substrat greift, um festzustellen, ob das Myzel auch im unteren Bereich gut entwickelt ist.

Die besondere Rolle der Abdeckerde

Der Deckerde, die man nach Abschluß der Anwachsphase auf das Substrat schichten muß, kommt eine ganz besondere Bedeutung zu. Würde man das Substrat nicht mit Erde abdecken, würden sich auf dem Beet bestenfalls einige wenige Fruchtkörper bilden. Die Deckerde birgt also die Faktoren in sich, die einen Massenauftritt von Pilzen auslösen. Was sind nun diese Faktoren?

Ganz im klaren sind sich darüber selbst die Experten noch nicht. Es konnte nachgewiesen werden, daß z. B. Champignon und Schopftintling keine Fruchtkörper bilden, wenn die Deckerde vor dem Auftragen entkeimt wurde. Die Bakterien also, die sich in der Erde befinden, spielen hier offenbar eine wichtige Rolle. Es wird vermutet, daß sie mit ihren Ausscheidungsprodukten das Myzelwachstum hemmen und dann der Kulturpilz, sozusagen in »Torschlußpanik«, zur Fruchtkörperbildung übergeht. Andere Wissenschaftler vertreten die Auffassung, daß die Deckerde eine gleichmäßige Wasserverdunstung auf der Beetoberfläche gewährleistet und dadurch die Fruchtkörperbildung fördert. Andere wiederum meinen, es liegt am Mikroklima in der Deckerde, das sich von dem des Substrates wesentlich unterscheidet.

An eine gute Deckerde werden gewisse Anforderungen gestellt. Sie muß viel Wasser speichern können, daher sind Schwarztorf oder Weißtorf besonders gut geeignet. Sie darf weder sauer noch alkalisch sein (optimal ist ein pH-Wert um 7,5), deshalb muß man dem Torf, der von Natur aus sauer ist, etwa 5 Vol.% Kalkmergel zumischen. Schließlich sollte die Deckerde gut krümelig sein und ihre Krümelstruktur auch durch Gießen nicht einbüßen, damit stets ein Luftaustausch zwischen dem Substrat und der Umgebung stattfinden kann.

Als Alternative für Torfdeckerden wäre noch eine Mischung aus Lehm und Sand zu nennen. Dabei übernimmt der Lehm die Rolle des Wasserreservoirs. Er wäre jedoch allein zu dicht und luftundurchlässig. Daher gibt man Sand der Lehmerde zu, bis eine lockere, krümelige Mischung entsteht. Sandiger Lehm braucht nicht gekalkt zu werden, da er von Hause aus einen günstigen pH-Wert hat.

Stellt man eine Deckerde aus Lehm und Sand zusammen, ist es wichtig, darauf zu achten, daß die Bestandteile frei von Krankheiten und Schädlingen sind. Dies erreicht man durch Verwendung von Materialien aus dem Untergrund.

In professionellen Pilzanbaubetrieben desinfiziert man in der Regel die Deckerde, um einem Befall der Kulturen durch Schad- und Konkurrenzpilze vorzubeugen. Dies geschieht entweder durch Erhitzen mittels Dampf auf ca. 60°C für 5–6 Stunden oder durch geeignete Chemikalien.

Besonders häufig hat man bisher Formalin verwendet, das bei mehr als 15°C rasch verdunstet und die ganze Erdmasse durchdringt. Neuerdings jedoch ist Formalin unter Beschuß geraten, da es gesundheitsgefährdend ist, Schäden an Schleim- und Bindehäuten verursacht und sogar verdächtigt wird, krebserregend zu sein. Die Wirkung anderer, unbedenklicher Desinfektionsmittel ist bescheiden, da sie auf und unter der Erdoberfläche von den Bodenkolloiden festgehalten werden und ihre Wirkung nicht entfalten können. Daher hätte es wenig

Kultur kompostbewohnender Pilze

Sinn, Hobby- und Nebenerwerbskultivateuren die Entseuchung der Deckerde zu empfehlen, es sei denn mit Dampf, falls ein geeigneter verschließbarer Behälter und freilich ein Dampferzeuger vorhanden sind.

Die optimale Feuchtigkeit der Deckerde erreicht man durch Gießen. Eine Torfdeckerde sollte man auf jeden Fall vor dem Aufbringen schon gut befeuchten. Würde man den Torf so trocknen, wie er im Handel erhältlich ist, mit Kalkmergel und Sand vermischen und auf die Beete aufbringen, hätte man sehr viel Mühe, diese Erdschicht so zu befeuchten, daß das Substrat darunter nicht klitschnaß wird. Jeder, der mit Torf schon gearbeitet hat, weiß, daß die ersten Wassergaben nur so durchlaufen und die Feuchtigkeit erst nach und nach aufgenommen wird. Erst dann, wenn der Torf bereits eine »Grundfeuchtigkeit« hat, kann man etwas mutiger Wasser geben. Eine Deckerde aus sandigem Lehm ist in der Regel von Anfang an schon etwas feucht. Sie kann daher unmittelbar nach der Herstellung aufgetragen und auf dem Beet auf den Sollwert (Handprobe) eingestellt werden.

Es ist sinnvoll, die Deckerde gleichmäßig aufzubringen. Vorher sollte man noch die Substratoberfläche glattklopfen. Wenn die Deckerdeschicht ungleichmäßig dick ist, wachsen auch die Pilze ungleichmäßig; mal sitzen sie tief in der Erde, mal hoch obenauf.

Gleichmäßigkeit ist überhaupt das oberste Gebot in dieser Phase der Pilzkultur. Neben der konstanten Temperatur muß man für konstante Feuchtigkeit in der Deckerde sorgen. Trocknet die Erde aus, wird gegossen, jedoch vorsichtig mit einer feinen Brause, um nicht die Struktur zu zerstören.

Das Verkratzen der Deckerde beim Champignon, Braunen Egerling und Schopftintling 8–9 Tage nach dem Abdecken dient ebenfalls dem Ausgleich. Gut und weniger gut durchwachsene Stellen werden dadurch miteinander vermischt. Im Ergebnis wird der Zeitpunkt für die Fruchtkörperbildung vereinheitlicht.

Lediglich beim Violetten Ritterling führt das Verkratzen der Deckerde zu keinem erkennbaren Vorteil.

Die Deckerde wird nach Abschluß der Anwachsphase auf die Substratoberfläche geschichtet.

Der Zeitpunkt zum Verkratzen ist gekommen, wenn das Myzel des Champignons, Braunen Egerlings oder Schopftintlings stellenweise auf der Oberfläche der Deckerde als grauweißer, hauchdünner »Schimmelbelag« sichtbar wird. Je ungleichmäßiger die Deckerdeschicht ist, um so ungleichmäßiger tritt dieser Myzelbelag auf und um so wichtiger ist es, durch Verkratzen den Ausgleich zu schaffen.

Einige Tage nach dem Verkratzen setzt der Prozeß der Fruchtkörperbildung ein. Zu diesem Zeitpunkt darf das Beet nicht mehr zugedeckt sein! Um sicherzugehen, daß der Fruktifikationsprozeß nicht gestört wird, muß man die Abdeckung 2 Tage nach dem Verkratzen vollständig entfernen. Der Violette Ritterling ist da nicht so empfindlich. Die Fruchtkörperanlagen bilden sich selbst unter der Abdeckung. Sie können sich jedoch nicht weiterentwickeln. Daher ist eine häufige Kontrolle wichtig. Sobald man die ersten Fruchtkörperanlagen gesichtet hat, muß auch beim Violetten Ritterling die Beetoberfläche unverzüglich freigelegt werden.

Kultur kompostbewohnender Pilze

Verkratzt wird die Deckerde dann, wenn das Myzel stellenweise auf die Oberfläche herauswächst.

Noch einige Tips
zu Kulturpflege und Ernte

In dem Moment, wo die Fruchtkörperbildung beginnt, tritt eine völlig neue Phase in der Entwicklung der Pilzkultur ein. Der Anspruch der Pilze an Temperatur, Feuchtigkeit und Frischluft verändert sich schlagartig. Um die Kultur erfolgreich weiterzuführen und einen hohen Ertrag zu erzielen, muß man deshalb nach Kräften diesen veränderten Ansprüchen gerecht werden.

Hinsichtlich der Temperatur sind niedrigere Werte als bisher optimal. War man noch bemüht, während der Anwachsphase, bis kurz nach dem Verkratzen, 20–22 °C zu halten, sind in der Folgezeit beim Champignon, Braunen Egerling und Schopftintling weniger als 20 °C, am besten 16–18 °C einzustellen. Beim Violetten Ritterling sind sogar Temperaturen unter 16 °C notwendig, um optimale Fruchtkörperbildung zu erreichen.

Niedrigere Werte als die eben genannten sind jedoch nicht schädlich. Sie verlangsamen nur das Wachstum. In kühlen Kellern oder Stollen, bei Temperaturen um 8–12 °C, kann man immer noch hervorragend kultivieren. Dasselbe gilt für Freilandkulturen in der kühlen Jahreszeit. Man muß sich nur darauf einstellen, daß vom Beginn der Fruchtkörperbildung bis zum Erreichen der Erntereife etwas mehr Zeit vergehen wird.

Auch der Feuchtigkeit betreffend sind während der Ernteperiode geringere Werte erforderlich als dies während der Anwachsphase der Fall ist. Diesem Bedarf sowie dem für Frischluft wird man schon durch die Entfernung der Abdeckung der Beetoberfläche gerecht. In geschlossenen Räumen, in denen das Substrat in mehreren Lagen auf Stellagen, in Kisten oder Plastiksäcken untergebracht ist, könnte es eventuell notwendig sein, daß man zur Frischluftversorgung der Kultur einen Ventilator verwenden muß.

Welche Rolle spielt eigentlich die Frischluft in der Ernteperiode?

Während sie leicht über die Beetoberfläche streicht, reißt sie das Kohlendioxid mit sich, welches als Stoffwechselausscheidung vom Myzel produziert wird und in höherer Konzentration die Fruchtkörperbildung erheblich beeinträchtigt. Die zehnfache Konzentration der atmosphärischen Luft (sie enthält ca. 0,03% Kohlendioxid) wird auf der Beetoberfläche schnell erreicht. Wird dieser Wert überschritten, treten deformierte langstielige, kleinhütige Fruchtkörper auf. Um dies zu vermeiden, muß die Luft in der Umgebung der Kulturen stets frisch und in ständiger, leichter Bewegung sein. Als wichtigste Kulturmaßnahme während der Ernteperiode ist beim Champignon, Braunen Egerling und Schopftintling das Gießen zu bezeichnen. Man muß wiederholt die Handprobe durchführen, um sich ein Bild über den Wassergehalt der Abdeckerde zu machen. Nach kräftigen Ernteschüben ist die Erde obligatorisch zu trocken, da die Fruchtkörper mit ihrem Wassergehalt von etwa 90% sie regelrecht leergesaugt haben. Nach einer Erntewelle muß man daher unbedingt gießen.

Da jedoch die Abdeckung kurz nach dem Verkratzen vom Beet entfernt wurde und die Frischluft ungehindert an der Beetoberfläche vorbeistreicht, wird man schon in der Zeit bis

Kultur kompostbewohnender Pilze

zur ersten Ernte gießen müssen. Beim Champignon und Braunen Egerling ist dies eine etwas kritische Phase. Bevor die Fruchtkörper nicht etwa Erbsengröße erreicht haben, vertragen sie das Besprühen mit Wasser nur schlecht. Später macht es ihnen nichts mehr aus.

Aus diesem Grund sollte man unmittelbar nach Entfernen der Abdeckung, noch bevor die Fruchtkörperanlagen erschienen sind, die Deckerde gießen und das nächste Mal erst wieder dann, wenn die Pilze im Durchschnitt größer sind als Erbsen.

Zwischen zwei Ernteschüben müssen in der Regel je Quadratmeter Beetfläche 3–5 Liter Wasser gegossen werden, und zwar zwischen dem 1. und 2. Trieb 5 Liter, später 4 bzw. 3 Liter. Allerdings sollte man auf einmal nicht mehr als 1 Liter Wasser je Quadratmeter versprühen, um zu vermeiden, daß die Deckerde verschlämmt und sich verdichtet. Um diesen Anforderungen gerecht zu werden, muß man also wiederholt mit kleinen Wassermengen gießen. Die Gießkanne, die man dazu verwendet, sollte einen feinporigen Brausekopf haben, damit kleine Wassertropfen entstehen. Man gießt aus einer Entfernung von 25–30 cm, um einer Verdichtung der Erdoberfläche durch aufprallende Wassertropfen vorzubeugen.

Etwas komplizierter gestalten sich die Kulturmaßnahmen beim Violetten Ritterling während der Fruktifikationsphase.

Am besten ist, wenn während der ganzen Ernteperiode ein dünnes, spinnwebartiges, weißliches Myzel auf der Beetoberfläche erkennbar ist. Dazu noch sollte die Deckerde stets mäßig feucht sein.

Durch zu feuchte Deckerde wird das Myzelwachstum stimuliert. Bald entsteht ein dichtes, violett schimmerndes Geflecht, das der Fruchtkörperbildung im Wege steht. Im umgekehrten Fall, wenn die Erde nicht genügend naß ist, wird die Fruktifikation ebenfalls beeinträchtigt.

Am besten läßt man es gar nicht so weit kommen. Ist jedoch der Kulturfehler eingetreten, gibt es nur eine Möglichkeit zur Korrektur: Nachdecken. In beiden Fällen hilft das Aufbringen einer zusätzlichen, etwa 1 cm dicken Erdschicht, die man anschließend vorsichtig befeuchtet. Ritterlingskulturen werden während der Ernteperiode noch öfters nachgedeckt. Auf jeden Fall sollte man nachdecken und diese Erdschicht anschließend vorsichtig befeuchten

- nachdem man etwa 1 kg Pilze je Quadratmeter geerntet hat und das Myzel auf der Beetoberfläche zerpflückt wurde. Diese Regel gilt auch für weitere Ernteschübe;
- nachdem die Kultur überwintert hat und die Anlage im Frühling erneut in »Betrieb« genommen wird.

Das Nachdecken könnte als Nadelöhr des Ritterling-Anbaues bezeichnet werden, da man mit dieser Maßnahme das Gelingen der Kultur wesentlich beeinflussen kann. Zum richtigen Nachdecken gehört etwas Erfahrung, ebenso wie zur Entscheidung, wann dies geschehen soll.

Die beginnende Fruchtkörperbildung erkennt man sowohl beim Champignon, Braunen Egerling, Schopftintling als auch beim Violetten Ritterling daran, daß sich das Myzel in der Deckerde stellenweise zu kleinen Knötchen zusammenzieht. Dieser Prozeß beginnt 2–3 Wochen nach dem Abdecken der Beete mit Erde. Bis jedoch die kleinen Fruchtkörperanlagen zu ernteifen Pilzen heranwachsen, vergehen – je nach Temperatur – weiter 1–2, beim Violetten Ritterling bis zu 3 Wochen.

Die Ernte erfolgt durch vorsichtiges Herausdrehen der Pilze, um das Myzelgeflecht sowenig wie möglich zu zerreißen. Dann wird der untere, verschmutzte Teil der Stiele mit einem scharfen Messer abgeschnitten. Stielabschnitte, die mit Erdresten verwachsen sind, kann man leider nicht verarbeiten. Eine Reinigung wäre viel zu arbeitsaufwendig und daher kaum sinnvoll.

Eine wichtige Maßnahme ist, das Kulturbeet jeweils nach dem Ernten zu reinigen, d. h. kleine, abgestorbene Pilze werden entfernt. Man erkennt sie daran, daß sie bräunlich und weich sind. Stielreste sowie kranke Fruchtkörper werden ebenfalls beseitigt. Durch die Beetreinigung beugt man Krankheiten und Schädlingen vor.

Kultur kompostbewohnender Pilze

Tragende Champignonkultur. Den höchsten Ertrag erzielt man in den ersten beiden Trieben.

Den höchsten Ertrag erzielt man mit den ersten beiden Trieben. Beim Champignon, Braunen Egerling und Schopftintling wiederholt sich die Fruchtkörperbildung, freilich mit abnehmender Stärke, 6–7mal. Beim Violetten Ritterling sind nach den ersten beiden Trieben keine ausgeprägten Erntewellen mehr zu erwarten. Eher ist es bei dieser Pilzart so, daß die Anlage kontinuierlich produziert, mit Ausnahme im Frühling, wenn die Ritterlings-Kultur nach der kalten Jahreszeit reaktiviert wird und die ersten Pilze erneut geschlossen in einer Welle auftreten.

Kultivierung mit Fertigsubstrat

An diesem Punkt angelangt, werden vermutlich manche Interessenten sagen: »Champignons oder Schopftintlinge schön und gut, doch woher soll man Pferdedung und Hühnerkot besorgen, und wo soll man fermentieren, wenn man doch nur einen kleinen oder überhaupt keinen Garten hat?« Anderen wird der Prozeß der Substratherstellung als zu schwierig erscheinen, sie möchten sich lieber vorerst nur an der Pilzernte versuchen. Eventuell später, nachdem sie Erfahrungen mit den Kulturmaßnahmen gesammelt haben, wollen sie sich an die Substratherstellung wagen. Kein Problem, es kann allen geholfen werden!

Man kann die Kultur kompostbewohnender Pilze durch Zukauf von Fertigsubstrat erheblich vereinfachen. Als Lieferanten kommen dafür professionelle Champignonanbauer in Frage, von denen eine Auswahl, nach Landesteilen geordnet, im Abschnitt »Bezugsquellen« aufgeführt sind.

Das Substrat, welches prinzipiell für alle kompostbewohnenden Pilze gleich ist, sollte man entweder nach Abschluß der Fermentation, beimpft oder unbeimpft, ggf. fertig durchwachsen, also bevor die Deckerde aufgebracht wird, besorgen. Hierfür ist eine vorherige Rücksprache mit dem Lieferanten unerläßlich. Champignonanbauer planen ihre Kulturansätze sowohl zeitlich als auch von der Menge her sehr genau. Fertig fermentierte oder durchgewachsene Substrate haben sie nur an bestimmten Tagen in der Woche. Danach muß man sich als Hobbykultivateur schon richten. Zum anderen ist es sinnvoll, rechtzeitig vorher Bescheid zu geben, wenn man eine größere Substratmenge, mehr als 50–100 kg (je nach Betriebsgröße des Lieferanten) braucht, damit dies im Ansatz mit berücksichtigt werden kann.

Die ganze Situation kann dadurch wesentlich vereinfacht werden, daß man den Betrieb des Substratlieferanten vorher besucht und Kontakt mit dem Champignonanbauer knüpft. Man braucht dabei keine Hemmungen zu haben, da die meisten Champignonanbauer bereitwillig Auskunft geben und ihre »Kollegen« vom Hobby- und Nebenerwerbssektor unterstützen. Es gilt das Motto: Der Hobbykultivateur von heute ist der potentielle Konsument von morgen.

Für den Substrattransport eignen sich am besten große Plastiksäcke. Freilich können auch Kisten verwendet werden, in denen man anschließend weiter kultiviert oder die man zu Hause entleert, um ein Bodenbeet zu bereiten. Sind die Transportkisten gleichzeitig auch für die Kultur gedacht, sollten sie etwa 18–22 cm hoch sein, damit die optimale Substrattiefe erreicht wird.

Kultur kompostbewohnender Pilze

Die meisten Champignonanbauer kultivieren Champignons, einige auch Braune Egerlinge, während Schopftintlinge kaum und Violette Ritterlinge überhaupt nicht kultiviert werden. Daher hat man hinsichtlich der Pilzart dann die größte Variationsmöglichkeit, wenn man sich unbeimpftes Substrat, unmittelbar nach Abschluß der Fermentation, besorgt. Man legt mit diesem Substrat unverzüglich das Beet auf dem Boden an oder beläßt es in den Kisten bzw. Plastiksäcken und impft mit der gewünschten Pilzbrut. Das Beimpfen und alle nachfolgenden Kulturmaßnahmen werden nunmehr so durchgeführt, wie in den vorausgegangenen Kapiteln eingehend beschrieben wurde.

Wenn man sich in bezug auf die zu kultivierende Pilzart dem Lieferanten anschließt, empfiehlt es sich, frisch beimpftes Substrat zu kaufen. Auch in diesem Fall wird zu Hause die Kulturanlage erst hergerichtet, dann abgedeckt (mit Folie, Papier oder Strohmatten) und anschließend den vorstehenden Hinweisen entsprechend weitergeführt.

Am wenigsten sinnvoll ist es, durchwachsenes Substrat zu beziehen, es sei denn, man erhält vom Lieferanten ganze Säcke oder Kisten, so daß ein Umfüllen des Substrates nicht erforderlich ist.

Das Aufreißen, Durchmischen und Umfüllen eines durchwachsenen Substrates ist nämlich aus hygienischen Gründen nicht ratsam. Sollten sich darin während der Durchwachsphase, wenn auch nur an wenigen Stellen, Krankheiten oder Schädlinge eingenistet haben, werden sie in der ganzen Partie verteilt und könnten dadurch die Überhand gewinnen, noch bevor sich das Myzel des Kulturpilzes erneut zusammenfügt. Bei frisch fermentiertem und beimpftem Substrat ist diese Gefahr wesentlich geringer, da Schädlinge und Krankheiten durch die Hitze während der Fermentation abgetötet werden. Frisch fermentierte Substrate sind daher – falls sie gut sind – hygienisch einwandfrei. Wenn man dennoch durchwachsenes Substrat bezieht, wird anschließend zu Hause sofort die Abdeckerde aufgetragen. Für den weiteren Verlauf der Kultur gelten die bereits besprochenen Pflegemaßnahmen.

In den meisten Fällen kann man auch die Abdeckerde vom Substratlieferanten erhalten. Dies führt zu einer zusätzlichen Erleichterung und Vereinfachung. Die Deckerde wird in einem separaten Behälter (in der Regel ist es ein Plastiksack) verkauft. Man sollte sie solange darin aufbewahren, bis der Abdecktermin gekommen ist, um eine unnötige Austrocknung zu vermeiden und auch noch sicherzustellen, daß sie in dem hygienisch einwandfreien Zustand wie angeliefert verwendet werden kann.

Wenn man nun als Hobby- oder Nebenerwerbskultivator Fertigsubstrat und Fertigdeckerde verwendet, wird selbst die etwas kompliziertere Kultur kompostbewohnender Pilze fast schon zum Kinderspiel. Die beschriebenen Kulturmaßnahmen wird man bald beherrschen und durch eigene Erfahrungen ergänzen. Ist es soweit, werden passionierte Gartenliebhaber vom Ehrgeiz gepackt, eine Champignon-, Schopftintlings- oder Ritterlingskultur von Anbeginn durchzuführen. Und es wird schwierig sein, diesem Drang zur Selbstbestätigung zu widerstehen.

Man kann das zugekaufte Substrat in Kisten umfüllen und die Champignons dort weiter kultivieren.

Kultur kompostbewohnender Pilze

Anbau kompostbewohnender Pilze in Übersicht

Welche Arbeiten fallen an?

- Pferdedung mit Zuschlagstoffen fermentieren.
- Anlegen von Kulturbeeten im Freien auf dem Boden, sonst in Kisten oder Plastiksäcken.
- Beimpfen und Abdecken des Substrates.
- Anwachsphase: Achten auf Temperatur und Feuchtigkeit.
- Deckerde befeuchten, auftragen und stets feucht halten.
- Deckerde – mit Ausnahme des Violetten Ritterlings – aufkratzen.
- Erntephase: Belüftung verstärken, Temperatur senken, Beete vorsichtig gießen, beim Violetten Ritterling nachdecken, ernten.
- Ritterlingskulturen zum Überwintern erneut zudecken. Im Frühling nachdecken und die Erde befeuchten.

Werkzeug, Geräte, Material

- Pferdedung und Zuschlagstoffe oder Fertigkulturen.
- Mistgabel zum Umsetzen des Haufens.
- Holz- oder Kunststoffkisten, bzw. Plastiksäcke.
- Körnerbrut, etwa 1,5 Liter je m² Beetfläche.
- Plastikfolie zum Abdecken des Beetes, Jutesäcke für die Ritterlingskultur, Thermometer, Schrägdach für Freilandkulturen.
- Deckerde (Torf, Kalkmergel, Lehm, Sand) von hoher Wasserspeicherfähigkeit.
- Gießkanne oder Gießschlauch, Harke zum Verkratzen der Deckerde.
- Körbe, Messer, Waage, Holzkisten für die Ernte.
- Kühlschrank für die Lagerung.

Am einfachsten ist es, die Plastiksäcke, in denen das Substrat transportiert wird, auch für die Pilzkultur zu verwenden.

Pilze im Fachhandel

Pilzbrut und Pilzkulturen sind mittlerweile von verschiedenen Groß- und Spezialversandhäusern, in Gartencentern und selbst in der »Grünen Ecke« zahlreicher SB-Märkte erhältlich. Das Angebot reicht von Stroh- und Körnerbrut aller gängigen Kulturpilze über myzeldurchwachsene Holzabschnitte bis zu Fertigsets von Austernpilzen, Champignons und Braunen Egerlingen. Es ist abzusehen, daß Artenvielfalt und Aufmachung dieser Heimkulturen in Zukunft nicht weiter zunehmen werden.

Die Gartenfreunde jedoch stehen oft ziemlich ratlos da. Viele werden durch solche Angebote erstmalig mit dem Pilzanbau konfrontiert. Andere vielleicht mögen davon gehört haben, doch fehlen auch ihnen jegliche Erfahrungen. Als ihre einzige Stütze dient die der Packung beigefügte Anleitung.

Aber gerade weil die erste Erfahrung ausschlaggebend ist und darüber entscheiden kann, ob man zum begeisterten Hobbypilzanbauer wird oder verärgert resigniert, möchte ich dem Thema der Pilze im Fachhandel breiteren Raum widmen.

Nun ist der Kauf im Versandhandel nicht jedermanns Sache. Man bekommt die Ware vorab nicht zu Gesicht, man hat nicht die Möglichkeit, sich über Aussehen und Qualität detailliert zu informieren und beraten zu lassen, sondern ist auf Abbildungen und Werbetexte der Kataloge angewiesen. Dies gilt besonders für gärtnerische Produkte, zu denen auch die Pilze gerechnet werden. Dennoch werden im Gartenbau per Versandhandel Millionen umgesetzt, in zahlreiche Haushalte kommen Saatgut, Stauden, Blumenzwiebeln und ähnliches und seit einigen Jahren auch Pilzsubstrat und -brut mit der Post.

Bereits an früherer Stelle wurde erwähnt, daß die Fantasie der meisten Pilzfreunde offenbar die Anbaumöglichkeiten des Pfifferlings und des Steinpilzes beschäftigt. Gleichzeitig erklärte ich, daß wir zur Zeit leider noch nicht wissen, wie man diese begehrten Arten kultivieren kann. Bekanntlich gehen Pfifferlinge und Steinpilze eine Symbiose mit Bäumen (Buche, Eiche, Kiefer, Fichte) ein und erhalten von ihren Partnern Nährstoffe. Welche, blieb bisher noch ein Geheimnis der Natur. Auf jeden Fall gelang es noch nicht, diese Vorgänge nachzuvollziehen, und deshalb ist es noch niemandem gelungen, Pfifferlinge oder Steinpilze zu kultivieren.

Es ist allerdings nicht ausgeschlossen, daß diese Pilze hier und da an für sie optimalen Standorten angesiedelt wurden. Ein Fall ist aus der Tschechoslowakei bekannt geworden, wo ein beharrlicher Pilzsammler die Abfälle von Pfifferlingen stets an einer Stelle im Wald auskippte, wo Nadelbäume standen, und nach einigen Jahren traten dort tatsächlich Pfifferlinge auf. Diese Maßnahme kann jedoch nicht als Kultivierung angesehen werden, da Kriterien wie freie Standortwahl, Steuerung des Wachstums und Wiederholbarkeit nicht im entferntesten erfüllt wurden. Es bleibt also dabei: Pfifferlinge, Steinpilze und im übrigen noch einige andere wohlschmeckende Mykorrhiza-Pilze kann man nicht kultivieren.

Lediglich bei der Trüffel errangen die französischen Wissenschaftler nach vielen Jahren aufwendiger Forschungsarbeit einen Erfolg. Die Trüffel lebt mit Eichen in Gemeinschaft, und es gelang, die Wurzeln junger Eichensämlinge mit Trüffelmyzel zu »infizieren«. Setzt man diese Sämlinge an geeigneten Standorten aus, kann mit einiger Sicherheit erwartet werden, daß sich unter ihnen nach 5–6 Jahren Trüffelpilze entwickeln werden.

Während die Wahrheit also so aussieht, kommen gewisse Versandhäuser doch immer wieder auf die Idee, Pfifferling- oder Steinpilzsporen den ahnungslosen Gartenliebhabern anzupreisen und rechnen sich dabei, wegen der großen Beliebtheit dieser Pilze, ein gutes Geschäft aus. Man sollte von solchen Angeboten auf keinen Fall Gebrauch machen, da es unwahrscheinlich ist, daß gerade unter diesen – meist branchenfremden – Versandhäusern einer ist, der in seinem stillen Kämmerlein oder verstaubten Lager mit jenem Problem fertig wurde, dessen Lösung allen Wissenschaftlern der Welt bisher noch nicht geglückt ist.

Anders ist die Situation bei kompostbewohnenden Pilzen und bei solchen, die man auf Stroh oder Holz kultiviert. Wie soll man sich

Pilze im Fachhandel

nun verhalten, welche Erwartungen sind realistisch?

Man darf von den Fertigkulturen keine Wunder erwarten. Auch dann nicht, wenn an den Paketen oder in der beigefügten Kulturanleitung von kiloweise zu erwartenden Pilzerträgen geschrieben wird. Da die Werbetexter keine Fachleute sind, erliegen sie nur zu gerne der Sensationshascherei.

Doch die Natur kann man nicht vergewaltigen, auch wenn manche Anzeigen es versprechen. Eine Gesamtfruchtkörperausbeute – seien es Champignons, Egerlinge oder Austernpilze – von 20%, bezogen auf das Substratgewicht, gelten selbst im Erwerbsanbau als hervorragend. 15% sind gut, und unter solchen Bedingungen, unter denen in der Regel Hobbykulturen gehalten werden, sind nur 8–12% realistisch. Mit anderen Worten, von 10 kg Substrat sind 1 kg Pilze erreichbar, vielleicht auch schon mal 1,5 kg. Um 2 kg zu ernten, muß man schon ein Glückspilz sein und das Substratpaket endlos lange stehen lassen. Um also den durchschnittlich erreichbaren Pilzertrag von handelsüblichen Fertigsubstraten zu ermitteln, braucht man nur das Paketgewicht durch 10 zu dividieren. Verspricht der Lieferant mehr als das Ergebnis dieser Rechnung, so ist das nur ein Wunschdenken.

Dennoch wäre es völlig fehl am Platz, die Fertigsubstratpakete als Betrug hinzustellen, wie es in der Fachpresse schon wiederholt geschah. Man kauft schließlich diese Substratpakete nicht deshalb, um mit den Pilzen großartige Geschäfte zu machen, sondern aus Spaß und um mal selbstangebaute Pilze zubereiten zu können. Wie bei jedem Hobby, wird auch hierbei das Verhältnis zwischen Aufwand und Erlös hintangestellt.

Den Zweck des Hobbys erfüllen solche Pilzkulturen ausgezeichnet, und nicht gering ist die Zahl jener, die nach dem ersten Schritt mit Fertigsubstrat auch den zweiten, hin zum Pilzanbau von A–Z, getan haben.

Was muß man bei den Fertigkulturen besonders beachten? Zunächst einmal sollte man die Qualität prüfen. Durch Augenschein und Entnahme einer Handvoll Substrat aus dem Inneren prüft man, ob der Block innen und außen gleichmäßig mit dem weißen Myzel des Kulturpilzes durchwachsen ist. Man riecht daran und prüft, ob es angenehm duftet oder muffig, modrig ist. Im letzten Fall ist etwas nicht in Ordnung, und wenn der unangenehme Geruch auch noch mit grün, grau, schwarz oder rosa gefärbtem Myzel im Substrat einhergeht, ist die Kultur verdorben und sollte unverzüglich reklamiert werden.

Fertigsubstratpaketen werden meistens nur kurzgefaßte Kulturanleitungen beigefügt, die Pauschalinformationen enthalten und auf Einzelheiten der Kultur nicht eingehen. Man sollte sich nicht ausschließlich auf diese Anweisungen verlassen, da sonst die Gefahr besteht, daß trotz guten Substrates die Kultur nur mäßig gelingt oder sogar zum Mißerfolg wird. Ausführliche Anweisungen stehen für alle gegenwärtig kultivierbaren Pilze zur Verfügung. Es zahlt sich aus, sich diese zusätzlich zuzulegen, um Enttäuschungen und Fehlschläge zu vermeiden.

Neuerdings werden für den Austernpilz auch sogenannte Halbfertigkulturen angeboten. Es ist damit zu rechnen, daß in nächster Zeit die Palette noch erweitert wird. Die Halbfertigkultur ist ein Set, das alle Bestandteile der Pilzkultur enthält, außer dem Wasser, das vom Kultivateur zugefügt wird.

Es hat den Vorteil, daß die Kunden kein Wasser kaufen und nach Hause transportieren müssen (Fertigsubstrate enthalten 65–75% Wasser). Man erwirbt nur die Substrat-Trockenmasse. Sie wird zu Hause mit der nötigen Wassermenge versetzt, wodurch ihr Gewicht auf das Vierfache steigt. So erhält man das Frischsubstrat, dem man nur noch die Brut zufügen muß. Diese Sets sind, den Ertrag betreffend, wesentlich ergiebiger, da hier die oben erwähnte Berechnung wie folgt aussieht: (Substrat-Trockengewicht in kg $\times$ 4) : 10 = realisierbare Fruchtkörperausbeute in kg.

Als Nachteil muß der größere Arbeitsaufwand (Substrat wässern, impfen) bewertet werden sowie die längere Zeit bis zur Ernte, da man vorerst noch das Myzelwachstum im Substrat abwarten muß.

Pilze im Fachhandel

Wie bereits erwähnt, bietet der Handel auch die Brut aller gängigen Kulturpilze an. Man kann diesen Umstand uneingeschränkt begrüßen. So erhält eine breite Schicht potentieller Interessenten die Möglichkeit, Heimkulturen anzulegen. Viele hielten sich bisher gerade deshalb zurück, weil sie nicht wußten, wo Pilzbrut erhältlich ist. Die Verbesserung des Angebots im Handel wird wahrscheinlich zur weiteren Verbreitung des Pilzanbaues als Freizeitbeschäftigung beitragen.

Der Versand von Brut ist für Händler und Kunden gleichwohl unproblematischer als das Substratgeschäft. Die Einheiten sind wesentlich kleiner, folglich sind auch die Postgebühren geringer.

Brut werden sich solche Interessenten kaufen, die über die notwendigen Voraussetzungen verfügen, um selbst eine Pilzkultur anzulegen. Diese Kultur wird dann wesentlich größer sein, als wenn man sich Fertigsubstrat gekauft hätte. Führt man den Anbau von Anfang an selbst durch, hat man es in der Hand, die anzuwendende Kulturmethode und gewissermaßen die zu erwartende Pilzmenge zu bestimmen. Passionierte Gartenliebhaber wird der Pilzanbau von A–Z ohnehin mehr interessieren als die einfache Weiterkultivierung fertiger Substrates, wie es z. B. auch mehr Spaß macht, Schnittlauch oder Kresse im Kräutergarten selbst anzubauen, als Fertigkulturen zu kaufen.

Auch das Brutpaket muß nach dem Erhalt in Augenschein genommen werden. In Gartencentern und SB-Märkten sollte man dies vorher tun. Ob die Brut frei von Schimmelpilzen ist, erkennt man an der Farbe. Die Myzele aller derzeit kultivierbaren Pilze sind weiß, daher ist weiß durchwachsene Brut meistens von guter Qualität. Eine Verfärbung zeigt Infektionen an, solche Ware muß unverzüglich reklamiert werden. Doch es gibt noch ein Merkmal, das für die Qualitätsbeurteilung wichtig, äußerlich aber nicht erkennbar ist: das Alter der Brut. Selbst unter optimalen Temperaturbedingungen (1–5 °C) ist Brut zeitlich nur begrenzt lagerfähig. In Ladenlokalen können diese Bedingungen oft mangels Kühlkapazitäten überhaupt nicht erfüllt werden. Nicht selten lagert man die hochempfindliche Pilzbrut aus purer Nachlässigkeit bei Raumtemperatur in den Regalen. Je wärmer es dort ist, um so kürzer hält sich die Brut. Bei Zimmertemperatur ist die Ware nach 4–6 Wochen meistens unbrauchbar. Sie verliert, ohne erkennbare Veränderung im Aussehen, die Keimfähigkeit. Alte Brut wächst nach dem Beimpfen des Substrates nicht oder nur sehr langsam an und das Kriterium, das Substrat zu besiedeln, bevor darin andere, konkurrierende Organismen Fuß gefaßt haben, wird nicht erfüllt.

Auch für alte Brut muß der Handel Ersatz leisten, nur ist dieser Mangel schwieriger nachzuweisen. Bei Verdacht sollte man dem Päckchen vorsichtig eine kleine Probe entnehmen und sie auf feuchtem Löschpapier, unter einem umgedrehten Einmachglas, bei 20–26 °C aufbewahren. Wenn nach 2–3 Tagen das Auskeimen der Brut (das Stück Brut muß »behaart« sein vom weißen Myzel) nicht erkennbar ist, sollte man sie nicht mehr verwenden, sondern reklamieren.

Die Hersteller sind bemüht, stets frische Brut in den Handel zu bringen, daher ist es verhältnismäßig selten, daß sie wegen Altersschwäche nicht mehr gut anwächst. Man sollte allerdings darauf achten, daß die Brut, wenn man sie nicht unmittelbar verwendet, im Kühlschrank aufbewahrt wird. Dann kann man auch eine längere Lagerzeit ohne weiteres vertreten.

Das Brutgeschäft birgt auch gewisse Schwierigkeiten in sich, die gerade von der begrenzten Lagerfähigkeit dieser Ware herrühren. Die Hersteller sehen sich jedes Jahr vor das Problem gestellt, den voraussichtlichen Bedarf einzuschätzen. Produzieren sie nämlich zuviel Brut, wird unvermeidbar sein, daß manche Kunden ältere Brut erhalten. Ist zuwenig Ware da, dauert es eine Zeit, bis neue heranwächst, folglich können Verzögerungen in der Lieferung auftreten. Es ist daher ratsam, von Versandhäusern die Brut 2–3 Monate vor der beabsichtigten Verwendung, bei Frühlingskulturen eventuell noch im Dezember des Vorjahres zu bestellen und dabei den gewünschten Liefertermin anzugeben. So erhalten die Hersteller einen Überblick über den Gesamtbedarf und

Pilze im Fachhandel

den gewünschten Liefertermin, können ihre Produktion darauf abstellen und jeden Interessenten mit frischer Brut beliefern.

Bezieht man die Brut von Gartencentern, Samengeschäften oder SB-Märkten, entfallen die oben angegebenen Überlegungen hinsichtlich Vorplanung. Im Fachhandel wird die Pilzbrut als Saisonartikel geführt und zwar in der Regel im Frühjahr und im Herbst. Eine Gewähr für die Frische der Ware ist dadurch gegeben, daß diese Artikel üblicherweise 5–6 Monate früher von den Herstellern bestellt werden. Sie sind dadurch in der Lage, die Produktion rechtzeitig zu planen und den Handel mit frischer oder optimal gelagerter Brut zu beliefern.

Nicht unerwähnt bleiben darf die Beobachtung, daß manche Gartenliebhaber und auch Nebenerwerbskultivateure offenbar in letzter Zeit mit schlechter Brut enttäuscht wurden. Sonst wäre es kaum denkbar, daß sie, obwohl die Kulturanweisungen gewissenhaft befolgt wurden, kaum oder überhaupt keine Pilze geerntet haben. Solche Nachrichten verbreiten sich natürlich wie ein Lauffeuer und lösen bei anderen Interessenten Skepsis und Zurückhaltung gegenüber den Pilzkulturen aus. Diese Gartenfreunde sind zweifelhaften Lieferanten zum Opfer gefallen, die ihre Ware wortgewaltig unter dem marktüblichen Preis anboten.

Der Pilzanbau als Hobby und Nebenerwerb ist zweifellos eine sogenannte Wachstumsbranche, in der manche Glücksritter die Unerfahrenheit der Interessenten ausnutzen, um schnell das große Geld zu verdienen. Gegen sie schützt nur eine gründliche Kontrolle der Ware, gemäß den oben beschriebenen Kriterien. Es wird jedoch auch erwogen, eine Qualitätskontrolle der Pilz-

Oben: Schlecht durchgewachsene, teilweise verschimmelte Körnerbrut (links), gesunde Brut (rechts).

Mitte: Für den Kulturträuschling wird als Brut oft nur moderiges Stroh verkauft (links), gesunde Brut (rechts).

Unten: Auch solche Brut, die nicht vollkommen durchgewachsen ist, sollte man reklamieren.

Pilze im Fachhandel

bruterzeugnisse einzuführen, die sich in der Vergabe eines Gütezeichens manifestieren soll. Es darf nicht angehen, daß Gartenliebhaber, die sich mit Engagement und voll Erwartungen dieser nicht alltäglichen Freizeitbeschäftigung widmen, nach kurzer Zeit enttäuscht aufgeben, weil ihnen ein Pseudo-Brutlieferant minderwertige Ware aufgeschwatzt hat.

Neuerdings wird auch eine sogenannte »Trockenbrut« für verschiedene Pilze angeboten. Trockenbrut wird aus Normalbrut durch einen aufwendigen, gesteuerten Trocknungsprozeß hergestellt. Nach Angaben der Produzenten soll sie daher, je nach Art der Verpackung, 6–12 Monate bei Zimmertemperatur gelagert werden können, ohne Qualitätseinbußen zu riskieren. Es wäre eine begrüßenswerte Entwicklung, die sowohl dem Handel als auch dem Verbraucher wesentliche Vorteile bringen würde.

Wir haben diese Produzentenangaben überprüft, und unsere Ergebnisse blieben dabei weit hinter den Erwartungen zurück. Die Trocken-Körnerbrut verschiedener Kulturpilze keimte mitunter nur zu 20% aus. Die meisten Körner verschimmelten, obwohl die Teste im Laboratorium unter optimalen Bedingungen durchgeführt wurden. Wenn man bedenkt, daß eine Brut auch in der Praxis, unter suboptimalen Verhältnissen, zuverlässig funktionieren muß, gibt es nur eine Schlußfolgerung: Hände weg von der Trockenbrut! Es bedarf offenbar noch umfangreicherer Forschungsarbeiten, bevor dieses Produkt handelsreif wird.

Eine Ausnahme bildete die Champignon-Trockenbrut in unseren Experimenten. Sie wurde nicht auf der Basis von Getreidekörnern, sondern von Pferdedungsubstrat hergestellt. Diese Substrat-Trockenbrut keimte hervorragend. Daher kann man sie, falls erhältlich, ruhig kaufen.

Vorurteile gegen die im Handel angebotenen Produkte kann man getrost ablegen. Man sollte an die Sache bezüglich der Fertigsubstrate mit dem nötigen Realitätsdenken herangehen. Wenn die Ware in Ordnung ist und man den Kulturanweisungen entsprechend verfährt, werden realistische Erwartungen bezüglich der Pilzausbeute mit Sicherheit erfüllt.

Dasselbe gilt für Brut. Eine kritische Kontrolle ist wichtig. Wenn sie positiv ausfällt und man in der Kulturtechnologie keine groben Fehler macht, wird auch der Pilzanbau von A–Z den Zweck erfüllen, den er erfüllen soll: Schaffung eines Stücks ungewöhnlicher Natur im Garten und kulinarischer Genüsse auf dem Speiseplan.

Krankheiten und Schädlinge

Wie schützt man vor Krankheiten und Schädlingen?

Um es vorweg zu sagen, ohne Pflanzenschutzmittel! Konnte man noch vor Jahren einige für den Pilzanbau amtlich zugelassene Schädlingsbekämpfungsmittel empfehlen, ist dies heute nicht mehr der Fall. Obwohl es ein Produkt gibt, überzeugt seine Wirkung nicht, und es ist obendrein viel zu teuer. Denkbar wäre jedoch, daß sich diese Situation in Zukunft ändern wird und neben wirksamen Schädlingsbekämpfungsmitteln auch noch Produkte gegen Krankheiten zugelassen werden. Um dies zu erreichen, bedarf es nicht nur guter Produkte, sondern vor allem der Entscheidung des Herstellers, die nicht unerheblichen Kosten einer amtlichen Zulassungsprozedur zu investieren, ohne die Gewähr zu haben, daß das eingesetzte Geld jemals verdient werden kann.

In einem Buch wie dem vorliegenden kann man nur den momentanen Stand der Dinge beschreiben. Diese Beschreibung jedoch kann bereits während der Drucklegung an Aktualität verlieren. Daher möchte ich lieber empfehlen, im Hinblick auf die Einsatzmöglichkeiten von Pflanzenschutzmitteln sich kurzfristig vor dem Bedarfsfall zu informieren. Die nachfolgenden Ausführungen beziehen sich daher hauptsächlich auf solche Maßnahmen, die ohne den Einsatz von Pflanzenschutzmitteln durchgeführt werden. Gelegentlich jedoch ist der Pflanzenschutzmitteleinsatz unvermeidbar. Doch in solchen Fällen geschieht dies nur im Um- und Vorfeld der Pilzkultur.

Hygienemaßnahmen

Hygiene bedeutet unter anderem Gesundheitsfürsorge, Sauberkeit. In dem uns interessierenden Bereich bedeutet Hygiene solche Maßnahmen, die zur Gesunderhaltung der Pilzkulturen beitragen. Hygienemaßnahmen sind in der Regel nicht gegen einen bestimmten Schaderreger oder Schädling gerichtet, sondern gegen eine ganze Gruppe potentiell gefährlicher Organismen der einen oder anderen Kategorie. Gegebenenfalls sind sie gegen die Gesamtheit der möglichen Gefährdungen gerichtet.

Welche möglichen Hygienemaßnahmen gibt es im Bereich des Hobby- und Nebenerwerbs-Pilzanbaues?

Im Bereich der Kultur holzbewohnender Pilze kommt es sehr darauf an, daß die verwendete Holzunterlage gesund ist, d. h. sie ist nicht von Konkurrenzpilzen befallen. Wenn sich die Notwendigkeit ergibt, daß geschlagene Hölzer vor der Beimpfung noch längere Zeit gelagert werden müssen, sollte dies auf einem trockenen Platz erfolgen. Dann ist die Gefahr geringer, daß sie von Konkurrenzpilzen infiziert werden. Auch das Zersägen der Holzunterlagen auf die notwendige Länge erst unmittelbar vor der Beimpfung ist eine Maßnahme, die zur Gesunderhaltung der Pilzkultur beiträgt. Da der Befall der Holzscheite hauptsächlich an den Schnittflächen erfolgt, ist ein längeres Stammstück weniger gefährdet als mehrere kurze Abschnitte.

Bei der Beimpfung der Holzunterlagen, gleich nach welcher Methode, sollte man so sauber wie möglich arbeiten. Es läßt sich kaum vermeiden, daß beim Verarbeiten der Brut Brutkörner auf die Erde fallen. Solche Brutkörper sollte man nicht mehr verwenden. Um also Verluste zu vermeiden, empfiehlt es sich, einen sauberen Behälter (Schüssel, Tablett o. ä.) auf den Boden zu stellen, um die herabfallenden Brutkörner darin aufzufangen. Herabgefallene, jedoch sauber gebliebene Brut kann man nämlich ruhig zum Impfen verwenden.

Bei Pilzkulturen an Strohsubstrat gilt die Prüfung der Strohqualität als die wichtigste Hygienemaßnahme. Durch die Wahl des gesunden Strohs kann man sich viele Probleme mit Konkurrenzpilzen ersparen.

Als weitere Maßnahme zur Gesunderhaltung der Kultur ist ein Standortwechsel zu empfehlen. Träuschlingsanlagen ziehen verschiedene Insekten sowie Schnecken und auch Mäuse an. Es ist daher sinnvoll, den Standort von Mal zu Mal zu ändern. Dasselbe gilt auch für Freiland-Austernpilzkulturen. In geschlossenen Räumen, einschließlich Gewächshäusern, könnte es sinnvoll sein, vor Anlage einer Kultur den

Krankheiten und Schädlinge

Boden zu desinfizieren. Produkte wie Bac, Gevisol, Menno-Ter u. a. (siehe Bezugsquellen) in einer Konzentration von 1% (100 ccm auf 10 Liter Wasser) sind dafür gut geeignet.

Bei kompostbewohnenden Pilzen fängt die Reihe der möglichen Hygienemaßnahmen schon bei der Substratherstellung an. Es ist sinnvoll, den Platz, wo die Fermentation durchgeführt werden soll, vorab gründlich mit Wasser abzuspritzen und anschließend zu desinfizieren (Bac, Gevisol, Menno-Ter u. a. in 1%-iger Konzentration).

Auch der Raum, in dem die Kultur stehen soll, wird vorher gründlich gereinigt und desinfiziert. Diese Maßnahme bleibt nicht nur auf den Boden beschränkt, sondern sie wird auch auf die Wände ausgedehnt.

Bevor die Deckerde aufgetragen wird, ist eine erneute gründliche Reinigung und Desinfektion des Raumes notwendig. Man kann während der Erntephase viel für die Gesunderhaltung der Kulturen tun, wenn Substrat- und Pilzreste unmittelbar nach der Ernte aus dem Raum entfernt werden und der Fußboden zwischen den Kulturbeeten mit klarem Wasser saubergespritzt wird.

Nach dem Abräumen einer Kultur ist eine erneute Reinigung und Desinfektion des Raumes angebracht.

Krankheiten und ihre Bekämpfung

Als Krankheit wird jede Abweichung von der Normalstruktur und von den normalen Lebensfunktionen bezeichnet. Krankheiten, auch bei Kulturpilzen, können durch Viren, Bakterien und Pilze ausgelöst werden. Sie werden summarisch als Schadorganismen bezeichnet. Ein Befall durch Schadorganismen, der zu Erkrankung von Pilzkulturen führt, ist äußerst selten und daher ohne Bedeutung. Fäulniserscheinungen, die an älteren, überreifen Fruchtkörpern beobachtet werden können, sind nicht als Krankheit zu bezeichnen. Sie sind das Ergebnis eines natürlichen Prozesses und weisen auf Kulturfehler hin; man hat versäumt, die Pilze rechtzeitig zu ernten.

Fruchtkörper, die sich von dem des Kulturpilzes unterscheiden, meistens an älteren Holzunterlagen auftreten, aber auch in jungen Kulturen zu finden sind, deuten auf die Anwesenheit von Konkurrenzpilzen hin. Das Abpflücken dieser Fruchtkörper, wie von manchen empfohlen wird, hilft der Anlage selbst kaum noch etwas. Lediglich die Weiterverbreitung kann man ein wenig eindämmen. Ein Aspekt, der jedoch im Hinblick darauf, daß gelagertes Holz befallen werden könnte, wichtig ist.

Von den Pilzkulturen an Strohsubstrat ist der Austernpilz ein wenig gefährdet, allerdings hauptsächlich nur in geschlossenen Räumen. Freiland-Austernpilze sowie Träuschlingsanlagen sind äußerst selten krank. Daher besteht kein Bedarf für Bekämpfungsmaßnahmen. In geschlossenen Räumen, bei konstant zu hoher Luftfeuchtigkeit, können Austernpilze durch einen Schaderreger befallen werden, dessen Myzel die Fruchtkörper watteartig wie Spinngewebe umgibt. So befallene Fruchtkörper sterben ab. Man kann diesen Schadpilz durch Verringerung der Luftfeuchtigkeit und Zuführung von mehr Frischluft in den Kulturraum erfolgreich zurückdrängen. Einer der gefährlichsten Krankheitserreger des Champignons, die Trockenfäule, wurde von amerikanischen Wissenschaftlern vor 2 Jahren auch beim Austernpilz beschrieben. Es ist derzeit noch eher eine Kuriosität, ohne praktische Bedeutung, da die Krankheit bisher noch nie massiv aufgetreten ist.

Konkurrenzpilze können freilich auftreten, und zwar sowohl beim Kulturträuschling als auch beim Austernpilz. Am meisten werden die Kultivateure dann beeindruckt, wenn auf einem Träuschlingssubstratballen im Frühjahr, wenige Wochen nach der Beimpfung, ansehnliche Pilzfruchtkörper erscheinen. Manch einer meinte schon, die Träuschlinge wären da. Es sind aber meistens Tintlinge und Becherlinge, die im dahinrottenden Stroh wachsen und sehr rasch fruktifizieren, während die Kulturträuschlinge frühestens nach 8–10 Wochen erscheinen.

Es besteht kein Anlaß zur Sorge, da diese Pilze vom heranwachsenden Träuschlingsmyzel voll-

Krankheiten und Schädlinge

kommen verdrängt werden und sie dann ebenso rasch verschwinden wie sie erschienen waren. Es wurde sogar beobachtet, daß Strohballen, an denen in größeren Mengen Sekundärpilze auftraten, anschließend besonders reichhaltigen Träuschlingsertrag brachten.

Von den kompostbewohnenden Pilzen sind der Champignon und der Braune Egerling durch Krankheiten gefährdet. Es gibt eine ganze Reihe von Schaderregern, die an diesen Kulturpilzen parasitieren. Sie näher zu beschreiben, würde den Rahmen dieses Kapitels sprengen. Sinnvoller ist es, hier auf einschlägige Spezialliteratur zu verweisen (siehe empfohlene Nachschlagewerke). Mangels geeigneter, amtlich zugelassener Bekämpfungsmittel bleibt da dem Kultivateur ohnehin nur die Möglichkeit, die Kultur durch sauberes Arbeiten und Desinfizieren im Vor- und Umfeld vor dem Befall zu schützen. Wenn dann trotz allem kranke Fruchtkörper registriert werden, so kann man noch folgendes unternehmen:

Kranke Pilze separat, vor der Ernte, abpflükken und vernichten, dann die Hände desinfizieren und erst anschließend mit der Ernte beginnen.

Wenn nur vereinzelt kranke Pilze auftreten, kann man sie – anstatt abzupflücken – mit gewöhnlichem Kochsalz zuschütten, so daß sie vollständig bedeckt sind.

Schopftintlinge und Violette Ritterlinge bereiten aus der Sicht des Krankheitsbefalls in der Regel keine Probleme. Wenn doch, kann man auch bei ihnen in der oben beschriebenen Weise verfahren.

Schädlinge und ihre Verhütung

Pilzkulturen werden – gleich welcher Art – von verschiedenen Insekten befallen. Am lästigsten sind die Champignonfliegen und -mücken, die in geschlossenen Räumen besonders massiv auftreten können.

Wenn der Kulturraum an sich dunkel ist, kann man sie mit Lichtfallen verhältnismäßig erfolgreich fangen. Sie werden vom Licht angelockt und zwar bei weniger als 15–16 °C vom warmen Licht, bei höherer Temperatur vom kalten Licht. Man nimmt deshalb ein Holzbrett von ca. 40 × 40 cm, montiert in die Mitte die Fassung einer Glühbirne und belegt das Brett mit Papier, welches mit Reißbrettnägeln am Holz befestigt wird. Dann besprüht man das Papier mit flüssigem Leim, schraubt eine Glühbirne in die Fassung (bei kühler Temperatur gelbe, bei mehr als 16 °C weiße Glühbirne) und schaltet das Licht ein. Wenn keine andere Lichtquelle im Raum ist, werden sich die fliegenden Insekten um die Glühbirne versammeln und vom Leim gefangen. Nachteil dieser Methode ist, daß nur die ausgewachsenen, fliegenden Exemplare gefangen werden, während man die Larven, die durch Fraßtätigkeit an den Pilzen den eigentlichen Schaden verursachen, auf diese Weise nicht erfassen kann. Ein weiterer Nachteil ist, daß das Fanggerät nur in fensterlosen, völlig dunklen Räumen optimal arbeitet. In Freilandkulturen z. B. ist es völlig unbrauchbar.

Freilandpilzkulturen, insbesondere Kulturträuschlinge, werden oft durch Schnecken heimgesucht. Sie können einen tragenden Substratballen innerhalb einer Nacht völlig kahl fressen. Gegen Schnecken gibt es jedoch einige bewährte Bekämpfungsmethoden:

- Man kann kleine, angerottete Brettchen auslegen, unter denen sich die Schnecken gerne verstecken. Man dreht wiederholt die Bretter um und sammelt die Schnecken ein.
- Man kann Gesteinsmehl oder Holzasche um den Ballen herum auf die Erde streuen. Beide Stoffe wirken stark ätzend auf die Schnecken. Allerdings muß man diese Maßnahme nach jedem Regenfall wiederholen.
- Kleine Behälter werden bis zum Rand in die Erde eingegraben und mit Bier gefüllt. Die Schnecken werden dadurch angelockt und ertrinken im Bier.
- Schließlich kann man auch sogenannte Molluskizide (Ködermittel, Schneckenkorn) verwenden, die man um den Ballen herum auf den Boden streuen muß.

Gelegentlich tritt in Träuschlingskulturen der Rote Pilzkurzflügler auf, der starke Fraßschäden hervorrufen kann. Gegen diesen Schädling

Krankheiten und Schädlinge

hilft nur das rechtzeitige Ernten der Pilze, da er sich besonders gerne in überreifen Fruchtkörpern aufhält. Ansonsten können noch Milben und Springschwänze auftreten, deren Schaden jedoch selten auffällt.

Austernpilzkulturen werden, außer von Pilzfliegen und -mücken, kaum von Schädlingen heimgesucht. Selbst diese spielen im Freilandanbau nur eine geringe Rolle. In geschlossenen Räumen und auch Gewächshäusern dagegen kann der Befall lästig werden. Am besten ist es, wenn man gelbe, mit flüssigem Leim besprühte Kunststoffbretter im Raum aufhängt. Die Insekten werden von der gelben Farbe angelockt und vom Kleber gefangen.

Als eine für alle Pilzkulturen gültige Maßnahme gilt das Reinigen der Kultursubstrate von Pilzresten und abgestorbenen Fruchtkörpern. Sie sind bevorzugte Brutstätten verschiedener Schädlinge, die auf diese Weise die Zeit zwischen zwei Ernteschüben überbrücken. Daher sollte man es sich zur Regel machen, nach jeder Ernte die Substratoberfläche – ob Holz, Stroh oder Kompost – zu reinigen und nur die Pilze stehen zu lassen, die offenkundig noch leben und weiterwachsen werden.

Schließlich muß noch kurz einiges über Mäuseschäden gesagt werden. Mäuse lieben Körnerbrut und können deshalb überall dort Schäden anrichten, wo Körnerbrut leicht zugänglich daliegt. Besonders gefährdet sind Mieten, in denen beimpfte Holzscheite lagern und Austernpilz-Substratballen, in die an 12–16 Stellen konzentriert Körnerbrut eingeimpft wurde. Gelegentlich wühlen Mäuse auch das Substrat kompostbewohnender Pilze durch, um an die verstreut liegenden Brutkörner zu gelangen.

Am besten fängt man Mäuse durch Aufstellen von Fallen mit Ködern. Bei Holzmieten ist es unerläßlich, ein geeignetes Ködergift zwischen die Scheite zu streuen, wenn man vermeiden möchte, daß die Mäuse die Brut tief aus den Impfschnitten oder Bohrlöchern herausholen. Dasselbe gilt für Austernpilz-Substratballen, falls sie nach der Beimpfung im Freien durchwachsen. Man sollte den Giftköder allerdings nicht in das Stroh einstreuen, sondern nur um die Ballen herum auf die Erde legen.

Die Brut

Brut und Brutherstellung

Beabsichtigt jemand, die Brut selbst herzustellen, betritt er damit eine »höhere Klasse« in der Schule des Pilzanbaues. Dort werden größere Anforderungen als bisher an Geschicklichkeit und Können des Kultivateurs sowie an die Geräte gestellt. Andererseits wird man auch tiefer in die Geheimnisse der Pilzwelt eindringen können, gewinnt Unabhängigkeit vom Lieferanten und schließt so den Kreis, wie es auf keinem anderen Gebiet der Gartenkultur möglich ist. Brut selbst herzustellen, setzt eine überdurchschnittliche Neigung zum Hobby-Pilzanbau voraus. Sie geht mit großem Zeitaufwand einher, wobei die Tätigkeit in diesem Zusammenhang nicht als Arbeit, sondern als Leidenschaft angesehen werden muß. Da wird die Pilzkultur nicht mehr nur eine unter vielen im Garten sein, sondern den größten Teil der Zeit beanspruchen, die dem Gärtner für sein Hobby zur Verfügung steht.

Daher sollte man es sich wohl überlegen, bevor man ein Brutlabor einrichtet. Halbheiten und Zwischenlösungen sind hier fehl am Platze, da sie mit Sicherheit im Endeffekt zum totalen Mißerfolg führen. Wenn aber jemand aus Leidenschaft Pilze kultiviert, wird er an der Tätigkeit im Brutlaboratorium viel Freude haben. Er wird auch nicht bei den ersten Schwierigkeiten und Fehlschlägen die Flinte ins Korn werfen. Mit Schwierigkeiten und auch Fehlschlägen muß nämlich gerechnet werden, weil man schließlich unter einfachen, häuslichen Bedingungen dasselbe vollziehen will, was professionelle Brutherstellerin aufwendig eingerichteten Speziallaboratorien machen. Diese Laboratorien beinhalten Arbeitsräume, die mit filtrierter Luft beschickt werden und in denen Überdruck herrscht, damit beim Öffnen der Türen keine Außenluft eindringen kann. Sie verfügen über Impfkabinen mit Schleusen für die Herstellung von Reinkulturen und z. T. über automatische oder halbautomatische Einrichtungen, die für die sterile Beimpfung der Brutunterlage dienen. In einem großtechnischen Brutlaboratorium werden stellenweise solche Voraussetzungen geschaffen wie im Operationssaal.

Man könnte leicht den Mut verlieren, wenn man die aufwendige Einrichtung eines solchen Brutlabors betrachtet; doch man bedenke, daß es auch in früheren Zeiten funktionierte, als selbst noch die gewerblichen Bruthersteller unter einfachen Bedingungen gearbeitet haben. Die Vorgänger der heutigen Bruthersteller suchten noch die wilde »Urbrut« in Pferdeställen, auf Weiden und Komposthaufen, um sie dann in übliche Champignonbeete einzupflanzen. Später folgte die »Steinzeit« bezüglich der Brutherstellung, indem man eine Mischung von Lauberde, Kuhdünger, Schafdünger und Gerberlohe zu Steinen geformt, getrocknet und mit Champignonmyzel beimpft hat. Dann bettete man diese »Brutsteine« in warmes Substrat ein, wo das Myzel die Klötze in einigen Wochen durchwuchs. Erst Ende des 19. Jahrhunderts gelang es in Frankreich, sterile Champignonbrut auf Substratbasis herzustellen. Die Körnerbrut kommt aus den USA, und sie wurde noch viel später, nämlich erst 1931 entwickelt. Inzwischen kultiviert man seit mehr als 300 Jahren Champignons. Man hat also ausreichend Erfahrungen sammeln können, wie Brut ohne die heute üblichen modernen Laboratorien hergestellt werden kann, und diese Erfahrungen wollen wir uns zunutze machen. Zuerst jedoch sollten wir noch unser Wissen über die Brut, auch Impfstoff genannt, auffrischen. Die Brut ist eine Nährgrundlage, die vom Myzel des zu kultivierenden Pilzes vollkommen bewachsen ist und die man zum Spicken (Beimpfen) des Substrates verwendet. Brut wird am häufigsten auf der Basis von Getreidekörnern hergestellt. Weitere Brutunterlagen sind Stroh, Pferdedung, Zelluloseschreiben, Holzstäbchen. Das Basismaterial der Brut wird unter Ausschluß von Fremdpilzen und Fäulnisbakterien mit dem Myzel des zu kultivierenden Pilzes beimpft. Die Brutherstellung ist somit im Prinzip der gleiche Vorgang wie die Substratherstellung, nur wird sie im Laboratorium, unter sterilen Bedingungen, durchgeführt. Woher kommt aber das Myzel, aus dem die Brut hergestellt wird? Es kommt aus Reinkulturen des Pilzes, die in Kulturröhrchen auf geeignetem Nährboden gehalten werden.

Die Brut

Räumliche und technische Voraussetzungen

Es ist vorteilhaft, wenn man das Brutlabor in einem separaten Raum einrichten kann. Falls das nicht geht, genügt auch ein Arbeitstisch in einem Mehrzweckraum. In der Waschküche beispielsweise wäre dieser Arbeitstisch gut untergebracht. Kellerräume kommen nur dann in Frage, wenn darin keine sonstigen, mit Staubentwicklung einhergehenden Arbeiten verrichtet werden. Sauberkeit nämlich ist eine der wichtigsten Voraussetzungen, die man sowohl bei der Brutherstellung als auch bei der Herstellung von Reinkulturen beachten muß. Jegliche Verunreinigung der Luft, an Mobiliar oder Geräten birgt die Gefahr in sich, daß von dort aus unerwünschte Organismen in die Brut oder Reinkultur gelangen und sie verseuchen. Daher wird Sauberkeit im Brutlabor ganz groß geschrieben, und man kann nicht oft genug putzen und desinfizieren. Da kleine Schmutzpartikel auch durch geringe Luftbewegung fortgetragen werden, ergibt es sich fast von selbst, daß im Brutlabor kein Durchzug geduldet werden kann. Man ist gut beraten, sich im Brutlabor nicht zu forsch zu bewegen, da der staubfördernde Effekt durch Bewegung verursachter

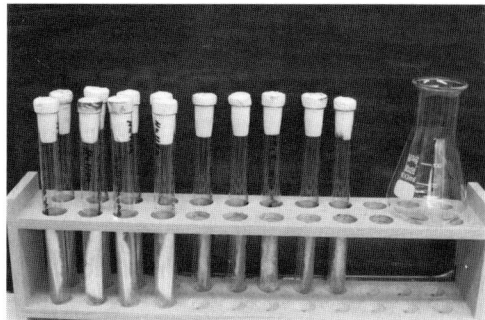

Kulturröhrchen werden im Ständer aufbewahrt, daneben ein Erlenmeyerkolben.

Luftwirbel größer ist, als man vermutet. Im Brutlabor sind nur ruhige, überlegte und gezielte Bewegungen angebracht.

Das Brutlabor muß beheizbar sein und sei es auch nur mit einem elektrischen Warmluftofen. Bei Ofenheizung muß die Staubentwicklung auf ein Minimum reduziert werden. Wichtig ist es, die Raumtemperatur im Brutlabor ganzjährig zwischen 20–26 °C zu halten, da in diesem Temperaturbereich das Myzel aller Kulturpilze rasch wächst.

Wasserhahn und Abfluß sollten im Brutlabor vorhanden sein. Falls nicht, muß man sich einen Plastikballon von 20–30 Liter Fassungsvermögen besorgen, der unten eine mit Absperrhahn versehene Auslaßöffnung hat. Man braucht einen 1,5–2 m langen und 80–85 cm breiten Tisch, dessen Arbeitsplatte kunststoffbeschichtet ist, und einige Wandregale über dem Tisch. Noch besser ist es, anstelle von offenen Regalen verschließbare Glaswandschränke mit mehreren Zwischenböden aufzuhängen. Beschafft man sich noch einen Drehhocker, ist die Einrichtung des Brutlabors schon perfekt. An Geräten benötigt man zunächst einmal eine elektrische Kochplatte, wenn möglich, mit regulierbarer Heizleistung. Hinzu kommt noch ein Spiritusbrenner. An Glassachen braucht man Kulturröhrchen, einige Erlenmeyerkolben (0,5–1 l), Bechergläser (0,5–1 l), Pipetten, Einweckgläser und Milchflaschen. Anstelle der Milchflaschen, in denen die Körnerbrut heran-

Impfhaken mit Haltegriff, Skalpell, Seziernadel, Pinzette (von links).

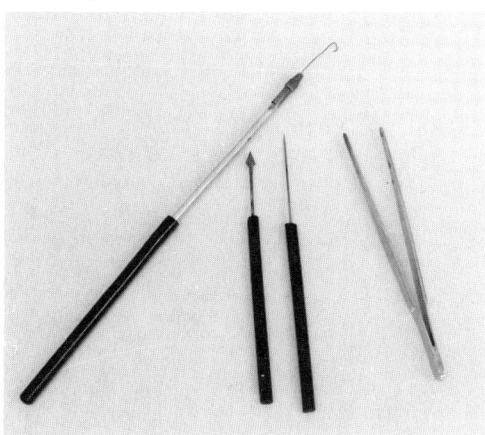

Die Brut

gezogen wird, können auch weithalsige Saftflaschen (0,7–1 l) oder hitzebeständige Plastikbeutel (aus Polypropylen) mit einem Fassungsvermögen von 0,5–1 kg verwendet werden.
Man braucht auch Petrischalen aus Plastik, die zu je 20 Stück in Plastikbeuteln verpackt und sterilisiert bezogen werden können. Weiterhin sind je zwei Skalpelle und Seziernadeln, ein Impfhaken aus Platin mit Haltegriff, 1–2 Pinzetten, einige Reagenzgläser und schließlich ein hoher Dampfkochtopf (6–9 Liter Fassungsvermögen) erforderlich. Man wird noch Watte oder Zellstoff, Frischhaltefolie und zeitweise einen größeren Kochtopf benötigen. Kochtopf und Alufolie kann man aus der Küche leihen.
Der Bedarf an Chemikalien ist geringer. Wenn man den Nährboden für Reinkulturen nach Rezeptur selbst kochen will, braucht man Glucose (Traubenzucker), Malzextrakt (Biomalz) und Agar-Agar. Agar-Agar ist ein aus Rot- und Braunalgen des indischen Ozeans gewonnener Stoff, der mit Wasser gekocht eine steife Gelatine bildet und daher für die Verfestigung von Nährböden in der Mikrobiologie verwendet wird. Die paar Kartoffeln, die man dann noch braucht, hat man ohnehin vorrätig.
Zur Herstellung von Körnerbrut werden an Chemikalien Gips und kohlensaurer Kalk (Futterkalk) benötigt. Desinfektionsmittel gehören ebenfalls zu den Chemikalien. Mit ihnen sollte man nicht sparen. Zu empfehlen wären z. B. Sagrotan oder Buraton.
Es gibt auch Fertignährböden zu kaufen, die man nur noch in Wasser aufzulösen braucht. Sie sind aber relativ teuer. Man verwendet sie vornehmlich in Großlabors, wo sich niemand mehr mit dem Nährbodenkochen abgeben will. Es bleibt daher jedem selbst überlassen, solche zu kaufen oder die Nährböden selbst herzustellen. Letzteres setzt jedoch voraus, daß man über eine gute Haushaltswaage verfügt, um die Zutaten exakt dosieren zu können.

Überimpfung auf eine Petrischale.

Die Brut

Herstellung von Agarnährböden

Im allgemeinen kommt man im Brutlabor mit zwei Agarnährböden aus. Diese sind der Kartoffel-Glucose-Agar und der Malzextrakt-Agar.
Zum Kartoffel-Glucose-Agar werden 100 g gewaschene, mit 2%iger Sagrotanlösung oberflächlich desinfizierte und geschälte Kartoffeln fein zerkleinert und in 0,5 l Wasser eine Stunde lang gekocht. Die Brühe wird anschließend durch ein Leinentuch in einen 500-ml-Erlenmeyerkolben filtriert und mit 10 g Traubenzucker sowie 10–12 Agar-Agar versetzt. Der Kolben wird mit Watte oder Zellstoffstopfen verschlossen; der Stopfen, um ihn vor Nässe zu schützen, mit Alufolie abgedeckt und das ganze im Dampfkochtopf 30 Minuten lang sterilisiert.
Malzextrakt-Agar wird so hergestellt, daß man in 0,5 l heißem Wasser 25 g Malzextrakt (Biomalz) auflöst und der Lösung 10 g Agar zufügt. Nach dem Verschließen des Kolbens wird 20 Minuten lang im Dampfkochtopf sterilisiert.
Bei Fertignährböden wiegt man die vorgeschriebene Menge ab und löst sie unter Rühren in kochendem Wasser auf. Im weiteren Verlauf der Arbeit geht man, unabhängig davon, um welchen Nährboden es sich handelt, in gleicher Weise vor. In Erlenmeyerkolben werden die Nährböden bis zur Weiterverwendung im Kühlschrank aufbewahrt.
Zur Herstellung von Reinkulturen werden die Nährböden in Kulturröhrchen umgefüllt. Man erwärmt zunächst vorsichtig den Inhalt der Kolben, bis der Agar-Agar erneut flüssig wird. Anschließend wird der flüssige, warme Nährboden mittels einer Pipette zu je 10 ml in 20–30 Kulturröhrchen abgefüllt. Beim Abfüllen des Nährbodens muß man vorsichtig verfahren. Man stellt die Kulturröhrchen in einen Ständer, führt die Pipette so hinein, daß die Wand der

Myzelübertragung in ein Kulturröhrchen.

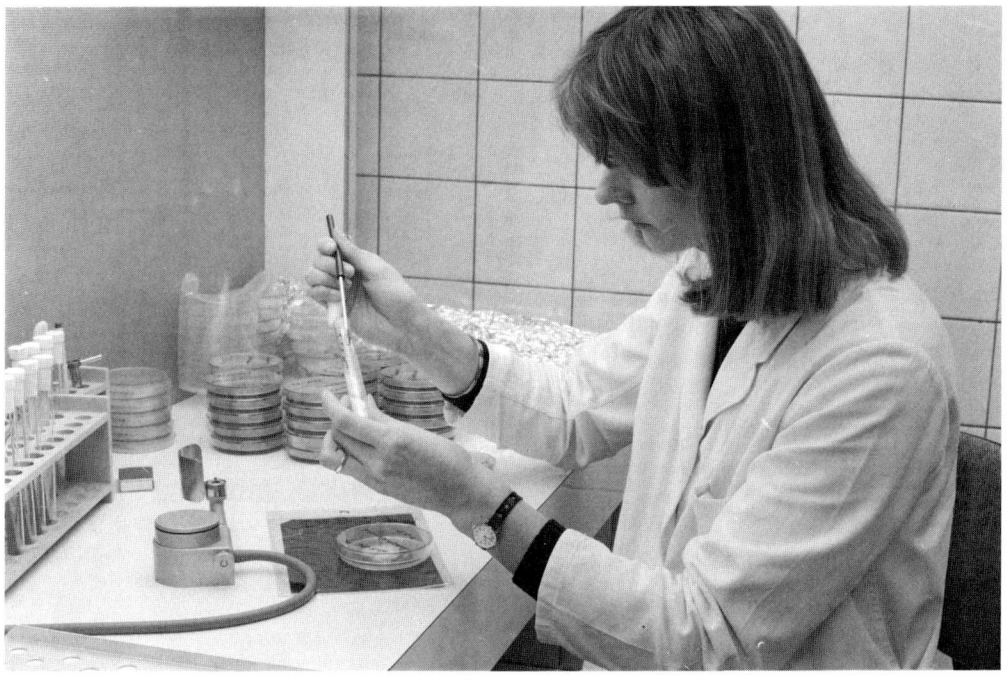

Die Brut

Gläser nicht berührt wird und läßt dann den flüssigen Nährboden hineinlaufen.

Wenn man mit der Pipette die Wand der Kulturröhrchen berührt, verschmutzt sie unwillkürlich mit Nährboden. Diese Nährbodenreste kleben dann später an den Stopfen, womit die Röhrchen verschlossen werden. Eine unangenehme Angelegenheit, wenn man z. B. beim Überimpfen von Reinkulturen den Stopfen rasch herausziehen möchte.

Die gefüllten Kulturröhrchen werden nun mit Zellstoff- oder Wattestopfen verschlossen. Im Handel für Laborbedarf sind Fertigstopfen erhältlich. Man kann sich jedoch auch selbst Stopfen drehen.

Hierzu schneidet man einen etwa 6 cm breiten und 20 cm langen Streifen aus Zellstoff oder Watte ab, faltet den Streifen einmal der Länge nach und dreht mit mäßigem Druck aus dem nunmehr 3 cm breiten, doppellagigen Streifen einen Zylinder, dessen Durchmesser etwas größer ist als der von den Kulturröhrchen. Der Stopfen gilt als gut, wenn er, schiebt man ihn mit einer Drehbewegung in die Öffnung, so fest sitzt, daß an ihm das Kulturröhrchen hochgehoben werden kann.

Die Kulturröhrchen werden anschließend in ein Becherglas gestellt, mit Alufolie abgedeckt und im Dampfkochtopf 30 Minuten lang sterilisiert. Auch der Rest des Nährbodens im Kolben muß nochmals sterilisiert werden.

Vor Beginn der Sterilisation muß man sich jedesmal davon überzeugen, ob der Topf nach Vorschrift mit Wasser gefüllt ist. Die eigentliche Sterilisationszeit wird von da ab gerechnet, wo Dampf durch das Überdruckventil aus dem Topf entweicht.

Gewinnung von Reinkulturen

Das Ausgangsmaterial für die Brut ist die Reinkultur. Von mehreren gebräuchlichen Methoden ist die Gewebe-Kulturmethode die einfachste, um Reinkulturen zu gewinnen. Man kann sich dabei folgendes Phänomen zunutze machen: Wenn ein Fruchtkörper-Gewebestück auf einen zusagenden Nährboden übertragen wird, sprießt daraus Myzel, das später für die Brutherstellung verwendet werden kann.

Als Gewebespender kommen junge, gesunde Fruchtkörper in Betracht. Zuerst wird der Arbeitstisch mit einer 2%igen Sagrotanlösung oder mit Buraton desinfiziert. Dann stellt man einige Kulturröhrchen mit Agarnährboden in ein Becherglas, füllt dieses halb mit Wasser und setzt es auf die elektrische Kochplatte. Einige Minuten, nachdem das Wasser im Becherglas zu kochen beginnt, wird sich auch der Nährboden in den Kulturröhrchen verflüssigen. Ist das soweit, gießt man einige Agarplatten.

Hierzu werden Petrischalen aus der sterilen Verpackung herausgenommen und, ohne den Deckel anzuheben, auf den Tisch gestellt. Dann zündet man den Spiritusbrenner an, nimmt ein Kulturröhrchen mit dem heißen Nährboden in die rechte Hand und zieht dessen oberen Teil mit dem Stopfen 2–3mal durch die Flamme des Spiritusbrenners. Anschließend zieht man den Stopfen mit der linken Hand rasch heraus, hebt unmittelbar danach den Deckel einer Petrischale an einer Seite etwas an und kippt den Inhalt des Röhrchens in die Schale. Der Deckel wird sofort wieder zugeklappt und der Nährboden durch 2–3 kreisende Bewegungen in der Schale gleichmäßig verteilt. Auf diese Weise bereitet man 6–8 Agarplatten in Petrischalen und läßt sie erkalten.

Der Pilzfruchtkörper, dem man Gewebestücke entnehmen will, wird zunächst gewaschen und anschließend durch Eintauchen in eine 2%ige Sagrotanlösung desinfiziert. Man nimmt jetzt den Fruchtkörper in die linke Hand und schneidet ihn mittels eines vorab ebenfalls desinfizierten und in der Spiritusflamme ausgeglühten Skalpells oder scharfen Messers entzwei. Dann entnimmt man mit einer desinfizierten Seziernadel kleine Stücke dem Inneren des Fruchtkörpers und überträgt sie rasch in die Mitte der Petrischale auf die Agarplatte. Dabei hebt man den Deckel der Schale an einer Seite gerade so weit an, daß man mit der Nadel hineingelangen kann.

Man muß rasch, doch überlegt und zielbewußt arbeiten, um Fremdinfektionen auf den Agarplatten möglichst auszuschließen.

Die Brut

Wichtig ist es, jedesmal, bevor dem Fruchtkörper ein neues Gewebestück entnommen wird, die Nadel zu desinfizieren. Nach Abschluß der Arbeit werden die beimpften Petrischalen nebeneinander auf das Regal oder in den Wandschrank gestellt und mit Alufolie abgedeckt.
Nach einigen Tagen bildet sich an den Gewebestücken ein weißer Myzelflaum, der auf den Nährboden übergreift und sich strahlenförmig verbreitet. Es ist leider nicht ausgeschlossen, daß nebenbei auch Schimmelpilze oder Bakterien auftreten werden. Die Schimmelpilze erkennt man an ihrer grünen, grauen oder roten Farbe. Bakterien bilden schleimartige Kolonien. Ist eine Platte sehr stark verunreinigt, muß sie unverzüglich entfernt und ohne zu öffnen vernichtet werden. Bei schwachem Befall besteht die Hoffnung, daß das Myzel des Kulturpilzes diese Verunreinigung überwuchert und die Agarplatte zumindest partiell beherrschen wird. Besonders bei Austernpilzkulturen kann damit gerechnet werden.
Sauber gebliebene Agarplatten werden bei Zimmertemperatur, je nach Art, in 2–4 Wochen vom Myzel des Kulturpilzes bewachsen sein.
Ist es soweit, hat man die erste und schwierigere Phase der Reinkulturenherstellung hinter sich. Die zweite, die Überimpfung auf Schrägagar, dient nur der Erhaltung der Kultur.
Da in Petrischalen der Nährboden nach einigen Wochen austrocknet und die Kultur eingehen würde, überträgt man sie in Kulturröhrchen.
Man verflüssigt erneut den Nährboden in einigen Kulturröhrchen. Dann legt man ein oder zwei leere Röhrchen der Länge nach hintereinander auf die Tischplatte und legt die noch heißen Gläser quer darauf, bis sich der Nährboden in ihnen wieder verfestigt hat. Auf diese Weise erhält man den sogenannten Schrägagar, der sich für die längerfristige Aufbewahrung von Reinkulturen am besten eignet.
Jetzt sucht man sich eine Petrischale aus, in der das Myzel des Kulturpilzes kräftig und möglichst ohne Fremdinfektion gewachsen ist. Man legt sie mit dem Deckel nach unten auf den vorher mit Sagrotan desinfizierten Tisch, glüht den Impfhaken in der Flamme des Spiritusbrenners aus, hebt den Boden der Petrischale etwas an, schneidet ein etwa 3 × 3 mm großes Stück myzelbewachsenen Nährbodens aus der Platte und überträgt es in ein Kulturröhrchen auf Schrägagar. Man muß, bevor die Röhrchen geöffnet werden, deren Stopfung und Öffnung zwecks Sterilisation 2–3mal durch die Spiritusflamme ziehen. Anschließend führt man den Impfhaken in das Röhrchen und plaziert das Nährbodenstück etwa in die Mitte des Schrägagars. Dann legt man den Impfhaken auf den Tisch und verschließt das Röhrchen, wobei Röhrchenöffnung und Stopfen vorab nochmals abgeflammt werden. Die beimpften Kulturröhrchen stellt man nun in einen Ständer, versieht sie mit dem Datum und, um eine Verwechslung auszuschließen, auch mit dem Namen des Pilzes. Hierfür eignen sich kleine Klebeetiketten ausgezeichnet.
Nach 2–4 Wochen wird der Schrägagar durchwachsen sein, und wenn man unverseuchte Petrischalen verwendet und während der Überimpfung steril gearbeitet hat, werden auch die Schrägagarkulturen sauber bleiben.
Falls keine Petrischalen ohne Fremdinfektion zur Verfügung stehen, muß man eine nehmen, wo der Kulturpilz die Platte zumindest partiell beherrscht. Von diesem Teil der Platte entnimmt man nun die Nährbodenstücke. Dabei muß man streng darauf achten, daß verunreinigte Sektoren der Agarplatte mit dem Impfhaken nicht berührt werden, da sonst unwillkürlich auch die Fremdorganismen mit übertragen werden.
Das Sprichwort »Übung macht den Meister« gilt für die Arbeit im Brutlabor ganz besonders. Außer von der Sauberkeit hängt der Erfolg sehr stark auch davon ab, wie geübt man in diesen Dingen ist. Wenn jemand Erfahrungen hat und mit zielbewußten Bewegungen rasch arbeiten kann, wird er auch eventuelle Mängel in der Sauberkeit kompensieren können. Es ist daher ratsam, vor jedem Arbeitsgang die einzelnen Schritte vorab zu überdenken und die notwendigen Bewegungen einzuüben.
Man sollte sich je Pilzart 4–6 Reinkulturen auf Schrägagar herstellen. Nachdem der Agar durchgewachsen ist, bündelt man die Kulturröhrchen nach Pilzarten, wickelt die Bündel in

Die Brut

Alufolie, legt sie in Plastiktüten und lagert sie im Kühlschrank ein.

Auf diese Weise bleiben die Myzelkulturen 3–4 Monate lebensfähig. Nach Ablauf dieser Zeit überimpft man die Kulturen auf neuen Schrägagar und so verfährt man noch 3–4mal hintereinander. Es ist ratsam, nach etwa ein bis eineinhalb Jahren neue Reinkulturen aus Gewebestücken herzustellen, da die Gefahr besteht, daß das alte Myzel degeneriert und seine Leistung nachläßt.

Brutherstellung

Es würde zu weit führen, an dieser Stelle alle Brutherstellungstechniken zu erörtern. Sinnvoller erscheint es mir, nur auf die meistverbreiteten, klassischen Produkte einzugehen. Diese sind die Körnerbrut und die Strohbrut.

Die Körnerbrut wird mit Ausnahme des Kulturträuschlings unmittelbar zum Spicken verwendet. Beim Kulturträuschling gilt sie nur als Zwischenstufe, aus der man Strohbrut herstellt. Als Spickmaterial wird die Strohbrut verwendet.

Für die Körnerbrut muß man sich Weizen, Roggen, Hirse oder Gerste besorgen. Getreide ist in Samenhandlungen oder im Landhandel erhältlich. Die Körner werden in einen größeren Kochtopf gefüllt, mit der doppelten Wassermenge versetzt und 15 Minuten lang gekocht. Dann läßt man die Körner auf einem sauberen Tuch kurz antrocknen, mischt sie mit 1,3 Gew.% Gips und 0,3 Gew.% kohlensaurem Kalk (Futterkalk) und füllt sie in Milchflaschen, Saftflaschen oder hitzebeständige Polypropylenbeutel.

Durch die Gipszugabe wird das Zusammenkleben der Körner verhindert, während der Kalk die chemische Reaktion der Brut reguliert.

Sowohl die Flaschen als auch die Beutel werden nur zu ⅔ gefüllt und anschließend mit Watte- oder Zellstoffstopfen verschlossen. Bei Plastikbeuteln wird dabei so vorgegangen, daß man aus einem Kunststoffrohr von 3–4 cm Durchmesser 3 cm lange Stücke abschneidet, diese Rohrstücke auf die Beutel zieht und den oberen Rand der Beutel zurückschlägt. Auf diese Weise entsteht eine runde Öffnung mit fester Wandung, in die man den Stopfen hineinschieben kann. Schließlich verpackt man den Stopfen mit Alufolie, um ihn vor Nässe zu schützen. Nun wird die Brutunterlage im Dampfkochtopf 2 Stunden lang sterilisiert. Nachdem das Material auf Zimmertemperatur abgekühlt ist, werden in jede Flasche bzw. jeden Plastikbeutel 3–4 Stück myzeldurchwachsener Agar aus einer Reinkultur übertragen. Dabei werden die bereits bekannten Techniken und Vorsichtsmaßnahmen angewendet.

Die beimpften Brutgefäße bewahrt man bei Zimmertemperatur 2–4 Wochen auf, während das Myzel des Kulturpilzes die Körner ganz durchwächst. Damit wäre die Brut auch schon gebrauchsfertig. Man kann sie aber im Kühlschrank auch für längere Zeit lagern.

Hat man einmal Körnerbrut hergestellt, kann dies auch für die Beimpfung neuer Brutunterlagen verwendet werden. Allerdings kommt hierfür nur einwandfrei gewachsenes Material ohne die geringste Fremdinfektion in Frage. Dabei wird so vorgegangen, daß man bei höchstmöglicher Sauberkeit einige Körner in das frisch sterilisierte Gefäß überschüttet oder mittels eines desinfizierten und abgeflammten Löffels überträgt. Das frisch beimpfte Gefäß wird nach dem Verschließen gut geschüttelt, um darin das Impfmaterial möglichst gleichmäßig zu vertei-

Das Myzel durchwächst die Brutunterlage je nach Pilzart und Inkubationstemperatur in 2–4 Wochen.

Die Brut

len. Der Vorteil dieser Methode ist darin zu sehen, daß jedes der myzeldurchwachsenen Körner als eine Impfstelle gilt, die – wenn gut verteilt – eine rasche Besiedlung der Nährgrundlage gewährleisten. Doch hat dieses Verfahren auch Nachteile. Da die Gefäße etwas umständlicher zu handhaben sind, können sich beim Öffnen leichter Fremdpilze einnisten. War das Ausgangsmaterial nicht völlig einwandfrei, wird auch die Verunreinigung weiterverpflanzt. Auf keinen Fall sollte man Brut aus Brut mehr als 3–4mal nacheinander herstellen, da auch hierbei die Gefahr der Myzeldegeneration besteht, die ihrerseits Ertragsrückgang in der Pilzkultur zur Folge hat.

Strohbrut macht man in Einweckgläsern. Hierzu wird das Stroh vorab zerkleinert und befeuchtet. Dann stellt man einen etwa 2 cm dicken Holzstab in die Mitte eines Einweckglases und preßt das Stroh um den Stab herum in das Glas.

Anschließend verschließt man das Glas und sterilisiert es im Dampfkochtopf 2 Stunden lang. Nach dem Abkühlen öffnet man vorsichtig den Deckel, zieht den Holzstab heraus und füllt den zurückgebliebenen Kanal mit Körnerbrut des Kulturträuschlings voll.

Nach dem Verschließen werden solche Gläser bei Zimmertemperatur aufbewahrt, bis das Stroh von dem Mzyel des Kulturträuschlings vollkommen durchwachsen ist.

Es bedarf keiner Erklärung, daß auch hierbei die Arbeitsfläche vorher desinfiziert und die bekannten Hygienemaßnahmen eingehalten werden müssen. Nachdem der Inhalt der Gläser gleichmäßig weiß ist, kann er zum Spicken verwendet werden.

Soviel über die Brutherstellung dürfte ausreichen, um dieses Spezialgebiet des Pilzanbaues mit Aussicht auf Erfolg angehen zu können. Interessenten ist zu empfehlen, sich noch in einschlägigen Fachbüchern weiter zu informieren. Es ist ohnehin kaum möglich, die Arbeitsweise im Brutlabor in allen Einzelheiten niederzuschreiben; man kann nur allgemeine Hinweise geben. Die Feinheiten der Technik muß man sich, unter Berücksichtigung der jeweiligen Gegebenheiten, selbst erarbeiten und einüben.

Die »Kunst« besteht darin, in einem Raum, den Millionen von Organismen bevölkern, mit nur einigen wenigen zu hantieren und diese zum Wachstum zu bringen, obwohl die Nährgrundlage, die man hierfür verwendet, vielen anderen Arten gleichwohl zusagt. Das ist überhaupt das Wesentlichste im Brutlabor!

Pilzverwertung im Haushalt

Die Freude am Pilzanbau kann nur dann vollständig sein, wenn man weiß, wie Pilze sachgerecht verarbeitet und verwertet werden.
Falls man sie kurzfristig frisch verzehren möchte, müssen sie bis dahin kühl gelagert werden. Die optimale Lagertemperatur beträgt 2–4 °C. Pilze verwahrt man also im Kühlschrank.
Freilich ist die Haltbarkeit frischer Pilze selbst im Kühlschrank nur begrenzt, wobei sich einzelne Arten unterschiedlich verhalten. Der Austernpilz beispielsweise ist ausgesprochen gut lagerfähig. Man kann ihn bis zu einer Woche im Kühlschrank aufbewahren, ohne Gefahr zu laufen, daß er verdirbt. Dies trifft insbesondere für den Winteraustern pilz zu. Die hellen, zarten Fruchtkörper des Sommertypus können sich nach einigen Tagen vom Rand her braun verfärben und sehen dann – obwohl nicht verdorben – weniger appetitlich aus.
Oft beklagten sich schon unerfahrene Austernpilzkonsumenten darüber, daß sich auf der Oberfläche der im Kühlschrank gelagerten Fruchtkörper bald ein weißer Schimmelbelag bildete, den sie als Zeichen der Fäulnis ansahen. Nichts dergleichen ist der Fall! Die Bildung dieses Myzelbelages auf der Hutoberfläche ist eine völlig normale Erscheinung. Es handelt sich hierbei um Austernpilzmyzel, das aus dem Hut hervorsprießt und anzeigt, daß der Fruchtkörper auch nach dem Pflücken im Kühlschrank noch eine Weile weiterlebt.
Solche Pilze mit weißem Myzelbelag können bedenkenlos verzehrt werden. Sie sind nur dann verdorben, wenn sich Grünschimmel an ihnen bildet, oder wenn sie beginnen, übel zu riechen.
Das Stockschwämmchen, der Samtfußrübling, Südlicher Schüppling und insbesondere der Shii-take sind ebenfalls gut lagerfähig. Mit der Bildung eines Myzelbelages auf der Hutoberfläche ist bei diesen Arten nicht zu rechnen. Auch der Kulturträuschling, der Violette Ritterling und der Braune Egerling bereiten diesbezüglich keine Probleme; 4–6 Tage im Kühlschrank sind ohne weiteres vertretbar. Etwas schwieriger ist es mit Champignons. Ihre weiße Farbe ist zu empfindlich, als daß sie über län-

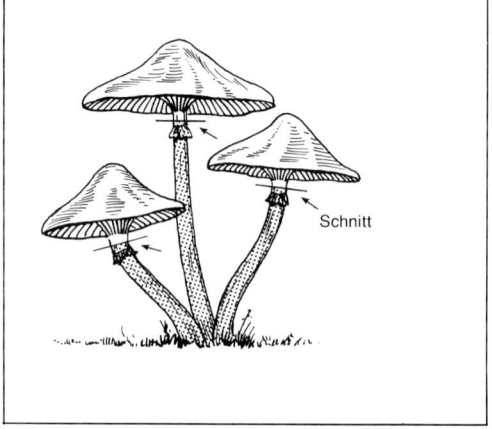

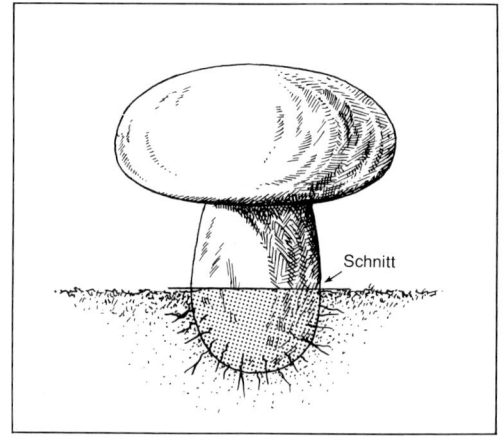

Pilzverwertung im Haushalt

gere Zeit unverändert erhalten werden könnte. Der Zersetzungsprozeß, der nach der Ernte einsetzt und in der Kälte zwar nur langsam, aber stetig fortschreitet, führt zur baldigen Braunfärbung der Champignons. Sie sollten deshalb nicht länger als 3–4 Tage im Kühlschrank gelagert werden.

Die schlechteste Lagerfähigkeit besitzen reife Schopftintlinge. Wie bereits erwähnt, lösen sich reife Schopftintlinge im Zuge einer Autolyse in eine schwarze Brühe auf. Auch wenn dieser Vorgang bei niedriger Temperatur verlangsamt wird, sollte man sie spätestens nach eintägiger Lagerung verzehren oder verarbeiten. Junge Schopftintlinge mit glatter Hutoberhaut können dagegen 3–4 Tage bedenkenlos im Kühlschrank gehalten werden.

Einige Tips zur Zubereitung

Über die Zubereitungsmöglichkeiten der Pilze existiert eine Fülle von Literatur, Kochbüchern, Broschüren u. ä. Eine Auswahl besonders schmackhafter Pilzgerichte wird noch am Schluß dieses Kapitels beschrieben. Es er-

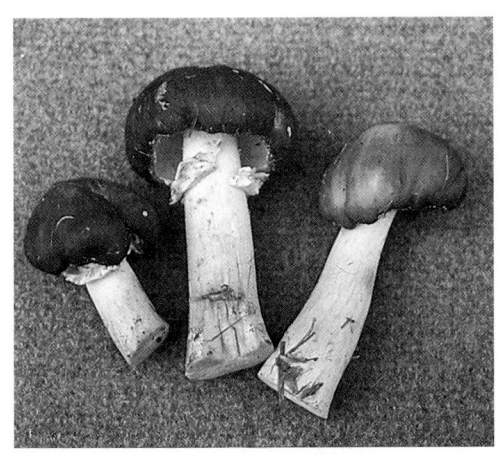

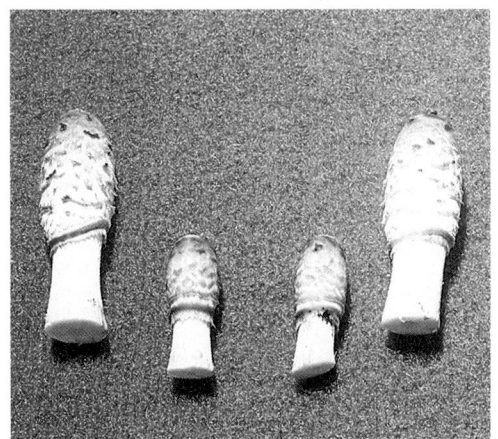

Linke Seite:
Bei Austernpilz und Shii-take schneidet man den Stiel etwa 1 cm unterhalb der Lamellen ab. Der Rest ist etwas zäh und für den Verzehr weniger geeignet.

Bei Stockschwämmchen, Samtfußrübling und Südlichem Schüppling verzehrt man nur den Hut.

Bei Champignon, Braunem Egerling, Schopftintling, Violettem Ritterling und Kulturträuschling wird die erd- und substratverschmutzte Stielbasis abgeschnitten.

Rechte Seite:
Zur Zubereitung brauchen frische Pilzhüte nicht geschält zu werden. Man wäscht sie nur unter fließendem Wasser. Die Lamellen großer Träuschlinge (oben) werden herausgeschnitten. Dadurch vermeidet man, daß die Speise durch ihre schwarzen Sporen dunkel gefärbt wird. Beim Schopftintling (Mitte) und Champignon (unten) ist dies nicht erforderlich.

Pilzverwertung im Haushalt

scheint mir aber notwendig, einige allgemeingültige Hinweise schon vorab zu geben, die vor Beginn der Zubereitung eines Pilzgerichtes in jedem Fall beachtet werden sollten und die man in der Literatur im allgemeinen nur selten findet.

Man darf nur gesunde Fruchtkörper verwenden. Weitverbreitet ist die Ansicht, daß Pilzhüte vor der Zubereitung geschält werden müssen. Diese Ansicht ist falsch! Es reicht vollkommen aus, sie unter fließendem Wasser zu waschen, um eventuelle Erd- und Substratreste entfernen zu können. Das Schälen der Pilze kann man sich getrost sparen, es ist zeitraubend und durch Schälen werden wertvolle Nährstoffe in den Abfall geworfen. Lediglich bei großen Fruchtkörpern von Kulturträuschlingen empfiehlt es sich, die Lamellen herauszuschneiden, da sonst das Pilzgericht von den Sporen, die an den Lamellen haften, dunkel gefärbt wird. Dies könnte in den Augen mancher Konsumenten als Schönheitsfehler gelten; an dem Geschmack oder Nährwert des Gerichtes ändern die Sporen jedoch nichts.

Beim Austernpilz und Shii-take werden die Stiele im allgemeinen etwa 1 cm unterhalb der Lamellen abgeschnitten. Saubere Stiele können separat verwendet werden. Beim Stockschwämmchen, Südlichen Schüppling und Samtfußrübling verzehrt man nur den Hut. Beim Champignon, Braunen Egerling, Kulturträuschling, Violetten Ritterling und Schopftintling dagegen den ganzen Fruchtkörper. Die Stiele werden lediglich dort abgeschnitten, wo sie von Erd- und Substratresten verschmutzt bzw. mit ihnen verwachsen sind.

Man sollte Pilzgerichte weder stark salzen noch würzen, da sonst der Eigengeschmack nicht zur Geltung kommt. Beabsichtigt man, den Eigengeschmack eines Pilzes zu beurteilen, so empfiehlt sich folgende Zubereitung (nach Angaben der Firma Mykofarm Gesellschaft für Pilzkultur mbH., Hamburg):

Die Hüte frischer, nicht ganz ausgewachsener Pilze werden in feine, etwa messerrückendünne Scheiben geschnitten. Die Scheiben werden dann unter Zugabe von sehr wenig Wasser etwa 15–20 Minuten im geschlossenen Topf im eigenen Saft gargedünstet. Anschließend fügt man ihnen etwas Butter zu und rührt einige Minuten kräftig, bis die Restflüssigkeit ausreichend verdampft ist und die Pilze gut sämig sind. Angerichtet werden sie fast immer auf frischem Toastbrot.

Gedünstete Pilze ergeben allein eine vorzügliche Mahlzeit. Pikanter wird ihr Geschmack, wenn sie zusammen mit Zwiebelringen zubereitet werden. Ganz ausgezeichnet schmecken Suppen aus Pilzen. Hierfür können alle Arten verwendet werden. Eine weitere Möglichkeit ist, Pilze zu braten, am besten ebenfalls zusammen mit Zwiebeln und mit Petersilie gewürzt. Zum Panieren nach Wiener Art eignen sich besonders der Austernpilz und flache Hüte des Kulturträuschlings. Die Lamellen der Kulturträuschling-Fruchtkörper sollte man hierzu herausschneiden.

Frikadellen aus kleingeschnittenen Pilzen sind eine Delikatesse. Rührei mit Pilzen ist eine landläufig bekannte Mahlzeit. Doch nur wenige wissen, daß Risi-Bisi nach Zugabe von gedünsteten und kleingehackten Pilzen um ein Vielfaches besser schmeckt. Bei der Zubereitung von Fleischgerichten kann eine Soße aus Pilzen den Geschmack noch erheblich unterstreichen, oder man serviert einen Salat aus Pilzen zum Fleischgericht. Fleischpasteten schmecken nach Zugabe von Pilzen ausgezeichnet.

Einmal sogar hatte ich Gelegenheit, eine nachahmungswürdige Spezialität in Burbach im Siegerland kennenzulernen: Fleischwurst, der man 25% gedünstete, kleingeschnittene Austernpilze zugegeben hatte. Der bekanntlich etwas fade Geschmack dieser Wurstsorte konnte auf diese Weise erheblich verbessert werden.

Oft ist die Pilzernte zu groß, um alles kurzfristig in frischem Zustand verzehren zu können. In solchen Fällen bedient man sich einer Methode der Haltbarmachung. Durch Haltbarmachung wird das Verderben der Pilzfruchtkörper verhindert, wobei je nach Methode die Nähr- und Aromastoffe über einen langen Zeitraum hinweg ganz oder nur teilweise erhalten bleiben.

Pilzverwertung im Haushalt

Trocknung

Die einfachste und am meisten verbreitete Methode ist die Trocknung, bei der der Wassergehalt im Fruchtkörper, der im Frischzustand 80–90% beträgt, auf etwa 12–14% verringert wird. Dadurch kann man die chemischen und biologischen Zersetzungsprozesse vollkommen unterdrücken. Alle in den vorausgegangenen Kapiteln behandelten Pilze eignen sich unter bestimmten Bedingungen zum Trocknen. Für die Trocknung kommen allerdings nur gesunde Fruchtkörper in Frage. Überreife, glitschig gewordene Pilze trocknen schlecht, und wenn sie auch noch madig sind, geht von ihnen eine Gefahr für die übrigen Pilze aus, weil die Maden während des Trocknungsvorgangs auch gesunde Fruchtkörper angreifen.

Die sortierten und gereinigten Pilze werden in dünne (3–4 mm) Scheiben geschnitten und in dünner Schicht ausgebreitet. Bei trockenem und warmem Wetter kann man die Scheiben einfach auf sauberes Pergamentpapier auf den Tisch legen. Sie müssen während der Trocknung mehrmals gewendet werden. Die Trocknung ist dann beendet, wenn man die Scheiben brechen kann. Sind sie biegsam, enthalten sie noch zu viel Wasser und können nicht gelagert werden.

Auch Eierplatten, wie im Handel erhältlich, haben sich gut als Trocknungsunterlage bewährt. Man legt die Pilzscheiben in die Vertiefungen, wo sie auch von unten her der Luftzufuhr ausgesetzt sind. Dabei brauchen sie nicht gewendet zu werden.

Weitere Möglichkeiten wären, die Pilzscheiben auf Bindfaden oder auf dünnen, nicht rostenden Draht aufzuziehen und an einem schattigen, luftigen Platz aufzuhängen, oder auf einem flachen Sieb auszubreiten.

Die Trocknung in der Luft – ob auf Pergamentpapier, Eierplatten oder auf Bindfaden – nimmt

Zur Trocknung vorbereitete Shii-take-Pilze.

Pilzverwertung im Haushalt

in der Regel, abhängig vom Wetter, mehrere Tage in Anspruch. Dies könnte für Schopftintlinge eventuell schon zu lang sein, da, wenn ihr Wassergehalt nicht schnell genug verringert wird, die Autolyse einsetzt. Daher sollte man Schopftintlinge rasch, z. B. im Backofen, trocknen. Die Trocknung im Backofen darf nur ganz vorsichtig, bei Temperaturen von 40–50 °C, durchgeführt werden. Dabei sollte man die Tür des Backofens einen Spalt öffnen, um eine Luftzirkulation zu ermöglichen, da sonst die Pilzscheiben nur zusammenbacken, anstatt zu trocknen.

Es ist ratsam, die getrockneten Pilzscheiben zu sortieren. Dann füllt man sie in Papiertüten oder -säcke, die fest zugebunden werden und hebt diese in einem trockenen Raum auf. Plastikbeutel eignen sich für die Aufbewahrung getrockneter Pilzscheiben nur dann, wenn diese absolut trocken sind, d. h. weniger als 10% Wasser enthalten. Sonst kann sich Schwitzwasser im Plastikbeutel bilden, wovon die Oberfläche der Pilzscheiben naß wird und sie kurz danach verschimmeln.

Getrocknete Pilze können in gleicher Weise wie frische zubereitet werden. Wenn man die Scheiben in Wasser einweicht, werden sie bald ihre ursprüngliche Konsistenz wiedererlangen. Vor dem Einweichen empfiehlt es sich, die trockenen Pilzscheiben unter fließendem Wasser kurz abzuspülen. Das Wasser, das man zum Einweichen verwendet, kann man auch zum Kochen gebrauchen, da es viele wertvolle Aromastoffe enthält.

Hat man eine Gewürzmühle im Haushalt, kann man auch Pulver aus getrockneten Pilzen herstellen. Die Kaffeemühle eignet sich hierfür nur dann, wenn sie vorher und anschließend problemlos gereinigt werden kann. Das fertige Pilzpulver muß luftdicht verschlossen, in Dosen oder Gläsern, aufbewahrt werden. Es ist notwendig, diese Dosen und Gläser vor Gebrauch gründlich auszuspülen und im Backofen so lange zu trocknen, bis auch die geringste Restfeuchtigkeit verdunstet. Pilzpulver kann man als Gewürz für verschiedene Speisen verwenden oder daraus eine vorzügliche Suppe kochen.

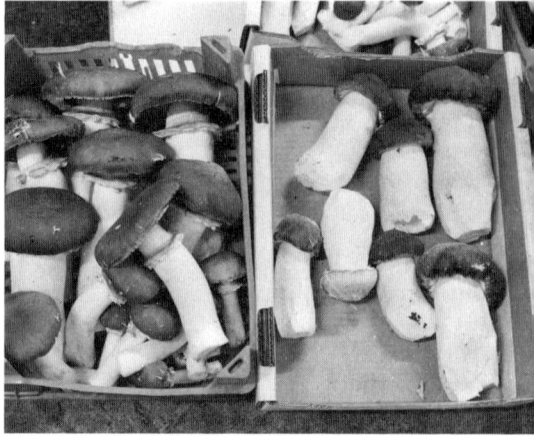

Den Ernteüberschuß an Kulturträuschlingen sollte man, statt zu trocknen, eher konservieren. Auch die Herstellung eines Konzentrates ist lohnend.

Konservierung

Eine andere Möglichkeit der Haltbarmachung von Pilzen ist die Konservierung. Das Prinzip der Konservierung besteht darin, den Verwesungsprozeß der Fruchtkörper durch Sterilisation oder auf chemischem Wege zu unterbinden. Auch zum Konservieren sollten nur gesunde, madenfreie und saubere Pilze verwendet werden. Man wäscht sie vorab unter fließendem Wasser.

Als erstes werden die Fruchtkörper geviertelt und größere Pilze in Scheiben geschnitten. Dann kocht man sie im Wasser 6–10 Minuten lang und läßt sie anschließend abtropfen. Wichtig ist, daß der Kochvorgang nicht länger dauert, da sonst die Scheiben in Fasern zerfallen. Während dieser Zeit stirbt ein Großteil der Fäulnisbakterien ab, die Pilze verlieren etwa ein Fünftel ihres Gewichtes und, was leider nicht zu vermeiden ist, auch einen Teil ihrer Aromastoffe.

Am besten legt man die Pilze in ein Sieb und setzt es für 6–10 Minuten auf einen Kochtopf, der bis zum Rand mit siedendem Wasser gefüllt ist. So kann man die Pilze rasch wieder aus dem Wasser herausheben und dann im Sieb abtropfen lassen. Nachdem die Pilze abgetropft

Pilzverwertung im Haushalt

und abgekühlt sind, werden sie in Einweckgläser gefüllt, mit 1–2%iger Kochsalzlösung versetzt und fest verschlossen. Die Gläser müssen schließlich im Wasserbad 1½ Stunden lang gekocht werden.

Man kann die gekochten, abgetropften und in Einweckgläser gefüllten Pilze anstelle der Kochsalzlösung auch mit einer Brühe, bestehend aus Weinessig und verschiedenen Gewürzen (Senfkörnern, Lorbeerblättern, Nelken, Estragon, Wacholderbeeren, Zwiebeln) versetzen, die man vorab ebenfalls zum Kochen gebracht und heiß in die Gläser gefüllt hat.

Die einfachste Art der Pilzkonservierung im Haushalt ist die mittels Salz. Die abgekochten und abgetropften Pilze werden schichtweise in Einweckgläser gefüllt, wobei zwischen jede Schicht eine Lage Salz gestreut wird. Das Gesamtgewicht des verwendeten Salzes muß etwa 12–15% des Pilzgewichtes betragen, um den gewünschten Effekt zu erreichen.

Bevor jedoch gesalzene Pilze zur Zubereitung von Speisen verwendet werden, sollten sie, um den starken Salzgeschmack zu mildern, wenigstens ein bis zwei Stunden lang in Wasser gelegt werden.

In Haushalten, wo eine Entsaftungsanlage vorhanden ist, kann man diese zur Herstellung von Pilzkonzentraten verwenden. Der bei der Entsaftung entstandene Auszug wird dann eingedickt, ggf. gewürzt und in luftdicht verschlossenen Flaschen aufbewahrt. Man kann das Pilzkonzentrat für die Zubereitung von Soßen und Fleischgerichten verwenden. Auch für Suppen ist es gut geeignet

Tiefgefrieren

Viele fragen danach, ob Pilze durch Tiefgefrieren haltbar gemacht werden können. Tiefgefrieren ist eine höchst empfehlenswerte Möglichkeit zur Haltbarmachung von Pilzen, da sie in der Tiefkühltruhe für viele Monate ohne den geringsten Verlust an Nähr- und Aromastoffen gelagert werden können. Selbst empfindliche Schopftintlinge kann man in der Tiefkühltruhe lange Zeit aufbewahren.

Zum Tiefgefrieren werden gesunde, gewaschene und mit einem sauberen Küchentuch abgetrocknete Fruchtkörper verwendet. Das Blanchieren der Pilze vor dem Tiefgefrieren ist nicht erforderlich. Es ist empfehlenswert, Pilze portioniert abzupacken und einzufrieren. Bei Bedarf wird nur die entsprechende Anzahl von Portionen der Truhe entnommen, ohne den Rest unnötig der Wärme auszusetzen.

Wenn man Pilze wieder auftaut, verfärben sie sich rasch, und sie werden infolge starken Wasserverlustes matschig. Besonders Champignons und Schopftintlinge verändern ihre Farbe nach dem Auftauen und werden nach einigen Stunden braun bis schwarz. Man sollte daher tiefgekühlte Pilze unmittelbar nach der Herausnahme aus der Truhe, ohne sie vorher aufzutauen, verarbeiten.

Man sollte nicht vergessen, haltbar gemachte Pilze zu kennzeichnen, damit ihre Identität auch noch Monate später genau festgestellt werden kann. Das Datum der Trocknung, Konservierung oder des Einfrierens sollte man ebenfalls vermerken.

Kochrezepte

Pilzcremesuppe

(für Stockschwämmchen, Samtfußrüblinge)

Petersilienwurzeln und Möhren in Salzwasser weichkochen und durch ein Sieb abgießen. Gereinigte, kleingehackte Pilze in wenig Butter dünsten, bis sie weich werden. Helle Mehlschwitze herstellen, mit Wasser verdünnen, die Pilze hineingeben und einmal aufkochen. Die Pilze anschließend zusammen mit der Petersilienwurzel und den Möhren durch ein Sieb passieren und in die Suppe einrühren. Salz zugeben, aufkochen und mit saurer Sahne abschmecken.
Vor dem Servieren in Butter geröstete Brot- oder Brötchenwürfel zugeben.
Zutaten für 4 Personen: 160 g Pilze, 150 g Petersilienwurzeln und Möhren, saure Sahne, Mehl, Butter, Gewürze.

Vorspeise mit Pilzen

(für Austernpilze, Champignons, Braune Egerlinge)

Stangenbrot in Scheiben schneiden und in Milch einweichen. Eier hart kochen und in Scheiben schneiden. Gereinigte, gewaschene, kleingehackte Pilze in wenig Fett garen, mit Salz und Pfeffer würzen. Feuerfeste Schüssel mit Butter fetten und lageweise mit Brotscheiben, Eierscheiben und einer Schicht der Pilzmasse füllen. Jeweils die Pilzlage salzen und mit saurer Sahne übergießen. Obenauf sollten auf jeden Fall Brotscheiben sein, die reichlich mit saurer Sahne übergossen werden. Im Backofen goldgelb backen.
Zutaten für 4 Personen: 600 g Pilze, 250–300 g Weißbrot, 6 Eier, 20 g Fett, 0,4 l saure Sahne, Milch, Petersilie, Salz.

Gegarte Austernpilze auf Toast.

Pilzpudding

(für Austernpilze, Shii-take, Südlichen Schüppling)

Kleingehackte Pilze in wenig Butter dünsten, mit Salz und Pfeffer würzen. Brötchen in Milch einweichen, zerdrücken, die Pilze sowie Eigelb, etwas Salz, Pfeffer und das geschlagene Eiweiß zugeben. Die Mischung umrühren und in eine mit Butter oder Margarine gefettete Form geben. 50 Minuten in Dampf kochen. Vor dem Servieren mit geriebenem Käse bestreuen.
Zutaten für 4 Personen: 400 g Pilze, 4 Eier, 2 Brötchen, Milch, Butter (Margarine), Gewürze.

Kartoffeln mit Pilzfüllung

(für Champignons, Braune Egerlinge, Schopftintlinge)

Größere Kartoffeln schälen und in der Röhre im ganzen braten. Ein Ende der Kartoffeln abschneiden und das Innere ausnehmen. Kleingehackte Pilze mit Zwiebeln dünsten, dann zusammen mit dem herausgenommenen Innenteil der Kartoffeln durch den Fleischwolf drehen, mit Salz, etwas Pfeffer und gedünsteter Petersilie würzen. Die ausgehöhlten Kartoffeln mit dieser Mischung füllen und sie mit der Füllung nach oben in eine feuerfeste Schüssel stellen. Etwas Wasser in die Schüssel geben, die Kartoffeln mit ausgelassener Butter und saurer Sahne übergießen und im Backofen rotbraun backen.
Zutaten für 4 Personen: 1000 g Kartoffeln, 300 g Pilze, 0,2 l saure Sahne, Zwiebeln, Petersilie, Pfeffer, Salz.

Gegrillte Träuschlinge

(für Kulturträuschlinge, auch für Champignons und Braune Egerlinge)

Gesunde, feste Fruchtkörper reinigen, waschen, trocknen und auf den heißen Grill legen.

Kochrezepte

Reichlich mit Nußöl begießen, 10 Minuten lang braten und dabei wenden. Mit Salz und Pfeffer würzen und sofort mit frischer Butter, Petersilie und Knoblauch servieren.

Zutaten für 4 Personen: 600 g Pilze, Nußöl, Salz, Pfeffer, Petersilie, Knoblauch.

Panierte Pilzköpfe

(für den Violetten Ritterling, Austernpilz, Champignon)

Die gewaschenen Pilzhüte – ohne die Stiele – müssen zuerst gesalzen, anschließend in Mehl, gequirlten Eiern sowie in Paniermehl gewendet werden. Am Anfang bei starker Hitze in der Pfanne in reichlich Fett solange braten, bis sie rotbraun sind, dann bei kleiner Hitze 2–3 Minuten weiterbraten, damit auch das Innere gar wird. Als Beilage wird gekochter Reis serviert, der mit Petersilie gewürzt ist, dazu Mayonnaise.

Zutaten für 4 Personen: 400 g ausgesuchte Pilzhüte, 3 Eier, 200 g Mehl, 200 g Paniermehl, 200 g Fett, Salz, gekochter Reis, Petersilie, Mayonnaise.

Pilze in Blätterteigpastete

(für Kulturträuschlinge, Austernpilze)

0,5 Liter helle Grundsauce mit Käse und Eigelb verrühren, bis sich der Käse gelöst hat. Mit Salz und Zitronensaft abschmecken. Feingeschnittene und gedünstete Pilze hineingeben, die Masse in Pasteten füllen und warm servieren.

Zutaten für 4 Personen: 400 g Pilze, 50 g Butter, 125 g frischen Holländerkäse, 1 Eigelb, Blätterteigpasteten, Salz, Zitronensaft.

Champignonsalat mit Käse und Walnüssen.

Schinkenröllchen mit Pilzen

(für Shii-take, Südlichen Schüppling, Schopftintling)

Pilze gut waschen, fein hacken, 2–3 Minuten stehenlassen, dann in einem Tuch auswringen. In Fett etwas kleingehackte Zwiebeln anbraten, die Pilze zugeben und bei starker Hitze unter ständigem Rühren 2–3 Minuten weiterbraten.
Inzwischen mit Salz, Pfeffer, feingehackter Petersilie würzen. Dann Eier aufschlagen, zugeben und unter ständigem Rühren eindicken. Die Schinkenscheiben ausbreiten, mit den Pilzen gleichmäßig belegen und einrollen. Eine feuerfeste Schüssel fetten, mit etwas Paniermehl bestreuen und die Schinkenrollen hineingeben, so daß sie dicht an dicht stehen. Mit geriebenem Käse und Butterflocken bestreuen und im Backofen rotbraun backen. Heiß servieren.
Zutaten für 4 Personen: 300 g Pilze, 8 Scheiben Kochschinken, 60 g Fett, 2 Eier, 50 g Käse, 50 g Butter, Salz und Pfeffer sowie Petersilie, Zwiebeln.

Gedünstete Austernpilze als Fleischbeilage.

Pilzcroquetten ungarisch

(für diverse Pilze)

Gereinigte, gewaschene Pilze sehr fein hacken und 4–5 Minuten lang stehenlassen. Ein Brötchen in Wasser einweichen und gut auspressen. In wenig Fett etwas Zwiebeln anbraten, dann einen Eßlöffel feingehackte Petersilie zugeben und vom Herd nehmen. Pilze in sauberem Tuch auswringen, in eine Schüssel geben, das Brötchen, die gerösteten Zwiebeln mit Petersilie, 2 Eigelb, 2 Eßlöffel Paniermehl, 2 Teelöffel Mehl zugeben, mit etwas Majoran würzen und das geschlagene Eiweiß noch einrühren. In heißem Fett eßlöffelgroße Portionen ausbacken und heiß servieren. Als Beilage Kartoffelpüree geben.
Zutaten für 4 Personen: 400 g Pilze, 2 Eier, 1 Brötchen, Salz, Mehl, Paniermehl, Fett, Pfeffer, Majoran, Zwiebeln, Petersilie.

Pilzsalat mit Weißwein

(für Shii-take, Schopftintlinge, Violette Ritterlinge)

Pilze in größere Stücke schneiden, in wenig Öl und kleingehackten Zwiebeln anbraten. Dann salzen, mit Pfeffer würzen, reichlich mit kleingehackter Petersilie bestreuen, mit trockenem Weißwein übergießen und bei geschlossenem Deckel solange garen, bis die Flüssigkeit verdunstet ist. Dann abkühlen lassen. Mayonnaise in eine Schüssel geben, einen Teelöffel Senf und 3 Teelöffel Zitronensaft gut einrühren. Pilze zugeben, umrühren, mit einer Handvoll kleingehacktem Schnittlauch bestreuen und kalt servieren.
Zutaten für 4 Personen: 500 g Pilze, 70 g Mayonnaise, 0,15 l trockener Weißwein, Öl, Petersilie, Zwiebeln, Schnittlauch, Salz, Pfeffer, Senf, Zitronensaft, Salatblätter.

Gartenbeispiele

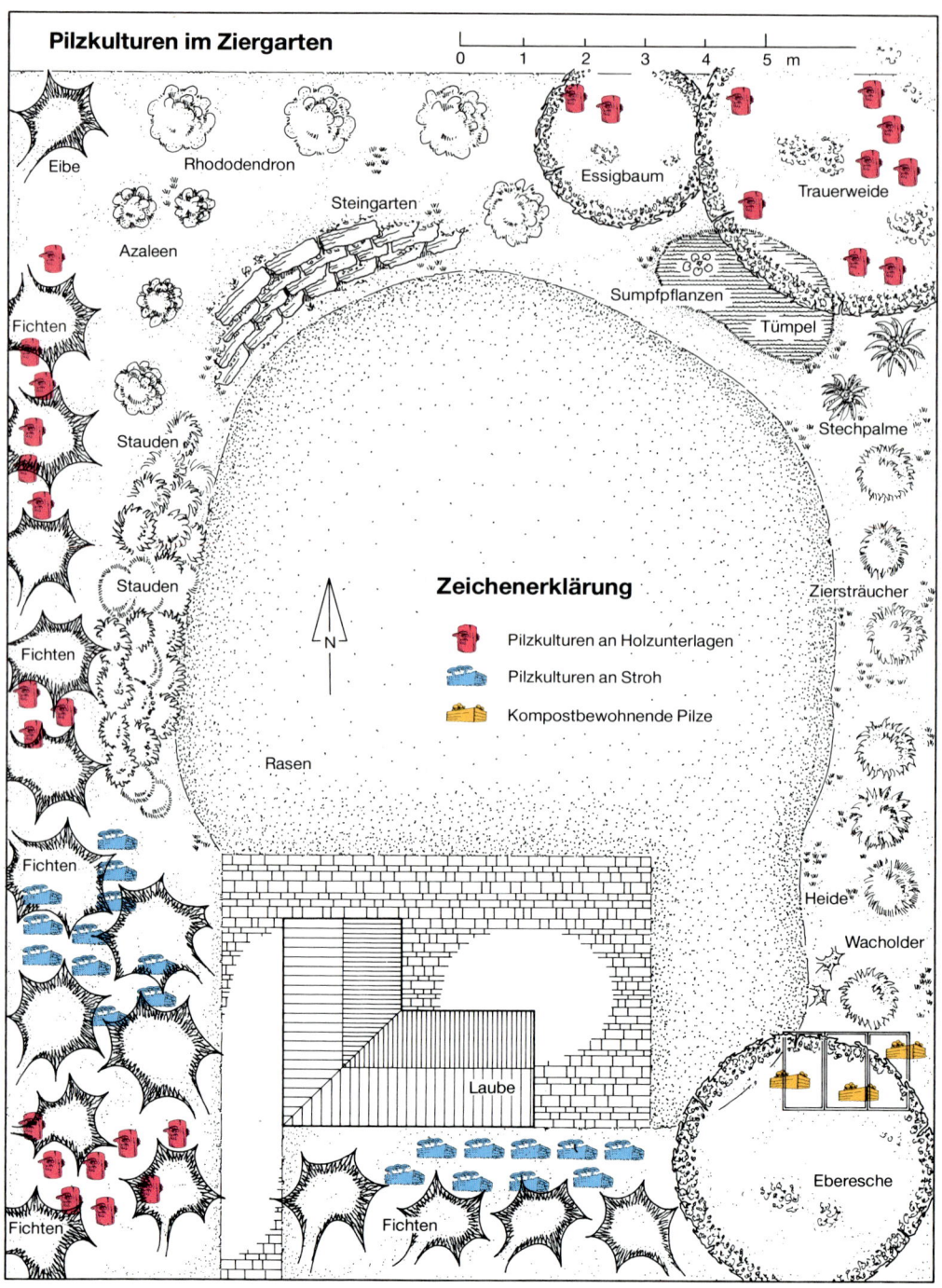

Gartenbeispiele

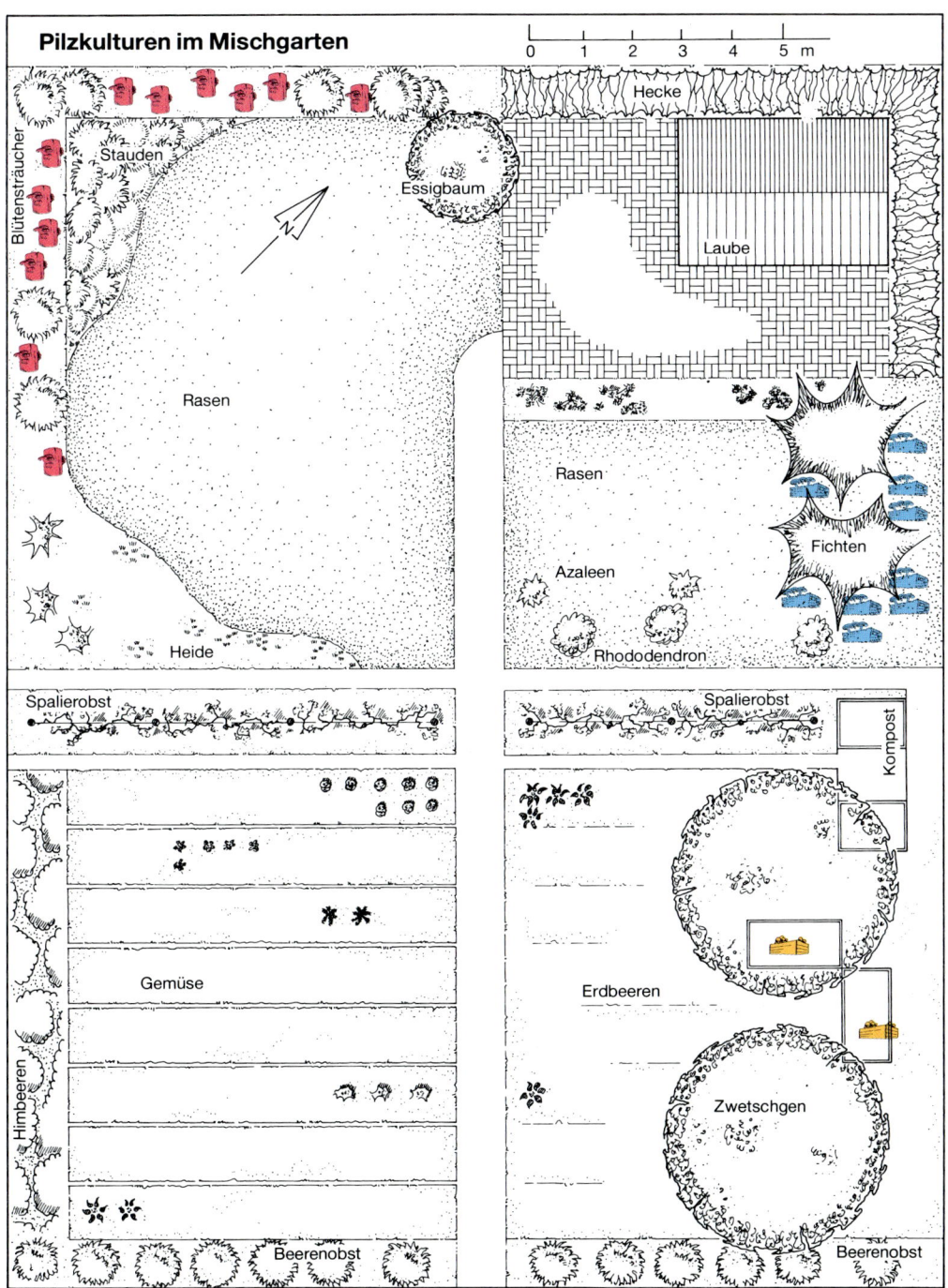

Gartenbeispiele

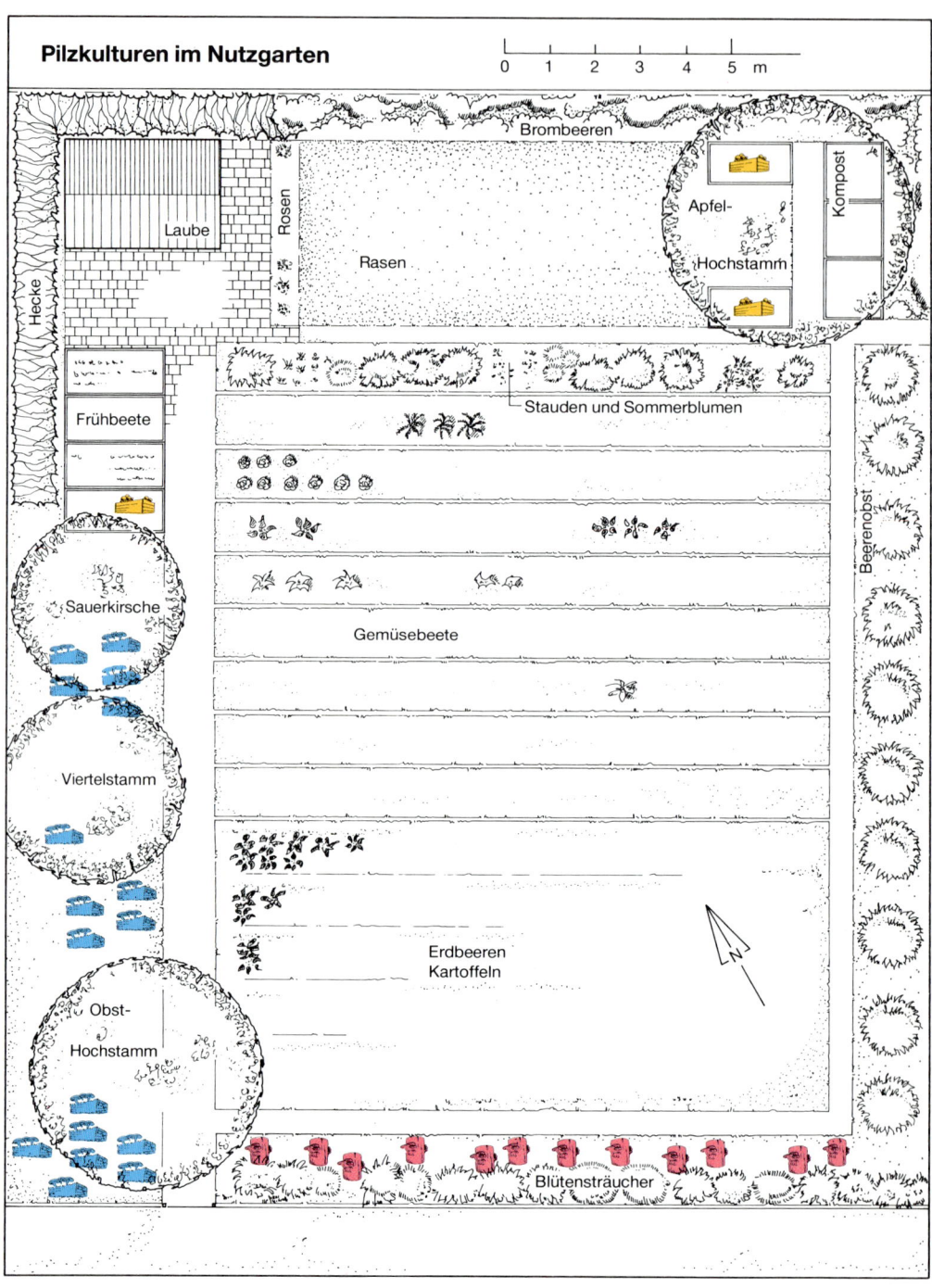

Anbaukalender

Januar

Pilzkulturen an Holzunterlagen

Bei Temperaturen wenige Grade über dem Gefrierpunkt müssen die Samtfußrübling-Anlagen kontrolliert werden, da sie evtl. fruktifizieren. Wenn nach einer Frostperiode milderes Wetter herrscht, müssen auch die Shiitake-Hölzer nachgesehen werden, da die Winterstämme dann meistens kurzfristig Fruchtkörper bilden. Beabsichtigt man, im Frühling neue Kulturen anzulegen, ist jetzt die richtige Zeit, einen geeigneten Holzlieferanten zu suchen.

Pilzkulturen an Strohsubstrat

In Gewächshäusern und sonstigen Räumen, wo die Temperaturen einige Grade über dem Gefrierpunkt sind, fruktifizieren – wenn auch langsam – die Winterausternpilzkulturen.

Kompostbewohnende Pilze

Um Heizkosten zu sparen, werden geschlossene Räume nur soviel gelüftet, wie unbedingt notwendig. Dabei sollte man besonders das Aussehen der Pilze beachten. Treten langstielige, kleinhütige Fruchtkörper auf, ist das ein Zeichen von Frischluftmangel. In diesem Fall verstärkt man die Frischluftzufuhr. Vorsicht mit Frostschäden an der Wasserleitung, sie sollte am besten nach dem Gießen entleert werden.

Allgemeine Hinweise

Freilandkulturen müssen bei längerer strenger Frostperiode mit Stroh, Laub, Säcken oder Pappe zugedeckt werden. Es ist Zeit, die Angebote der Versandhäuser hinsichtlich Pilzbrut und Fertigsubstraten zu prüfen. Man sollte auch Preisvergleiche anstellen. Im Januar können auch schon die Brutbestellungen aufgegeben werden.

Februar

Pilzkulturen an Holzunterlagen

Von den holzbewohnenden Pilzen bilden der Samtfußrübling und die Winterstämme des Shii-take Fruchtkörper. Allerdings nur dann, wenn die Temperatur wenigstens 4–6 °C beträgt. Auch der Winterausternpilz kann bereits im Februar fruktifizieren. Jetzt ist es Zeit, für die Frühjahrskulturen das Holz zu bestellen.

Pilzkulturen an Strohsubstrat

Bei sonnigem Wetter ist es in Gewächshäusern schon bis zu 10–15 °C warm. Diese Temperatur beschleunigt die Fruktifikation des Austernpilzes. Im Freiland beginnen die Austernpilzkulturen (Wintertyp) ebenfalls allmählich zu fruchten. Man sollte in Träuschlingskulturen, die im Herbst des Vorjahres angelegt wurden, den Stand der Myzelentwicklung kontrollieren. Jetzt müssen um die Impfstellen herum bereits deutliche Myzelnester vorhanden sein.

Kompostbewohnende Pilze

Champignon-, Egerling- und Tintlingskulturen werden in geschlossenen Räumen erneut etwas mehr belüftet. Wenn die Kulturen in der Erntephase sind, kann man eine Abkühlung des Raumes auf 8–10 °C ruhig in Kauf nehmen. Dies führt einerseits zu einer Verlangsamung der Fruchtkörperbildung, andererseits sind die langsam wachsenden Pilze meistens von hervorragender Qualität.

Allgemeine Hinweise

Spätestens in der 2. Monatshälfte sollte man die Schutzabdeckung von den Freilandpilzkulturen entfernen. Es ist Zeit, die Brut für die Frühjahrskulturen zu bestellen.

März

Pilzkulturen an Holzunterlagen

Die Fruchtkörperbildung des Samtfußrüblings geht allmählich zu Ende. Winterstämme des Shii-take fruchten kräftig, und auch die Intermediärstämme sowie Ganzjahresstämme beginnen erste Fruchtkörper zu bilden. Weitere Kulturpilze sind der Graublättrige Schwefelkopf und der Austernpilz (Wintertyp), die im März fruktifizieren.

Pilzkulturen an Strohsubstrat

Winterausternpilze können in Gewächshäusern und ungeheizten Räumen schon kräftig fruktifizieren. Man muß das Substrat gelegentlich befeuchten. Im Freiland nimmt die Fruchtkörperbildung – analog zu den Holzkulturen – ebenfalls an Intensität zu. In Träuschlingskulturen vom vorigen Herbst setzt sich die Myzelentwicklung mit zunehmender Geschwindigkeit fort. Gegen Ende März sind große Teile der Ballen weiß durchwachsen. Dreht man einen Ballen um, findet man dichtes Myzel an dessen Unterseite und auf dem Boden.

Kompostbewohnende Pilze

Wenn tagsüber die Temperatur bis auf 10–12 °C ansteigt, entfernt man den Winterschutz von den Ritterlingskulturen und baut wieder das Schrägdach über dem Beet auf. Anschließend wird mit Erde nachgedeckt und vorsichtig befeuchtet.

Allgemeine Hinweise

Jetzt ist es Zeit für die Gartenplanung. Man sollte die Standorte der Pilzkulturen sorgfältig auswählen und herrichten. Ist inzwischen die bestellte Brut eingetroffen, soll man sie gründlich in Augenschein nehmen und evtl. auch eine Keimprobe durchführen, um unangenehmen Überraschungen vorzubeugen. Wenn die Brutqualität nicht zufriedenstellend ist, unverzüglich reklamieren, damit man die Ersatzlieferung noch rechtzeitig erhält. Die Brut bis zur Verwendung kühl lagern.

April

Pilzkulturen an Holzunterlagen

Bei mildem Wetter kann man schon im April neue Kulturen anlegen. Es gibt drei Möglichkeiten: Schnitt-, Bohrloch- und Scheibenimpfmethode. Achten auf die Holzfeuchtigkeit (50–70%) und auf den Befall durch Konkurrenzpilze. Nach der Beimpfung werden einzelne Hölzer in Plastiksäcke verpackt und in einem warmen Raum (20°C) aufbewahrt. Für größere Anlagen errichtet man einen Impfgraben oder eine oberirdische Miete. Allmählich beginnt auch das Judasohr und das Stockschwämmchen zu fruktifizieren. Austernpilz- und Shii-take-Hölzer tragen ebenfalls. Man sollte die fruktifizierenden Kulturen gelegentlich beregnen.

Pilzkulturen an Strohsubstrat

Ab der 2. Monatshälfte kann mit dem Erscheinen der ersten Kulturträuschlinge gerechnet werden. Winterausternpilze stehen im April, insbesondere im Freiland und in geschlossenen Räumen, voll im Ertrag. Im Gewächshaus kann es ihnen gelegentlich schon zu warm werden. Dem beugt man durch öfteres Bewässern vor. Gegen Ende April kann man mit der Anlage neuer Träuschlingskulturen beginnen. Achten Sie auf die Strohqualität und darauf, daß die Ballen hinreichend bewässert werden (Handprobe). Hohes Gras und Unkraut um die Träuschlings- und Austernpilzballen herum wird niedergetreten, um die Pilze leichter finden zu können.

Kompostbewohnende Pilze

In Kulturräumen fruktifizieren Champignons, Braune Egerlinge und Schopftintlinge ohne Heizung. Im April beginnen auch überwinterte Ritterlingskulturen erneut zu fruchten. Für die Frühjahrskulturen kompostbewohnender Pilze beginnt man mit der Substratfermentation. Man achte darauf, daß der Pferdedung frisch ist und daß ihm die Zuschlagstoffe (Hühnerkot, schwefelsaures Ammoniak) gleichmäßig beigemischt werden.

Allgemeine Hinweise

Man muß damit rechnen, daß die ersten Schädlinge bereits im April auftreten. Entsprechende Vorbeuge- und Schutzmaßnahmen anwenden.

Mai

Pilzkulturen an Holzunterlagen

Mai ist die Hauptsaison für die Anlage neuer Pilzkulturen aller Arten. Auch Stubben werden im Mai beimpft. Es ist wichtig, die Holzunterlagen, die u. U. seit dem Winter gelagert wurden, gründlich zu prüfen. Trockenes Holz wird in einen Haufen aufgesetzt und einige Tage lang beregnet. Im Mai fruchten außer dem Samtfußrübling alle holzbewohnenden Pilze. Beim Austernpilz kommt der Sommertyp. Beim Shii-take fruchten die Sommer-, Intermediär- und Ganzjahresstämme. Der Südliche Schüppling bildet ebenfalls erste Fruchtkörper. Tragende Hölzer sollte man bei sonnigem Wetter täglich beregnen.

Pilzkulturen an Strohsubstrat

Auch Träuschlings- und Austernpilzkulturen werden hauptsächlich im Mai angelegt. Das Substrat wächst in der warmen Witterung rasch durch und bei Austernpilzen nach 4–6, bei Kulturträuschlingen nach 8–10 Wochen beginnt schon die Fruchtkörperbildung. Spätestens im Mai beginnen die im Herbst des Vorjahres angelegten Träuschlingskulturen zu tragen. Bei Austernpilzen, ob im Freiland oder in geschlossenen Räumen, treten die ersten Fruchtkörper der wärmeliebenden Kulturstämme auf. Es ist wichtig, darauf zu achten, daß Strohsubstrate immer genügend feucht sind. Besonders in Gewächshäusern, wo es im Mai schon recht warm werden kann, muß öfters gesprengt werden.

Kompostbewohnende Pilze

Im Mai beginnt man auch mit der Anlage der Freilandkulturen kompostbewohnender Pilze. Kulturen in geschlossenen Räumen, gleich in welcher Entwicklungsphase, sind jetzt wenig pflegebedürftig. Lediglich das Gießen tragender Kulturen darf man nicht vernachlässigen.

Allgemeine Hinweise

Man muß sich rechtzeitig überlegen, was mit größeren Pilzmengen geschehen soll. In der Regel kann man im Mai schon Pilze im Freien trocknen.

Juni

Pilzkulturen an Holzunterlagen

Bis Ende Juni sollte man die Anlage neuer Pilzkulturen beenden, ansonsten zieht sich die Durchwachsphase in die kalten Monate hinein. Die Pflege tragender Kulturen konzentriert sich auf die regelmäßige Bewässerung. Solche Hölzer, die schon abgetragen haben, gießt man – bei trockenem Wetter – nur einmal wöchentlich. Es sollte allerdings vermieden werden, daß an den oberen Stirnseiten Trockenrisse entstehen. Ganzjahres- und Sommerstämme des Shii-take, der Sommertyp des Austernpilzes sowie alle übrigen Holzbewohner fruchten im Juni.

Pilzkulturen an Strohsubstrat

Frühjahrskulturen des Träuschlings werden noch bis Ende Juni angelegt. Solche Kulturen, die nach dem klassischen Verfahren angelegt wurden und sich jetzt in der Durchwachsphase befinden, müssen öfters auf Substrattemperatur kontrolliert werden. Besteht die Gefahr, daß die Beettemperatur über 30 °C steigen könnte, lüften. Strohballen im Freiland gelegentlich auf Feuchtigkeit prüfen (2–3 cm unter der Oberfläche muß das Stroh noch feucht sein) und eventuell gießen. Die Kulturen vom Vorjahr stehen jetzt in vollem Ertrag. Die Anlage von Austerpilzkulturen geht im Juni problemlos weiter. In der Fruchtkörperbildung dominieren die wärmeliebenden Kulturstämme. In Gewächshäusern muß man allmählich mit Pilzkulturen aufhören, da sie bei sonnigem Wetter zu heiß werden.

Kompostbewohnende Pilze

Für Ritterlingskulturen ist der Juni schon zu warm. Solche aus dem Vorjahr, die überwintert und inzwischen im Frühling gefruchtet haben, werden abgeräumt. Neue Ritterlingskulturen im Freiland können noch etwa bis Mitte des Monats angelegt werden. Die Freilandkultur anderer kompostbewohnender Pilze kann im ganzen Monat starten. In geschlossenen Räumen (in solchen ist die Kulturanlage jahreszeitlich unabhängig) wird jetzt kräftiger gelüftet und öfters gegossen.

Allgemeine Hinweise

Ab Anfang Juni ist mit zunehmender Schädlingsplage zu rechnen. In geschlossenen Räumen können insbesondere Insekten, bei Freilandkulturen in schattigen Lagen Schnecken lästig werden. Entsprechende Abwehrmaßnahmen einleiten.

Juli

Pilzkulturen an Holzunterlagen

Kulturen, die im April angelegt wurden, können jetzt schon durchgewachsen sein. Es ist soweit, wenn das weiße Myzel an den Stirnflächen der Hölzer sichtbar ist. Durchgewachsene Hölzer an einem schattigen oder halbschattigen Platz im Garten aufstellen bzw. in die Erde eingraben. Die Fruktifikation holzbewohnender Pilze läßt im Juli nach, da es in der Regel zu warm ist.

Pilzkulturen an Strohsubstrat

Frühjahrskulturen (April) des Träuschlings beginnen zu tragen, während die vom Vorjahr jetzt schon abgeräumt werden. Austernpilzkulturen können auch im Juli angelegt werden. Frühjahrskulturen des Austernpilzes im Freiland fruchten kräftig, allerdings nur die wärmeliebenden Kulturstämme. Bei anhaltendem Schönwetter Strohsubstrate öfters gießen.

Kompostbewohnende Pilze

Champignon-, Egerling- und Schopftintlingskulturen im Freiland können noch im ganzen Monat angelegt werden. Bei anwachsenden Ritterlingskulturen muß man wiederholt die Beettemperatur kontrollieren. Steigt sie auf 25–26 °C, wird durch zeitweilige Entfernung der Abdeckung gelüftet. Auch in geschlossenen Räumen müssen öfters Temperaturkontrollen durchgeführt werden. Bei Kulturen, die sich in der Anwachsphase befinden, wird bei Bedarf die Beetabdeckung entfernt. Solche in der Erntephase werden ggfs. nur nachts, wenn die Luft kühler ist, belüftet.

Allgemeine Hinweise

Es ist Zeit, sich um die Brut für Herbstkulturen (insbesondere Kulturträuschling) zu kümmern. Die Herbstkataloge der Versandhäuser schicken lassen und Preisvergleiche anstellen.

August

Pilzkulturen an Holzunterlagen

Spätestens bis Ende August werden die im Frühling beimpften Holzabschnitte durchwachsen sein, und die Kulturen können jetzt angelegt werden. Achten auf den guten Bodenanschluß der Stammstücke und darauf, daß sie voneinander im Abstand von wenigstens 30 × 30 cm stehen. Eventuell einen Erdwall um die Anlage herum errichten. Lange Knüppelhölzer werden gegen eine Stütze gelehnt. Sie sollte stabil und wetterfest sein. In der 2. Monatshälfte sind die Nächte meistens schon kühl, es bildet sich auch Tau. Dies begünstigt die Fruchtkörperbildung der holzbewohnenden Pilze.

Pilzkulturen an Strohsubstrat

Frühjahrskulturen des Träuschlings (April–Mai) und des Austernpilzes fruktifizieren. Für die Anlage einer Herbstkultur des Träuschlings wird das Stroh besorgt, und gegen Monatsende kann man auch mit dem Bewässern beginnen. Austernpilzfreilandkulturen werden auch noch im August gestartet, und man kann erneut das Substrat auch für eine Kultur im Gewächshaus vorbereiten und beimpfen.

Kompostbewohnende Pilze

Champignon-, Egerling- und Tintlingskulturen können im Freiland noch bis Anfang August angelegt werden. Bestehende Anlagen, wenn sie gut feucht gehalten sind, fruktifizieren erneut üppiger. Dies ist bedingt durch die zurückgehenden Temperaturen. Überhitzungsprobleme von Substrat im Freiland oder in geschlossenen Räumen treten ab der 2. Monatshälfte kaum noch auf.

Allgemeine Hinweise

Ab etwa Ende August werden Pilze – nach einer Sommerflaute – erneut mehr gefragt. Man sollte ruhig versuchen, überschüssige Ernten, nachdem die Fruchtkörper sorgfältig gereinigt und ansprechend verpackt wurden, zu verkaufen. Brut für Herbstkulturen bestellen und nach Erhalt der Ware die Qualitätsprüfung durchführen.

September

Pilzkulturen an Holzunterlagen

In neu angelegten Winterausternpilzkulturen können bereits die ersten Fruchtkörper auftreten. Bei warmem Wetter fruchten auch noch die frisch angelegten Sommeraustempilze. In Altanlagen erscheinen ebenfalls die ersten Winteraustempilze. Beim Shii-take fruchten die Intermediär- und die Ganzjahresstämme. Das Judasohr hört allmählich auf zu tragen. Das Stockschwämmchen bringt im September noch reichlichen Ertrag. Da der September oft trocken ist, müssen tragende Hölzer, obwohl die Temperaturen zurückgehen, wiederholt gegossen werden.

Pilzkulturen an Strohsubstrat

Es ist Zeit für die Anlage einer Herbstkultur des Träuschlings. Im September können auch noch die letzten Austernpilz-Freilandkulturen gestartet werden. Man sollte allerdings einen Wintertyp impfen. Im Gewächshaus herrschen erneut angenehme Temperaturbedingungen, die für die Anlage von Austernpilzkulturen günstig sind. Freilich können auch Kulturträuschlinge im Gewächshaus angebaut werden. Man startet die Kultur im September und erntet sie, wenn geheizt wird, evtl. schon im Winter. Träuschlingskulturen hören in der Regel Ende September auf zu fruktifizieren. Austernpilzkulturen dagegen fruchten auch noch im September kräftig (anfangs wärmeliebende Stämme, später zunehmend die Wintertypen).

Kompostbewohnende Pilze

Wenn die Durchschnittstemperatur unter 16 °C sinkt, beginnt der Violette Ritterling zu fruktifizieren. Die übrigen Kompostbewohner, ob im Freiland oder in geschlossenen Räumen, fruchten im September kräftig, da für sie die in der Regel vorherrschenden Temperaturen geradezu optimal sind.

Allgemeine Hinweise

Im September läßt allmählich der Befall durch Schädlinge im Freiland nach, da der Generationswechsel langsamer ist. In geschlossenen Räumen, einschließlich Gewächshäusern, ist es allerdings nicht der Fall. Dort muß man weiterhin achtgeben, während im Freiland Vorbeuge- und Schutzmaßnahmen kaum noch nötig werden.

Oktober

Pilzkulturen an Holzunterlagen

Neu angelegte Austernpilzkulturen (Wintertyp) fruchten jetzt kräftig. Beim Shii-take dominieren die Intermediär- und die Ganzjahresstämme. Der Südliche Schüppling hört im Oktober auf zu fruchten, während der Graublättrige Schwefelkopf in dieser Jahreszeit besonders gut wächst. Es sind kaum noch Pflegemaßnahmen nötig. Da es im Oktober oft viel regnet, kann man auf das Bewässern der Hölzer ruhig verzichten.

Pilzkulturen an Strohsubstrat

Auch noch im Oktober können Freiland-Träuschlingskulturen gestartet werden. Es ist jedoch ratsam, die Ballen vor Dauerregen durch einen niedrigen Folientunnel zu schützen. Austernpilzkulturen werden in dieser Jahreszeit nur noch in geschlossenen Räumen angelegt. Kulturträuschlinge fruchten im Oktober nur noch selten, während Austernpilzkulturen (Wintertypen), obwohl langsamer, auch im Oktober tragen. Besonders günstig sind jetzt und auch noch im November Gewächshäuser als Ernteräume, wo für Winterausternpilze geradezu optimale Temperatur- und Lichtverhältnisse herrschen. Die Kulturen müssen auch in der kühlen Jahreszeit regelmäßig befeuchtet werden, wenn auch seltener als im Sommer.

Kompostbewohnende Pilze

Violette Ritterlinge fruchten im Oktober im Freiland und in geschlossenen Räumen gleich gut. Die übrigen Kompostbewohner verlangsamen ihre Produktion, da die Temperatur in der Regel schon niedriger liegt als deren Optimum (16–18 °C). Führt man jetzt eine Anwachsphase durch, werden Temperaturen von 20 °C und mehr benötigt, muß man auch heizen. Im Freiland fruchten Champignons, Braune Egerlinge und Schopftintlinge auch noch im Oktober. Allerdings, wenn die Anlagen ohne Schutz einem Dauerregen ausgesetzt werden, verdichtet sich die Deckerde und die Pilze werden matschig, unansehnlich.

Allgemeine Hinweise

Meistens werden im Oktober die Fachvorträge und Kurzlehrgänge über den Pilzanbau als Freizeitbeschäftigung angeboten. Bei Interesse sollte man sich rechtzeitig an einen der Veranstalter wenden.

November

Pilzkulturen an Holzunterlagen

Im Laufe des Monats hört allmählich die Fruktifikation des Austernpilzes, Stockschwämmchens und des Graublättrigen Schwefelkopfes auf. Samtfußrüblinge beginnen dagegen erneut zu tragen. Beim Shii-take fruchten nur noch die Winterstämme. Pflegemaßnahmen an den Kulturen holzbewohnender Pilze sind im November nicht erforderlich.

Pilzkulturen an Strohsubstrat

Der Austernpilz hört jetzt auch an Strohsubstraten auf zu wachsen. Nur in Gewächshäusern und geschlossenen Räumen geht die Fruchtkörperbildung weiter. Dort muß man nach wie vor auf genügende Feuchtigkeit des Substrates achten. Träuschlingsanlagen in geschlossenen Räumen zeigen schon deutliche Myzelnester um die Impfstellen herum. Wenn sie seit September im Raum liegen, können bereits größere Substratpartien durchgewachsen sein. Man sollte die Strohfeuchtigkeit überprüfen und die Ballen bei Bedarf beregnen.

Kompostbewohnende Pilze

In der ersten Monatshälfte fruchtet noch der Violette Ritterling. Später jedoch sollte man die Kultur zum Überwintern vorbereiten, die Deckerde mit Jutesäcken abdecken und auf diese Abdeckung eine 10–15 cm dicke Lage Stroh oder trockenes Laub schichten. Freilandkulturen des Champignons, Braunen Egerlings und Schopftintlings werden abgeräumt. In geschlossenen Räumen drosselt man die Frischluftzufuhr, um eine unnötige Abkühlung zu verhindern. Die Fruktifikation geht auch noch bei 8–10 °C weiter, doch langsamer und entsprechend geringer ist der Frischluftbedarf der Kulturen.

Allgemeine Hinweise

Wenn man sich ein Brutlabor eingerichtet hat, ist jetzt Zeit, die Aktivitäten dahin zu verlegen. Herstellung oder Überprüfung der Reinkulturen und die Vorbereitung der Brutproduktion für die Frühjahrssaison sind die wichtigsten Arbeiten.

Dezember

Pilzkulturen an Holzunterlagen

In der Regel fruchten jetzt nur noch die Samtfußrüblinge und evtl. Winterstämme des Shii-take. In manchen Jahren – im Rheinland z. B. – ist der Dezember jedoch milder als der November. Dann treten vereinzelt auch Fruchtkörper des Winterausternpilzes auf.

Pilzkulturen an Strohsubstrat

Selbst in Gewächshäusern und geschlossenen Räumen hört die Fruchtkörperbildung des Austernpilzes auf, wenn sie ungeheizt sind. Werden jedoch diese Räume wenige Grade über dem Gefrierpunkt gehalten, geht das Wachstum, wenn auch nur langsam, weiter. Kulturträuschlinge können nur dann zur Fruchtbildung gebracht werden, wenn im Kulturraum wenigstens 12–15 °C herrschen, während das Myzel schon ab 5 °C weiterwächst.

Kompostbewohnende Pilze

In den Kulturräumen wird die Frischluftzufuhr weiter gedrosselt, um Heizkosten zu sparen. Es ist jedoch unerläßlich, wenigstens 8–10 °C Temperatur im Raum zu halten, wenn man auch im Dezember Champignons, Braune Egerlinge und Schopftintlinge ernten möchte. Aussehen der Pilze beobachten, wenn Deformationen auftreten, die Frischluftzufuhr verstärken.

Allgemeine Hinweise

Freilandkulturen vor strengem Frost durch Abdeckung (Stroh, Laub, Säcke etc.) schützen. Die Brutproduktion für die Frühjahrskulturen wird fortgesetzt. Wenn eigene Brutproduktion nicht möglich ist, muß man sich jetzt die Kataloge der einschlägigen Versandhäuser schicken lassen. Es ist wichtig, zum Abschluß des Jahres die Ertragsergebnisse der Pilzkulturen auszuwerten, um eine Bilanz der Arbeit machen zu können.

Nachwort

Am Ende der Abhandlungen hat der Verfasser nur einen Wunsch: Die vorstehenden Hinweise mögen jeden interessierten Pilzliebhaber in die Lage versetzen, die Heimkultur einer oder mehrerer Pilzarten anzulegen und erfolgreich durchzuführen.

Betonen möchte ich jedoch, daß nur die konsequente Einhaltung der Kulturanleitungen den Erfolg garantiert. Halbheiten ziehen meistens Mißerfolge nach sich, und Zeit sowie Arbeit werden umsonst geopfert.

Oft wird die Ansicht vertreten – da Pilze in der Natur überall ohne das geringste Zutun wachsen –, daß auch eine Pilzkultur beliebig sich selbst überlassen werden könnte. In diesem Fall muß man aber damit rechnen, daß der Ertrag nur gering und vom Zufall bestimmt sein wird, wie wir dies auch in der Natur beobachten können.

Erfolge kann man nur nach sorgfältiger Anlage und Pflege der Pilzkulturen erwarten. Spätestens dann jedoch, wenn man den ersten Ertrag eingebracht und daraus eine vorzügliche Mahlzeit bereitet hat, wird jeder den wahren Wert dieser nicht alltäglichen Freizeitbeschäftigung erkennen.

Bezugsquellen

Pilzbrut

Burbacher Pilzfarm
Am Denkmal 14, 5909 Burbach/Holzhausen

Eberhard Hullen OHG
Postfach 1331, 3360 Osterode

Hauser Champignonbrut GmbH
Talweg 14, 6477 Limeshain

Hawlik, Willy
8021 Großdingharting b. München

Hoesch Vial, Malzfabrik Schneidhausen
Postfach 582, 5160 Düren

Hornberger Pilzlabor
7746 Hornberg/Schwarzwald

Interpilz Dr. Meixner GmbH
Sonntagweg 6c, 7000 Stuttgart

Karby'er Pilzfarm, Helga Müller
Eckernf. Str. 54, 2343 Karby

Mangelsdorf, Edith
Postfach 10 16 53, 4350 Recklinghausen

Mykofarm Gesellschaft für Pilzkultur mbH
Ballindamm 35, 2000 Hamburg 1

Mykosaat, Dr. J. Stark
Postfach 45 08 03, 5000 Köln 41

div. Versandhäuser

Fertigsubstrat
(für Champignon, Braunen Egerling, Schopftintling, Violetten Ritterling)

Norddeutschland
Röpke, Horst
Ehlersdamm 265, 2800 Bremen 44

Horns, Hans
Fuhrwegen 2, 2073 Lütjensee b. Hamburg

Weser Champignonkulturen
Neuer Heerstr. 35, 3253 Hess. Oldendorf 12

Rüschmeyer, Heinrich
2091 Roydorf/Winsen-Luhe, Nr. 10

Eberhard Hullen OHG
Postfach 13 31, 3360 Osterode

Grünwald, H. M.
3101 Habighorst b. Celle

Henne-Wellner, Claus
Wellerser Str., 3354 Dassel 1 b. Einbek
OT Marktoldendorf

Westdeutschland
Windelen, Helmut
Rödgerbahn 3, 5143 Wassenberg 4

Engeler, Paul
Am Steinkreuz 5, 4401 Saerbeck

Goertz, Heinz
Berg 17a, 4054 Nettetal/Beyell

Munnecke, Werner
Am Trappenkreuz 31, 5024 Pulheim/Stommeln

Beckermann, Reinhard
Am Hauweg 46, 4018 Langenfeld b. Köln

Südwestdeutschland
Piko, Nees, Beate
Am Weideweg 8,
7521 Dettenheim-Liedolsheim

Hollmann, August
Bischolderweg 103, 5400 Koblenz

Champignonkulturen GmbH
Schmaus, Franz
Talweg 4, 6477 Limeshain

Süddeutschland
Schwäbische Champignonkulturen
Brettach GbR, Postfach 1
7101 Langenbrettach b. Heilbronn

Reutter, Heinz
Im Grund, 7300 Esslingen 1

Kienzle, Hans-Jürgen
Buhlenweg 31, 7750 Konstanz

Ulrich, Franz
Burgstaller Str. 27
8090 Wolnzach-Starzhausen b. Ingolstadt

Bezugsquellen

DoMo-Champignonkulturen
Wassermungenau 9
8541 Abenberg b. Nürnberg

Dietramszeller Champignonkulturen
Nordhofstr. 5, 8157 Dietramszell b. München

Ballestrem, Graf Conrad
Pilzkulturen GmbH & Co. KG
8477 Trisching Nr. 90 b. Nabburg

Erdinger Pilzsubstrat Ges. b. R.
Rotkreuzstr. 3, 8058 Erding b. München

Desinfektionsmittel

Dr. Bode & Co.
Postfach 54 07 09, 2000 Hamburg 54

Menno Chemie-Vertriebsgesellschaft mbH
Langer Kamp 104, 2000 Norderstedt

Schülke & Mayr GmbH
Postfach 63 02 30, 2000 Hamburg 63

Phenolrot Indikator

Chemikalien E. Dilg
Weeserweg 21, 4150 Krefeld

»Fermenter Forte«

Menno Chemie-Vertriebsgesellschaft mbH
Langer Kamp 104, 2000 Norderstedt

Literatur

BÖTTICHER, W.: Technologie der Pilzverwertung. Verlag Eugen Ulmer, Stuttgart, 1974

DICKSCHEIT, R. und JANKE, A.: Handbuch der mikrobiologischen Laboratoriumstechnik. Verlag Theodor Steinkopff, Dresden, 1971

HAWLIK, W. J.: Waldpilzzucht für jedermann. Verlag Dr. Richter, München, 1983

KINDT, V.: Speisepilze selbst angebaut. VEB Deutscher Landwirtschaftsverlag, Berlin, 1982

LELLEY, J.: Austernpilze. Schriftenreihe der Landwirtschaftskammer Rheinland, Rheinischer Landwirtschaftsverlag, Bonn, 1983

LELLEY, J.: Kulturträuschling (neubearbeitet von E. Schmidt). Schriftenreihe der Landwirtschaftskammer Rheinland, Rheinischer Landwirtschaftsverlag, Bonn, 1983

LELLEY, J. und SCHMAUS, F.: Pilzanbau. Handbuch des Erwerbsgärtners Bd. 12., Verlag Eugen Ulmer, Stuttgart, 1976

LUTHARDT, W.: Holzbewohnende Pilze, Anzucht und Holzmykologie. A. Ziemsen Verlag, Wittenberg Lutherstadt, 1969.

STEINECK, H.: Champignonkultur. Verlag Eugen Ulmer, Stuttgart, 1982

STEINECK, H.: Pilze im Garten. Verlag Eugen Ulmer, Stuttgart, 1981

Zeitschrift für Pilzfreunde
Verlag Dr. Richter GmbH
Gerstäckerstr. 2
8000 München 82

Register

A
Abdeckfolie 59
Abdeckung 66
Abfallholz 66
Abraumsubstrat 82
Abwehrstoffe 44
Agar-Agar 104
Agaricus bisporus 75
Agaricus bitorquis 75
Agarnährböden 105
Agrocybe aegerita 38
Albertus Magnus 9
Alterungsprozeß 69
Aminosäuren 18
Ammoniakgeruch 79
Ammoniakrückstände 83
anaerobe Fermentation 57, 58
Anbaubetriebe 74
Anistramete 11
Antibiotika 11, 16
Antitumor-Effekt 33
Anwachsphase 25, 53
Arbeitstisch 103
Arsen 21
Auricularia auriculajudae 39
Auricularia polytricha 39
Ausgangsmaterial 65
Auskeimen 95
Austernpilze 27, 28, 31, 32, 42, 52, 55
Austernseitling 32
Austrocknung 53
Autolyse 111, 114

B
Bac 99
Backofen 114
Basedowsche Krankheit 13
Bechergläser 103
Beetfenster 66
Beettemperatur 66
Beimpfung 58, 66
Beleuchtungsstärke 60
Benetzung 64
Besiedlung 59
Bewässerungsgraben 42

biologische Rodung 54
Birke 33, 34, 36
Blanchieren 115
Blei 21
Bleistiftholz 35
Blumentopf 50
blutzuckersenkender Effekt 76
Bodenart 65
Bodenauflockerung 82
Bodenbeet 65
Bodenkolloide 86
Bodenlockerer 61
Bohrlochimpfung 45
Bötticher 20
Brauner Egerling 24, 28, 75
Braunkappe 63
Brut 24
Bruteinheit 66, 70
Brutherstellung 102
Brutkontrolle 46
Brutkörner 85
Brutlabor 102
Brutmenge 46
Brutpaste 40, 45
Brutstäbchen 70
Brutsteine 102
Buche 33
Buchenschwamm 32
Buddha 9
Buraton 104

C
Cadmium 21
Calirus 16
Cellulose 12, 35, 55
Ceylon 13
Champignon 22, 24
Champignonarten 73
Champignon de Paris 74
Champignonfliegen 100
Champignonmücken 100
Champignon-Trockenbrut 97
Cholesteringehalt 33
Coprinus comatus 75

D
Dampf 86
Dampfkochtopf 104
Dauerregen 70
Deckerde 66, 67, 80, 86
Desinfektion 99
Desinfektionsmittel 86, 104
Diätetika 39
Dioscorides 39
donko 34
Drehhocker 103
Dungmischung 78
Durchkratzen 80
Durchlüftung 71
Durchwachsphase 25, 46, 48

E
Echter Zünderporling 12
Eiche 34
Eichensäumlinge 93
Eierplatten 113
Einfachverfahren 55
Einstreu 82
Einweckgläser 103
Eiweiß 18, 33
Entsaftungsanlage 115
Erbsenstroh 57
erdloses Kulturverfahren 67
Erdmischung 81
Erdmyzel 48
Erdwall 49
Erle 34, 36
Erlenmeyerkolben 103
Ernte 27, 28, 29
Erntephase 26, 61
Ertrag 27, 28, 29
Ertragsausfall 67

F
Fachhandel 93
Fanggerät 100
Fermentation 82
Fermentationsprozeß 58, 78
Fermenter-Forte 58

Register

Fertigsets 93
Fertigstopfen 106
Fertigsubstrat 90, 94
Fett 19
Flammulina velutipes 36
Folientunnel 48
Formaldehyd 16
Formalin 16, 86
Formkasten 65
Freilandanlage 59
Freilandkultur 61
Fremdinfektion 107
Fries 10
Frischhaltefolie 104
Fruchtkörper 22, 24
Fruchtkörperbildung 26
Fruktifikation 26
Frühbeet 65
Fungizidbehandlung 16
Fußpilze 12

G
Gartenerde 66
Gärung 57
Gasaustausch 67
Gasentwicklung 58
Geflecht 23
Generalmethode 55
Generalsorten 85
Gesamtausbeute 43, 61
Gesteinsmehl 100
Gevisol 99
Gewächshaus 48, 59
Gewebe-Kulturmethode 106
Gewürzmühle 114
Gießkanne 60
Gips 78, 82, 104, 108
Glucose 104
Gramß 36, 45
Graublättriger Schwefelkopf 28, 37, 38, 52, 55
Graukappe 73
Grundfeuchtigkeit 87
Grünfutter 82
Gütezeichen 96

H
Hafer 82
Hainbuche 33, 34, 36
Halbfertigkultur 94
Hallimasch 12
Haltbarmachung 112
Handprobe 64, 81
Harke 80
Haushaltswaage 104
Heimkulturen 93
Hemicellulose 35, 55
Hennig 63
Herausdrehen 71
Herbstanlagen 70
Heu 82
Hexenring 15, 16
Hirschtrüffel 12
Hirsebrut 84
Hochdruckpreßballen 57, 69
Holunder 39
Holzasche 100
Holzfeuchtigkeit 45
Holzlagerung 44
Humifizierung 83
Hut 22
Hutform 50
Hutpilze 20
Hühnerkot 78, 82
Hygienemaßnahmen 98
Hyphen 23, 24
Hypoloma capnoides 37

I
Impfgraben 42
Impfhaken 107
Impfstellen 47
Influenzaviren 33
Insekten 98, 100

J
Jablonsky 77
Jahn 35
Judasohr 11, 28, 39, 42
Jutesäcke 80, 81

K
Kaffeemühle 114
Kaffeerost 13
Kalium 19
Kalkmergel 80
Kalorien 19, 33
Kaloriengehalt 19
Kartoffel-Glucose-Agar 105
Keil-Impfmethode 52
Keilstücke 52
Keimfähigkeit 95
klassische Anbaumethode 64
Knüppelholz 34
Kochplatte 103
Kochsalz 100
Kochtopf 104
Kohlendioxid 60, 70
Kohlenhydrate 19
kohlensaurer Kalk 82, 104, 108
kompostbewohnende Pilze 73
Kompostbewohner 73
Kompostbrut 25
Komposterde 77
Konkurrenzpilze 44, 52, 64
Konservenindustrie 20
Konservierung 114
koshin 34
Körnerbrut 25, 45, 59, 79, 84, 93, 101, 102, 108
Kraftfutter 82
Krankheiten 43
Kribbelkrankheit 12
Kronberger 76
Krümelstruktur 67, 86
Kuehneromyces mutabilis 34
Kulturanlage 91
Kulturbeginn 27, 28, 29
Kulturchampignon 20, 28
Kulturröhrchen 103
Kultursorten 63
Kulturstämme 55
Kulturtechnologie 55
Kulturträuschling 22, 24, 28, 55, 61
Kupfer 21
Kühlraum 72
Kühlschrank 72

Register

L
Lagerfähigkeit 95
Lamellen 22
Landhandel 69
Larven 100
Latten 53
Leuchtstoffröhren 60
Liefertermin 96
Lignin 35, 55
Lonicerus 39
Löschpapier 95
Luftaustausch 48
Luftfeuchtigkeit 45
Luftschadstoffe 13
Luftwechsel 60
Luthardt 35, 37

M
Mäuse 98, 101
Maiskolben 57
Maisstroh 57
Macromyceten 10
Malzextrakt 104
Malzextrakt-Agar 105
Mehrzweckraum 103
Menno Ter 99
Miete 42, 46
Migräne 13
Mikrobeneiweiß 83
Mikroklima 42, 49, 50, 70
Mikrokulturen 50
Milben 101
Milchflaschen 103
Mineralisierungsprozeß 12
Mineralstoffaufnahme 45
Mistgabel 78
Muschelpilz 32
Mutterkorn 12, 13
Myko-Holz 35
Mykorrhiza 13
Mykorrhiza-Pilze 30, 93
Mykosaat 25, 45
Myzel 16, 23, 24
Myzelflaum 107
Myzelhof 85
Myzelwachstum 46

N
Nachdecken 89
Nadelgehölze 37
Nährboden 15
Nährgrundlage 23, 24, 33
Nährstoffreserven 44, 71
Nährunterlage 24
Nebeneinnahmequelle 74
Nelkenschwindling 15
Niacingehalt 64

O
Obstbäume 33

P
Pappel 33, 36
Paracelsus 9
parasitieren 100
Parasolpilz 21
Pergamentpapier 113
Petrischale 104
Pferdedung 75, 78
Pferdedungsubstrat 24
Pfifferling 18, 21, 30
Pflanzenschutzmaßnahmen 20
Pflanzenschutzmittel 98
Pflege 27, 28, 29
Pflückreife 50
Pflücktermin 51
Phase II der Fermentation 84
Phenolrot 83
Phosphor 19
Pilzsaat 25, 45
Pilzsammler 20
Pilzverwertung 110
Pilzwachstum 31
Pipetten 103
Plastikballon 103
Plastiksack 52
Pleurotus cornucopriae 32, 55
Pleurotus eryngii 32, 55
Pleurotus ostreatus 32, 55
Pleurotus pulmonarius 32, 55
Plinius 9, 11, 39
Potron 76

Pro-Kopf-Pilzverbrauch 20
Pseudo-Brutlieferant 97
Pulverisieren 51

Q
Qualitätseinbußen 97
Qualitätskontrolle 96
Quecksilber 21

R
Rasensprenger 69
Reagenzgläser 104
Reifeprozeß 69
Reinkulturen 103, 106
Reiskleie 36, 39
Reisstroh 57
Riesenbovist 12
Riesenschirmpilz 73
Robinie 37
Röhren 22
Roggenbrut 84
Roggenstroh 57, 64, 78
Rosablättriger Schirmpilz 73
Roßkastanie 37
Rotbrauner Riesenträuschling 63
Rotbuche 34, 36, 37, 38, 39
Roter Pilzkurzflügler 100
Rübenschnitzel 82

S
Sägemehl 36, 39
Sagrotan 104
Saisonartikel 96
Samtfußrübling 27, 36, 37, 42, 52, 55
Sand 80
Saprol 16
Sauerstoff 48, 58
Schädlinge 43, 64
Schädlingsbekämpfungsmittel 98
Scheibenbrut 25, 45
Scheibenimpfung 45

Register

Scheiben-Methode 40
Schilf 57
Schimmelpilze 55
Schnecken 70, 98, 100
Schneckenkorn 100
Schopftintling 24, 28, 73, 75
Schopftintling-Phänomen 76
Schrägagar 107
Schrägdach 60
Schuppiger Schwarzfußporling 12
Schwarztorf 80
Schwefelporling 12
schwefelsaures Ammoniak 78, 82
Schwermetalle 21
Schwitzwasser 114
Sekundärpilze 70, 100
Sekundärzersetzer 73
von Sengbusch 74
Seziernadel 104
Shii-Baum 34
Shii-ta-Cola 17
Shii-take 27, 30, 33, 42, 55
Sieck 76
Skalpell 104
Sommerausternpilz 32
Sortenfrage 85
Spicken 25
Spickstellen 84
Spiritusbrenner 103
Sporen 22
Sporenbelag 71
Springschwänze 101
Stadtchampignon 75
Stammstücke 49
Standort 27, 28, 29
Standortwechsel 98
Stauwasser 48, 49
Stäbchenbrut 25
Steckthermometer 59
Steinpilz 17, 21, 30
Sterilisation 106
Stiel 22
Stinkmorchel 11, 16

Stockschwämmchen 27, 34, 35, 42, 52, 55
Stoffwechselwärme 85
Stroh 24, 55
Strohabdeckung 47
Strohballen 57
Strohbrut 25, 59, 93, 108
Stohfeuchtigkeit 64
Strohhalme 69
Strohmatten 53
Strohsubstrat 55
Stropharia rugoso-annulata 63
Stubben 52
Stubbenimpfung 52
Stubbenkultur 53
Substrat 24
Substrathaufen 83
Substrattemperatur 79
Substrat-Trockenbrut 97
Südlicher Schüppling 27, 38, 42, 52
Superphosphatdünger 78
Symbiose 13

T
Temperaturregelung 60
Tiefgefrieren 115
Tiefkühltruhe 115
Tierkörpermehl 82
Torf 66
Trägerstoff 85
Träuschlingsanbau 63
Tremella fuciformis 17
Trockenbrut 97
Trockenfäule 99
Trockenmasse 33
Trockenperiode 71
Trockensubstanz 18
Trocknung 113
Trüffel 9, 11, 93

U
Überimpfen 106
Umgebungstemperatur 59
Umsetzen 79
Unger 9

Unkräuter 50
Unterlage 27, 28, 29
Urbrut 102

V
Vaandrager 77
VEG Champignonzucht 63
Verdaulichkeit 18
Verkratzen 87, 88
Verwesungsprozeß 114
Violetter Ritterling 24, 28, 73, 77
Visscher 77
Vitamin A 19
Vitamin C 19
Vitamin D 19
Vorablochung 70

W
Wachstumsbranche 96
Waldpilzangebot 20
Waldpilze 20
Waldpilzverbrauch 20
Waldsterben 13, 77
Wandregal 103
Warmwasser 69
Wasserverlust 49
Watte 104
Weichholzunterlage 44
Weide 33, 36, 37
Weißtorf 80
Weizenbrut 84
Weizenstroh 57, 64, 78
Welternte 13
Wiesenchampignon 16, 17, 21, 74
Winteraustenpilze 32
Winterpilz 36

Z
Zellstoff 104
Zink 21
Zuschlagstoffe 82
Zweisporiger Egerling 75
Zycha 74

BLV Bücher für Garten- und Blumenfreunde

BLV Gartenberater

Elisabeth Schmitt/Karlheinz Jacobi

Der Garten im Jahreslauf

Der aktuelle Gartenkalender informiert zuverlässig über alle monatlich anfallenden Arbeiten im Gemüse-, Obst- und Ziergarten, über Rasen, Gehölzschnitt, Wassergarten-Pflanzen, Balkon- und Kübelpflanzen, Geräte und Zubehör.

6. Auflage (Neuausgabe), 191 Seiten, 85 Farbfotos, 58 s/w-Fotos, 20 Zeichnungen

BLV Gartenberater

Michael Lohmann

Öko-Gärten als Lebensraum

Grundlagen und praktische Anleitungen für einen Naturgarten: ökologische Zusammenhänge, Anlage der einzelnen Gartenbereiche, Bodenbearbeitung, Pflanzenauswahl und Tiere.

176 Seiten, 99 Farbfotos, 16 s/w-Fotos, 39 Zeichnungen

Marie-Luise Kreuter

Der Bio-Garten

Das Standardwerk für den naturgemäßen Anbau von Gemüse, Obst und Zierpflanzen: alles über Aussaat, Pflanzung, Pflege und Ernte.

7. Auflage, 400 Seiten, 129 Farbfotos, 32 s/w-Fotos, 269 Zeichnungen

Martin Stangl

Mein Hobby der Garten

Wertvolle Tips und Hinweise – von der Einrichtung des Gartens und Gerätekunde über Einjahresblumen, Zwiebel- und Knollenpflanzen bis zu Baum- und Beerenobst, Gemüse, Kräutern und Gewürzen.

6. Auflage (Neuausgabe), 263 Seiten, 296 Farbfotos, 36 farbige Zeichnungen mit 88 Einzeldarstellungen, 3 farbige Pläne

Margot Schubert

Im Garten zu Hause

Das Standardwerk für alle Gartenfreunde gibt Antwort auf alle Fragen der täglichen Gartenpraxis, Gartenanlage und -umgestaltung.

13. Auflage, 416 Seiten, 74 Farbfotos, 616 Zeichnungen

In unserem Verlagsprogramm finden Sie Bücher zu folgenden Sachgebieten:

Garten und Zimmerpflanzen · Natur · Haus- und Heimtiere · Angeln, Jagd, Waffen · Sport und Fitness · Wandern und Alpinismus · Auto und Motorrad · Essen und Trinken, Gesundheit · Basteln, Handarbeiten, Werken.

Wünschen Sie Informationen, so schreiben Sie bitte an:
BLV Verlagsgesellschaft mbH,
Postfach 40 03 20,
8000 München 40.

BLV Verlagsgesellschaft München